최양일 영화의
마이너리티 연구

청암대학교 재일코리안 총서 011
최양일 영화의 마이너리티 연구
-공간의 폭력성을 중심으로-

초판 1쇄 발행 2020년 1월 31일

지은이 | 주혜정
펴낸이 | 윤관백
펴낸곳 | 도서출판 선인

등록 | 제5-77호(1998.11.4)
주소 | 서울시 마포구 마포동 324-1 곶마루 B/D 1층
전화 | 02)718-6252/6257
팩스 | 02)718-6253
E-mail | sunin72@chol.com
Homepage | www.suninbook.com

정가 17,000원
ISBN 979-11-6068-330-1 93300

· 잘못된 책은 바꾸어 드립니다.

▌청암대학교 재일코리안 총서 011

최양일 영화의 마이너리티 연구
－공간의 폭력성을 중심으로－

주혜정 저

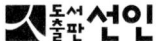

머리말

 이 책은 재일코리안 출신 영화감독인 최양일의 작품들을 통해서 일본사회 속의 다양한 마이너리티를 사회문화적 의미, 특히 재현된 공간의 폭력성이라는 관점에서 살펴보고자 한다.
 재일코리안을 다루는 영화 중에는 폭력성을 띠고 있는 작품들이 많다. 재일코리안을 표현한 영화는 왜 폭력이 일상화된 모습으로 반복되어지는지에 대한 물음이 이 연구의 시작이다. 그리고 영화에서 재현된 폭력성이 지닌 사회문화적 의미를 최양일 감독의 작품들을 통해서 이해하고자 하였다.
 최양일 감독은 일본사회에서 성공한 재일코리안 출신의 영화감독이다. 그의 재일코리안 이야기를 이해하기 위해서는 그의 작품들의 제작시기와 대상을 통하여 살펴보아야 한다. 그는 재일코리안 이야기를 직접 다룬 재일코리안 출신 감독들과는 달리 자신의 이야기를 처음부터 표현하지 않고 일본 사회 속에 존재하는 마이너리티들을 다양하게 이야기하였다.
 최양일 영화에 나타난 마이너리티를 구분지어 본다면, 마이너리티로서의 일본인 '약자', 마이너리티로서의 '오키나와인', 마이너리티로서의 '재일코리안' 이렇게 세 종류로 살펴 볼 수 있었다. 그는 일본 사회의 마이너리티를 마이너리티의 주류사회 진출에 대한 욕망, 메이저리티가 마이너리티로 전락해 가는 모습, 마이너리티가 공존하는 모습 등으로 그려나갔다. 그의 작품에서 메이저리티와 마이너리티가 충돌을 할 때 배경은 폭력이 작동할 수밖에 없는 공간으로 설정되어 있다. 이를 이해하기 위해 공간의 폭력성은 미셸 푸코의 공간 이론과 슬라예보 지젝의 폭력이론을 바탕으로 고찰하였다.

먼저, 최양일 작품에서 나타난 마이너리티를 감독이 제작한 순서대로 일본인 '약자'라는 범주에서 살펴보았다. 경찰서, 가상의 공간, 형무소라는 각각의 공간에 나타난 폭력성의 의미가 무엇인가를 논의하였다. 최양일은 다양한 마이너리티의 삶이 재현된 공간에서 실행되는 폭력을 주관적 폭력으로 나타냈지만, 결국은 사회의 구조적 모순에 대한 저항이 폭력으로 나타나고 있음을 암시했다.

그 다음으로 마이너리티로서의 '오키나와인'이라는 범주에서 살펴보았다. 최양일은 일본사회에서 또 하나의 마이너리티 오키나와인에 주목하여 영화를 제작하였다. 오키나와 영화에서 재개발의 자본 공간, 미군을 위한 환락가, 그리고 전통적인 성역이라는 공간으로 재현되었다. 이 공간이 가지고 있는 폭력성은 '권력에 의한 폭력'이 개인의 폭력을 제압하고 있다는 것을 보여준다.

마지막으로 마이너리티로서의 '재일코리안'이라는 범주에서 살펴보았다. 최양일은 재일코리안의 영화 또한 시대적 배경과 문화현상 등을 의식하며 제작하였다. 최양일은 이러한 공간의 폭력성을 피해자로서가 아닌 식민지 체험을 통한 재일코리안이 일본제국의 폭력을 답습한 폭력 이행으로 인식하였다.

이상의 고찰을 통해 최양일의 일본이라는 공간에서 마이너리티의 반복적인 폭력성 재현은 마이너리티의 역사를 환기시키면서 메이저리티와 마이너리티 상호 간의 성찰을 유도하였다고 할 수 있다. 이러한 최양일의 영화적 지향점은 마이너리티는 마이너리티의 상황을 벗어나 보편적 삶을 지향하는 주체로서 메이저리티와 공존하는 것에 대한 표현이고 인식이었다고 보여 진다.

　재일코리안의 역사는 한 세기를 돌고 있으며 현재 5세대로 이어지고 있다. 재일코리안에 대한 주관적 고찰보다는 재일코리안의 생각이 표현된 작품을 해석하는 객관적인 고찰은 앞으로 더욱 필요하다. 이 책은 저자의 박사 논문을 토대로 수정 보완하여 출판한 것으로 재일코리안 최양일 감독의 작품을 통해서 재일코리안의 삶과 역사를 이해하고자 하였다.

　이 책을 출판하기까지에는 많은 사람의 도움이 있었다. 오랫동안 공부를 멈추고 다시 공부를 시작한 일은 쉽지 않았지만, 기꺼이 10년 만에 돌아온 제자를 반갑게 맞이하여 주신 김용의 교수님께 감사드린다. 또한 부족한 부분을 관심과 격려로 공부에 용기를 주신 청암대 재일코리안 연구소 정희선 소장님과 10년의 묵은 먼지를 털어 주신 김인덕 부소장님께 감사드린다. 이 연구를 위해 찾지 못한 시나리오 대본을 최양일 감독이 직접 보내 주셔서 영화 분석에 큰 도움이 되었던 점에 감사드린다. 마지막으로는 늦게 다시 쓰는 박사논문에 늘 힘을 실어 준 신랑 이본석과 연구소에서 날을 새고 돌아오면 고생했다고 커피를 타놓고 기다리다 잠이 든 딸들에게 감사하고 미안하다. 이 글이 완성되기까지 끝까지 정성을 들여 탈고해 주신 도서출판 선인 윤관백 사장님과 편집부원 여러분께 감사드린다.

2019년 12월
순천청암대 재일코리안 연구소에서
주혜정

//목 차//

머리말 / 5

제1장 서 론
1. 연구 목적 및 연구 방법 _ 15
    1) 연구 목적 _ 15
    2) 연구 방법 _ 19
2. 선행 연구 및 연구 범위 _ 24
    1) 선행 연구 _ 24
    2) 연구 범위 _ 33

제2장 최양일의 삶과 영화
1. 최양일의 성장과 가치관 _ 43
    1) 아버지와 소년 최양일 _ 43
    2) 단카이 세대로서의 가치관 _ 48
2. 최양일의 영화제작 관련 활동 _ 52
    1) 감독 데뷔 이전의 작품 활동 _ 52
    2) 감독 데뷔 이후의 영화 유형 및 특색 _ 57

제3장 마이너리티로서의 일본인 '약자'

1. 영화에 나타난 일본인 '약자'의 양상 _ 77
2. 메이저리티의 추락 - 〈10층의 모기〉 _ 79
    1) '경찰서'의 공간적 의미 _ 80
    2) 일본 주류사회로부터의 이탈 _ 82
    3) 소외와 폭력 _ 87
3. 마이너리티의 탈출 - 〈꽃의 아스카 조직〉 _ 90
    1) 영화 속의 가상적 시공간 _ 91
    2) 마이너리티의 굴절 _ 96
    3) 탈출을 위한 폭력 _ 99
4. 마이너티리의 공존 - 〈형무소 안에서〉 _ 101
    1) 격리된 '형무소'의 공간 _ 102
    2) 규율과 노동의 역할 _ 106
    3) 폭력으로의 순응과 적응 _ 111
5. 일본인 '약자'의 마이너리티 공간 _ 116

제4장 마이너리티로서의 '오키나와인'

1. 영화에 나타난 오키나와인의 양상 _ 123
2. 일본 속의 마이너리티 - 〈친구여, 조용히 잠들라〉 _ 128
   1) '관광개발'의 자본 공간 _ 128
   2) 분열해 가는 오키나와 _ 133
   3) 폭력을 제압하는 폭력 _ 135
3. 미군기지 속의 마이너리티 - 〈A사인 데이즈〉 _ 138
   1) 미군기지로 창출된 'A'사인 클럽의 공간 _ 141
   2) 혼종된 새로운 문화 _ 145
   3) 카타르시스로서 재현된 폭력 _ 155
4. 마이너리티의 주체적 의지 - 〈돼지의 보은〉 _ 158
   1) 전통적인 '섬'의 공간 _ 161
   2) 장치로서의 돼지 _ 166
   3) 오키나와의 여성성 _ 168
   4) 폭력의 극복 _ 172
5. 오키나와인의 마이너리티의 공간 _ 174

제5장 마이너리티로서의 '재일코리안'

1. 영화에 나타난 재일코리안 양상 _ 181
2. 다민족·다문화 사회 속에서 재일코리안 2세-〈달은 어디에 떠 있는가〉,
   〈개 달리다〉 _ 185
   1) 일본 '다민족·다문화 사회'의 공간 _ 186
   2) 재일코리안 2세와 일본사회 _ 192
   3) 정체성과 폭력 _ 195
   4) 폭력 이동 _ 201
3. 재일코리안과 제국-〈피와 뼈〉 _ 203
   1) 제국의 공간 _ 204
   2) 재일코리안의 1세와 조국 _ 208
   3) '괴물'의 제국 _ 211
   4) 폭력의 증후 _ 214
4. 재일코리안의 마이너리티 공간 _ 218

제6장 결 론 _ 225

참고문헌 / 235

제1장
서 론

제1장 서 론

1. 연구 목적 및 연구 방법

1) 연구 목적

이 책은 재일코리안[1] 최양일(崔洋一, 1949~)의 영화에 나타난 일본사회 속의 다양한 마이너리티를 사회문화적 의미, 특히 재현된 공간의 폭력성이라는 관점에서 분석하는 것이 목적이다. 마이너리티는 어느 사회에서나 존재하며 사회의 구조가 복잡해질수록 더욱 더 다양하게 확산되어 간다. 일본사회 또한 다양한 성격을 띤 마이너리티가 존재하고 있다. 최양일은 일본사회에 존재하는 마이너리티에 주목하여 영화를 통하여 계속적으로 이

---

[1] 일본에 거주하고 있는 한인들의 명칭은 재일조선인, 재일한국인, 재일조선·한국인, 재일, 자이니치, 재일코리안 등이 있으며, 이들은 국적으로 조선이라는 무국적이나 한국국적 또는 이중국적을 지니고 있기 때문에 일관된 호칭이 아직 정착되어 있지 않다. '재일'에 대한 호칭 문제는 국적, 아이덴티티, 역사성, 이념, 언어문제 등과 맞물려 있다. 일본에 거주하는 한인들은 남북의 분단으로 인한 민족분열을 뛰어넘어 '원코리아(One Korea)'를 지향하는 움직임도 있다. 이 논문의 재일코리안이란 명칭은 이러한 움직임을 지향하는 한 사람으로서 최양일이 지닌 아이덴티티와 가장 부합된다고 여겨지기 때문에 선택하였다.
청암대학교 재일코리안 연구소 편, 『재일코리안 디아스포라의 형성-이주와 정주를 중심으로』, 선인, 2013, 23~24쪽.

를 재현해 온 영화감독이다.

　그런데 최양일의 마이너리티 영화에서 나타나는 주된 특징을 살펴보면, 재현된 공간에서의 폭력성을 반복적으로 그려내고 있다는 점을 발견할 수 있다. 왜 최양일은 그의 마이너리티의 영화에서 공간의 폭력성을 끊임없이 반복적으로 그려내는가? 이에 대한 물음이 이 책에서 다룬 연구의 출발점이다. 이 책에서 영화 속 마이너리티가 살아가는 공간에 나타난 폭력성에 대하여 주목하는 것은 그 공간에서 마이너리티가 발생하게 되는 원인과 그들의 존재 방식을 살펴본다는 의미이며, 최양일의 영화에 나타난 마이너리티를 논의하기 위해서는 일본이라는 공간에서 각기 다른 마이너리티가 어떤 방식으로 존재하는가에 대한 이해가 먼저 요구된다. 그리고 최양일이 재현한 공간의 폭력성의 의미는 주류사회에 대한 저항 담론이면서 미래지향의 공존으로 규명되어야 한다고 본다.

　일반적으로 마이너리티란 국제인권법이 규정한 민족·인종·종교·언어적 특성을 가진 소수파인 에스닉 마이너리티라고만 한정하여 사용하는 경우가 많다. 그런데 일본사회에서는 마이너리티의 개념이 확대되어 사용되기도 한다. 이에 대해 신기영은 에스닉 마이너리티의 집단적 문화적 권리를 인정하지 않는 일본적인 상황이, 역으로 차별받는 피해자라는 개념을 무한정 확대하는 효과를 낳아 넓은 범위의 사회적 약자 집단을 모두 마이너리티로 포괄하는 상황을 야기했다고 설명하였다.[2] 이와마 아키코(岩間曉子)와 유효종의 공동 연구에서는 일본사회에서의 마이너리티 개념을 에스닉 마이너리티나 내셔널 마이너리티라는 존재로서의 인식은 희석된 채 피차별 부락민, 장애자, 여성, 환자, 홈리스 등과 같은 '약자'라는 확대된 의미로 규정짓고 있다.[3] 이 책에서는 위와 같은 언설을 토대로 하여 최양일

---

[2] 신기영, 「마이너리티 이론의 탐색」, 『일본비평』 8집, 서울대학교 일본연구소, 2013.

의 마이너리티 영화작품들을 구분지어 보면 다음의 세 가지로 분류할 수 있겠다. 첫째, 마이너리티로서의 일본인'약자', 둘째, 마이너리티로서의 '오키나와인', 셋째, 마이너리티로서의 '재일코리안'이 그것이다.

최양일은 기존의 재일코리안 감독들[4]과는 달리 자신의 영화를 통해 모국에 대한 집착이나 갈망보다는 현재 살아가고 있는 일본사회 속에서의 마이너리티들이 나아갈 길을 모색한다. 이러한 그의 성향은 그가 1949년생으로 전후 일본에서 베이비 붐 세대라고 일컬어지는 '단카이(団塊) 세대'[5]라는 점에서 비롯된다고 할 수 있다. 다시 말하면 그는 일본사회에서 재일코리안 출신의 영화감독으로만 규정할 수 없는 존재라는 것이다. 최양일은 일본사회에서 태어나고 자란 재일코리안이라는 정체성과, 일본의 단카이 세대로서 청년기를 보내며 자기인식이 형성된 사람이라고 할 수 있을 것이다. 최양일은 그의 영화에서 일본사회의 다양한 마이너리티를 재현함으로써 마이너리티의 삶과 지향점을 보여주고자 하였다. 그의 이러한 마이너리티에 대한 접근 방식은 마이너리티 문학의 표현 방식과 유사하다. 즉 마이너

---

3) 이와마 아키코와 유효종은 일본사회의 마이너리티 개념을 다음과 같은 조사의 자료에 따라 정리하였다. 1. 사회과학자에 의한 정의 2. 영어권의 일본 연구에서 사용되는 용법 3. 신문에서 사용되는 용법 4. 일본인을 대상으로 실시한 조사 자료에서 나타난 '마이너리티 이미지'. 이러한 4종류의 자료 검토를 통해서 해당 개념을 실증적으로 보여주었다. 岩間曉子・ユヒョヂョン, 『マイノリティとは何か』, ミネルヴァ書房, 2007, 26~32쪽.
4) 최양일 이전의 재일코리안 영화감독은 대표적으로 1975년〈이방인의 강(異邦人の川)〉을 제작한 이학인과 1990년〈윤의 거리(潤の町)〉를 제작한 김우선이 있다. 그리고 최양일 이후 이상일을 비롯하여 김수진, 구수연 등 젊은 세대 감독들이 재일코리안 영화들을 제작하였다.
5) '단카이 세대'란 일본 전후 베이비 붐 세대인 1947년부터 1949년 사이에 태어난 세대를 말한다. 이들이 청춘을 통과하던 1960년대 말, 일본의 대학은 유례없는 규모의 학생운동에 직면한다. '전공투(全學共鬪會議의 약어)'로 대표되는 학생 운동의 열기로, 그 시절 일본 대부분의 대학들은 짧지만 강렬한 저항의 소용돌이를 체험해야 했다. 그로부터 40년이 지난 2000년대 후반, 60세를 맞이하는 단카이 세대의 정년퇴직 문제가 이른바 '2007년 문제'로 불리며 일본 매스컴의 단골 주제로 부상했다. 송인선, 「반역하는 '단카이(団塊)' -전공투(全共鬪)와 일본의 대중사회」, 『현대문학의 연구』 50집, 한국문학연구학회, 2013, 179~180쪽.

리티 문학이 주류의 인정을 받기 위해서 자신들의 언어를 사용하지 않고 주류문학의 언어로 다수의 방식을 차용하는 것을 볼 수 있는데,[6] 최양일도 상업적인 영화라는 주류의 방법을 차용함으로써 마이너리티에 관한 이야기가 주류사회에 공감이 되도록 제작하였다고 할 수 있겠다. 이를 위해서 그는 마이너리티의 소재를 다양하게 하면서 대중들과 융화되도록 하는 영화의 재현 방식을 통해 자신의 정체성을 드러내고 있음이 관찰 된다.

이 책에서는 최양일이 마이너리티의 본질에 대한 접근방식을 각 영화별로 범주화가 가능한 단계를 거치면서 재현하였다는 점에 주목하고자 한다. 최양일은 기존의 재일코리안 감독과는 달리 재일코리안을 소재로 하는 영화를 먼저 제작하지 않았다. 그의 마이너리티에 대한 접근과정을 단계별로 범주화하면 대략 다음과 같다. 그는 일본사회 속의 약자로서의 일본인 마이너리티에 대한 영화로 시작하였다. 그리고 오키나와라는 일본사회 속의 또 하나의 마이너리티에 대한 이야기를 객관적인 입장에서 접근한 후, 재일코리안 자신의 이야기를 제작하기 시작하였다. 이러한 최양일의 사상적 궤적을 고찰하기 위해서는 범주별로 분류된 마이너리티의 발생 원인을 살펴보는 것이 중요하다. 최양일은 마이너리티의 발생 원인을 영화의 공간적 재현을 통해서 이야기하고자 하였음을 알 수 있다. 즉 그의 영화에서 재현된 공간의 폭력성은 마이너리티가 발생하게 된 사회와 역사적 배경의 이해라 할 수 있다.

최양일을 일본의 영화시장에서 마이너리티를 영화로 재현하여 상업적으로 흥행에 성공한 감독만으로 평가하는 것은 적절하지 않다. 이 책에서는 최양일의 마이너리티에 대한 끊임없는 표현이 결국 무엇을 나타내고자 하는가를 고찰하고자 한다. 이를 위해서는 먼저 최양일이 어떠한 성장 배경

---

[6] 강우원용, 「일본 마이너리티문학의 양상과 가능성-오키나와문학과 재일한국인·조선인문학을 중심으로」, 『일본연구』 제14집, 고려대학교 일본학연구센터, 2010, 206쪽.

속에서 자신의 가치관과 사상이 형성되었는지를 탐구하여, 영화로 재현된 마이너리티의 의미를 이와 관련하여 고찰해야 할 것이다. 또한 최양일은 마이너리티가 재현된 공간에서 왜 반복적으로 폭력성을 그려내는가, 그리고 그러한 폭력을 극복하기 위한 대안은 제시하고 있는가를 함께 연구하고자 한다.

최양일의 영화에 표현된 다양한 마이너리티에 대한 연구는 궁극적으로 일본 사회를 사회문화적 관점에서 이해하고자 하는 시도이다. 이를 통해서 현재 우리사회를 비롯하여 지구촌 곳곳에서 다문화 사회가 출현하고 있다는 점을 감안한다면 해당 사회에 존재하는 마이너리티를 이해하는 일정한 관점을 제공할 수도 있을 것으로 본다. 다시 말하자면 최양일 영화의 연구는 최종적으로는 마이너리티에 대한 이해를 뛰어넘어 인간의 본질과 보편 지향점이 무엇인가에 관한 모색이라고도 말할 수 있을 것이다.

2) 연구 방법

최양일은 마이너리티가 각기 다른 사회문화적 공간에서 어떠한 폭력성에 의해 규정되는가에 대한 탐구를 지속적으로 해 온 감독이다. 마이너리티란 소수자를 의미하며, 어떠한 공간에서 다수자에 대한 상대적인 의미를 나타낸다. 이 마이너리티는 지역·역사·문화·민족적 공간 등에서 작동되어진 폭력에 의해 규정된다고 할 수 있다.

일반적으로 공간의 영화적 구성은 차이를 띠는 것으로 인식되지만 그 차이는 궁극적인 유사성(실제로 하나의 최종적인 '환영')의 조건이다. 공간은 '유사하지 않'지만 동시에 진짜 공간에서 끌어올린 요소들을 이용하여 '재구성된다'.[7] 이에 따르면 최양일 영화의 마이너리티의 공간은 각기 다른 민족들이 일본이라는 공통된 공간에서 각기 다른 경험을 통해 새롭게 재구성되는 공간이다.

　영화 속에서의 공간 재현은 지배적인 기억을 강화할 수도 있고, 또는 그에 대한 대항 기억을 생산해 낼 수도 있다. 이와 같이 영화의 공간적 재현 역할은 역사적 기억의 단초로 제공되면서, 단절된 문화의 회귀와 지역적 특징에 대한 이해, 그리고 민족적 원류에 대한 의미를 살펴볼 수 있도록 한다.[8]

　이 책에서는 최양일의 영화에서 마이너리티가 탄생되는 공간에 대한 고찰을 위해 푸코의 공간 이론인 '헤테로토피아(heterotopia)'라는 개념을 원용하기로 한다.[9] 푸코의 헤테로토피아란 인지적 직관으로 채워진 유토피아와 같은 공간이 아니라 사회의 지배질서를 교란시키며 어딘가에 존재하는 현실감을 지닌 장소로서 일상생활로부터 일탈된 '타자적 공간'을 생산하는 잠재력을 지닌다. 이에 대해 황인성 등(2012)은 헤테로토피아는 '다른 공간(heterotopia)' '타자의 공간(of other space)'이라는 이중적 의미를 지닌다고 언급하였다.[10] 다시 말하면 이는 우리가 살아가는 실재하는 공간에서 다른 이면의 공간을 설명하는 것으로 푸코는 예를 들어 아이들이 부모님의 침대나 정원이나 밀실과 천막 등을 다른 기능을 지닌 '노는 공간'으로 설명한다.

　이러한 '헤테로토피아' 개념은 지금의 구성된 현실에 조화롭지 않은, 달리 말해 '정상성'을 벗어나는 공간 배치(있을 수 없는 장소로서의 유토피아)가 실제 존재하는 경우를 말한다.[11] 이는 기존의 사회공간과 다른 기능

---

7) 스티븐 히스, 김소연 역, 『영화에 관한 질문들』, 울력, 2010, 73쪽.
8) 황인성·남승석·조혜랑, 「영화 <공동경비구역 JSA>의 공간재현 방식과 그 상징적 의미에 대한 일 고찰」, 『언론과 사회』, 성곡언론문화재단, 2012, 88쪽.
9) 이에 대해서는 다음을 참조. 미셸 푸코 저, 이상길 역, 『헤테로토피아』, 문학과 지성사, 2015.
10) 황인성·남승석·조혜랑, 앞의 책, 2012, 87쪽.

을 하는 특이한 공간이며, 공간의 존재가 이중적 기능을 하고 있음을 의미한다. 최양일 영화에서의 헤테로토피아는 권력의 상징인 경찰서가 인간소외의 장으로, 오키나와에서 미군의 유흥을 담당했던 A사인 클럽이 반미감정을 고조시키는 곳으로, 그리고 도쿄(東京)의 환락가인 신주쿠는 재일코리안이 폭력의 주체가 되어 버린 곳이라는 공간적 재현이라 할 수 있다.

헤테로토피아는 사회에 의해 고안되고 그 안에 제도화되어 있는 공간이다. 다만 그 존재 자체로써 나머지 정상적인 공간들을 반박하고 이의를 제기하는 공간으로서의 '반공간(contre-espaces)'을 설명한다.[12] 여기서 반공간이란 양분으로 나누어져 기능을 하는 공간이 아니라, 한 공간에서의 이면을 보여주는 공간을 말하며 일반적인 인식으로서의 공간보다는 다른 기능적 인식을 보여주는 공간이라 할 수 있다. 이런 면에서 모든 헤테로토피아는 한 사회의 구성 조건을 형성하는 일종의 반공간으로서의 공간이다. 따라서 헤테로토피아는 사회의 정상적 일상적 공간에 반하는 공간, 그것들을 지워버리는 공간, 특수한 환경에 처한 사회의 구성원들이 머무는 공간, 혹은 사회의 특정 구성원들이 속하는 공간이다.[13]

이 책에서는 헤테로토피아의 개념을 원용하여 최양일 영화에서 재현된 공간들의 의미를 파악하고자 한다. 그리고 이 공간에 내재되어 있는 폭력이 어떤 양상을 띠며 어떻게 마이너리티에게 작동되는가에 대해 고찰한다. 최양일의 각 영화에서 재현된 공간은 그 공간에 나타난 폭력이 무엇을 의미하는가를 염두에 두고 파악되어야 할 것이다. 최양일 영화에서 작동되는 폭력을 살펴보기 위해서는 우선 폭력에 대한 사회문화적 이론이 필요하다.

---

11) 미셸 푸코 저, 이상길 역, 『헤테로토피아』, 문학과 지성사, 2015, 12쪽.
12) 위의 책, 13쪽.
13) 허경, 「미셸 푸코의 '헤테로토피아' - 초기 공간 개념에 대한 비판적 검토」, 『도시인문학연구소』 제3권 2호, 도시인문학연구소, 2011, 242~243쪽.

최양일의 영화에서는 등장인물들이 대부분 폭력을 행사한다. 슬라예보 지젝은 이러한 단순한 폭력은 명확하게 식별이 가능한 행위자가 존재하며 이를 언론이나 국가가 쉽게 포착하고 처벌할 수 있다고 하면서 이러한 성격의 폭력을 주관적 폭력이라고 정의하였다. 그리고 이러한 주관적 폭력만이 아닌 객관적인 폭력에 관해서 언급하면서, 이를 상징적 폭력과 구조적 폭력으로 나누어 설명하였다. 그는 그 중에서도 자본주의가 낳은 구조적 폭력을 가장 중시하였으며 그러한 구조적 폭력이 주관적 폭력을 낳는 원인이라고 파악하였다.[14]

이 책에서는 지젝의 폭력에 관한 분류를 참고하여, 영화에서 재현된 단순한 폭력으로 보여지는 폭력을 주관적 폭력으로 정의한다. 반면 보이지 않는 폭력, 즉 공간에 내재된 상징적 또는 구조적 폭력을 객관적인 폭력이라고 정의하여 사용하고자 한다. 지젝이 "객관적 폭력이라는 개념은 철저히 역사화 될 필요가 있다. 왜냐하면 그것은 자본주의와 더불어 새로운 형태를 취했기 때문이다."[15]라고 언급하였듯이, 최양일의 영화에서 나타난 폭력은 자본주의 혹은 제국주의와 함께 탄생한 공간에 내재된 폭력으로 역사적 관점에서 고찰되어야 할 필요가 있다. 이 같은 관점으로 접근했을 때 최양일의 영화에 재현된 폭력의 구조적 특징이 더욱 본질적으로 이해될 수 있을 것이다. 예를 들면 지젝이 주장한 폭력의 이론을 최양일의 영화에서 살펴보자면, 〈10층의 모기〉에서 경찰이 난동을 부리는 주관적 폭력은 구조적 폭력을 잘 드러낸다고 할 수 있다. 〈형무소 안에서〉는 형무소라는 공간이 국가 폭력으로서 어떠한 구조적 폭력을 행사하고 있는가를 잘

---

[14] 슬라예보 지젝 저, 이현우·김희진·정일권 역, 『폭력이란 무엇인가—폭력에 대한 6가지 삐딱한 성찰』, 난장이, 2011, 70쪽. 여기서 말하는 상징적 폭력은 습관적인 언어 사용을 통해 재생산되는 사회적 지배 관계나 선동적인 언어뿐만 아니라 언어 자체에 들어 있는 폭력을 말한다.
[15] 슬라예보 지젝 저, 이현우·김희진·정일권 역, 앞의 책, 2011, 39쪽.

보여주는 영화라고 할 수 있다. 또한 일련의 오키나와 영화들의 경우는 관광 재개발을 위해 일본 본토에서 들이닥친 건설 회사, 그리고 오키나와에 주둔하는 미군기지는 모두 구조적 폭력에 해당하는 사례라고 할 수 있다. 이 점이야 말로 최양일이 그의 영화에서 강조하고자 했던 핵심내용이다. 최양일의 영화에 개인의 주관적 폭력이 계속 재현되지만, 주관적 폭력이 행사되는 공간에는 커다란 보이지 않는 구조적 폭력이 본질적으로 내재되어 있다. 최양일은 그 구조적 폭력이 어떻게 작동하고 있는가를 표현하고자 했던 것이다. 재일코리안 영화의 경우는 재일코리안 사회 내부에서 폭력이 작동되어 진다. 최양일은 재일코리안 출신으로서 이러한 내재된 폭력에 대한 구조적 폭력을 역설적으로 보여준다. 그는 다문화 사회라는 공간에서 재일코리안을 피해자가 아닌 가해자로서 다루었다. 이러한 방식에 의한 폭력의 재현은 제국주의에서 답습된 식민지인들의 폭력이 다른 민족에게 똑같이 이행되고 있음을 암시한다. 다시 말하면 이와 같은 구조적 폭력이라고 하는 것은 사회 속에서 끊임없이 주관적 폭력을 재생산하고 있다는 것을 유추할 수 있다.

따라서 이 책에서는 폭력의 이론을 기반으로 최양일 영화에서 나타난 폭력성을 마이너리티의 범주에 따라 서로 다른 도식으로 논의하고자 한다. 최양일은 사회의 구조적 모순 속에서 주관적인 폭력이 구조적 폭력으로 인한 결과물이라는 것을 표현하고자 하였다.

이 책에서 위와 같은 푸코의 공간 이론과 지젝의 폭력 이론을 논의하는 것은 메이저리티에서 소비될 수 있는 영화를 제작하기 위한 최양일의 노력과 연관지어서 생각할 수 있다. 최양일의 영화작품들은 메이저리티의 사회를 향해 직접적인 표현 대신에 상징적 방법으로 표현되었다. 때문에 그의 영화에 나타난 상징적인 표현을 고찰하기 위해서는 재현된 공간의 의미와 폭력의 본질에 대한 연구가 이루어져야 한다. 그러므로 이 책은 푸코의 공간 이론과 지젝의 폭력 이론을 토대로 최양일 영화에 나타난 공간의 폭력성을 고찰하고자 한다.

2. 선행 연구 및 연구 범위

1) 선행 연구

최양일은 민족에 국한되지 않고 현대인이 안고 있는 인간소외의 문제나 자본주의의 구조적 모순이 폭력을 일으키는 원인이 된다는 점을 영화에서 다양한 마이너리티의 표현 방식으로 강조하고 있다. 최양일은 영화감독 데뷔 후 10여 년이 지난 1993년에 〈달은 어디에 떠 있는가〉로 유명해졌다. 하지만 그는 그 이전에 이미 재일코리안 뿐만 아니라 일본사회의 주변인이나 오키나와인 등 이른바 마이너리티에 대한 탐색을 영화 속에서 추구하였다.

이 책에서는 연구주제와 관련하여 크게 최양일 영화에 관한 연구, 마이너리티 담론, 그리고 영화에 재현된 공간과 폭력성에 관한 연구로 나누어 연구사를 검토하고자 한다.

먼저 최양일 영화에 대한 연구들은 최양일론과 오키나와 영화 연구 그리고 재일코리안 영화 연구로 나누어 살펴 볼 수 있다. 최양일론에 대한 연구로는 일본에서는 본격적인 연구가 없지만, 1993년 〈달은 어디에 떠 있는가〉의 흥행 이후 몇 건의 선행연구를 찾아 볼 수 있다.

가토 겐지(加藤健次)는 「최양일론(崔洋一論)」[16]에서 1980년대 최양일 작

---

16) 加藤健次,「崔洋一論 ― 物語の磊落性と笑いによる高度なエエカゲンについて」,『現代詩手帳』37輯 7号, 新潮社, 1994.

품에 대해서 논하면서 1993년 〈달은 어디에 떠 있는가〉가 제작된 시점까지를 고찰하였다. 그리고 〈10층의 모기〉의 풍요롭고 평화로운 일본의 현실사회가 그 내부에 잠재된 여러 가지 제도적 모순에 대한 고발적 메시지라는 논의를 전개하였다. 뿐만 아니라, 최양일의 작품 〈친구여, 조용히 잠들라〉, 〈꽃의 아스카 조직〉, 〈A사인 데이즈〉에 대한 언급과 아울러 〈달은 어디에 떠 있는가〉에 대해 분석하고 논의하였다. 그는 다문화 사회 속에서 그려지는 재일코리안을 비롯한 외국인의 모습에 대한 고찰은 최양일만의 아시아성에 대한 탐색으로 평가하였다. 이 논문은 최양일의 초기 작품을 이해하는 데에 기초적 자료로서 많은 도움이 되었으나 최양일의 1993년까지의 작품들로만 한정되어 있었다.

 요모타 이누히코(四方田犬彦)는 1998년까지의 최양일에 관한 영화를 분석한 논문[17]을 비롯해, 최근 한국에서도 번역 출판된『일본영화의 래디컬한 의지』[18]에서 최양일의 영화세계를 전개하였다. 이 논문 또한 최양일의 2000년도 이후의 작품은 연구되어 있지 않지만, 요모타는 최양일을 에스닉 마이너리티를 다룬 감독 중의 하나로서 재일코리안인 자신의 몸으로 마이너리티를 체득한 감독이라고 언급하였다. 이 논문은 최양일을 영화인으로서 삶과 가치관을 이해하는 데 도움이 되었지만, 최양일을 오키나와 감독 출신들과 함께 에스닉 마이너리티라는 관점에서만 접근하는 경향이 있다.

 다음으로 최양일의 오키나와 관련 영화에 대한 연구를 살펴본다. 최양일의 오키나와 영화는 지금까지 4편의 작품이 제작되었다. 이 영화들은 관광개발, 미군기지, 그리고 민속이라는 주제로 분류될 수 있으며, 이에 관한 논문으로는 미군기지 관련 연구와 민속의 샤머니즘 관련된 연구를 찾아볼

---

17) 四方田犬彦,「電影風雲 日本映畵の新銳たち-崔洋一 エスニシティー顯現」,『世界』, 岩波書店, 1998.
18) 요모타 이누히코, 강태웅 역,『일본영화의 래디컬한 의지』, 소명출판, 2011.

수 있다. 최양일의 오키나와 영화에 대해서는 2000년대에 들어와서 한국의 연구자들도 주목하였다. 그 중 주은우는 "다민족·다문화 일본의 타자와 섬에 대한 상상력"이라는 주제로 〈A사인 데이즈(Aサインデイズ)〉(1989)를 오키나와의 미군 주둔으로 인한 혼종성이라는 관점에서 고찰했다.[19] 주은우에 의하면 최양일은 영화적 재현을 통해서 오키나와가 일본과 동질적이라는 국가적 신화, 일본적 본질주의라는 관념에 대한 의문과 비판을 하였다는 것이다.

미요시 마사오(三好将夫)는 "개인에도 국가에도 단수의 아이덴티티는 존재하지 않는다"는 주제로 최양일의 오키나와 영화를 개별적으로 보이는 아이덴티티에 대해 고찰하며 일본 국가를 단일민족으로 보는 정체성에 대해 비평하였다.[20]

또한 오키나와의 샤머니즘적 세계를 그리며 오키나와의 민속적 이야기를 펼쳐나간 작품, 〈돼지의 보은(豚の報い)〉(1999)에 관해 단독으로 연구한 논문은 없지만 시오쓰키 료코(塩月亮子)는 오키나와의 샤머니즘의 표상이라는 연구로 다른 오키나와 영화와 함께 연구한 바 있다.[21] 여기서 그는 1990년대 이후 최양일의 영화와 함께 오키나와 영화가 종교적 부흥과 함께 샤머니즘과 민속의 세계를 탐색하고 있다고 보고 있다. 그러나 이러한 오키나와의 샤머니즘이 국가 폭력의 대척점에 위치하였다는 관점으로 논의하지는 않았다.

위와 같이 오키나와에 관한 논문들은 오키나와를 이해하는 토대와 최양

---

19) 주은우, 「다민족·다문화 일본이 타자와 섬에 대한 상상력」, 『사회와 역사』 제84집, 한국사회사학회, 2009.
20) 三好将夫, 「個人にも, 国家にも, 単数のアイデンチイは存在しない:映画から見える沖縄」, 『오키나와 영화, 오키나와 아이덴티티』, 한국영상자료원, 2009.
21) 塩月亮子, 「表象としてシャーマニズムー沖縄の映畵と文學にみるアイデンティティ・ポリティックスー」, 『哲學』 第107集, 慶應義塾大學, 2002.

일의 오키나와에 대한 시선을 분석하는 데 도움이 되었다. 그러나 최양일의 작품만을 대상으로 하여 다룬 경우보다는 다른 오키나와 영화들과 함께 연구된 경우가 대부분이므로 최양일의 영화분석으로는 미흡하다.

마지막으로 재일코리안 관련 영화 연구를 살펴보면 다음과 같다. 고노 겐스케(紅野謙助)는 "마이너리티의 차별에 대한 현실을 그리면서 마이너리티가 마이너리티라고 하는 스스로의 기호성에 가두어진 모습으로 그려져 있어서 해방을 목표로 했음에도 불구하고 코니의 모습은 루비 모레노의 개성에 의존했을 뿐 필리핀인 호스티스라고 하는 또 하나의 기호로서 묶어졌을 뿐이다."라고 언급하며 마이너리티의 다양성 확장의 제한성에 대한 아쉬운 점을 지적하였다.22) 그러나 〈달은 어디에 떠 있는가〉에서는 마이너리티로서 재일코리안, 필리핀인, 이란인이 표상의 대상으로서 등장한다. 재일코리안이 일본사회에서 또 다른 마이너리티를 어떠한 시선으로 보는가를 그 대상들의 대화의 시간과 내용 등을 볼 때 오히려 마이너리티 간의 대립과 갈등, 우열관계 등 마이너리티간의 내부적 관계로 묘사하고 있다. 따라서 최양일이 마이너리티의 다양성 혹은 다문화에 대한 담론을 영화로서 재현하였다는 점을 생각해볼 때 고노의 언급처럼 마이너리티의 제한이 있었다고는 보이지 않는다.

최양일은 자신이 재일코리안이면서 재일코리안의 이야기를 영화감독 데뷔 이후 10년이 지나서야 발표하였다. 그는 원작자 양석일과의 계속된 만남과 이봉우라는 재일코리안 제작자, 정의신이라는 각색자와의 만남을 통해 일본 영화계에 큰 반향을 일으킨다. 그 후 최양일 영화에 대한 본격적인 연구가 나오기 시작하였다.

재일코리안 영화로서 첫 작품 〈달은 어디에 떠 있는가〉에서는 1980년대

---

22) 紅野謙助, 「マイノリティー崔洋一『月はどっちに出ている』(映畵)」, 『國文學』 46輯 3号, 學燈社, 1994.

이후 계속해서 밀려드는 외국인 수의 증가로 인해 다문화 사회가 된 일본 사회 분위기를 배경으로 재일코리안을 그려내고자 하였다. 이 영화 이후 국내에서도 몇 편의 논문을 살펴볼 수 있었다. 먼저, 학위논문으로 신소정은 뉴커머와 재일코리안의 관계에 초점을 맞추어 연구하였다.[23] 학술 논문으로 김영심과 신명직이 다른 재일코리안에 관한 영화들과 함께 그들의 정체성에 대해 고찰하였다.[24] 그러나 위의 연구들은 재일코리안의 폭력성이 무엇을 나타내는가에 대한 논의는 없었다.

최양일은 재일코리안의 영화를 〈달은 어디에 떠 있는가〉 제작 후, 10년이 지나 〈피와 뼈(血と骨)〉라는 재일코리안 1세에 관한 영화를 제작하여 다시 한 번 일본 영화계에 커다란 반향을 일으켰다. 조경화는 이 영화를 원작과 비교 분석함으로서 문학이 어떻게 영상화가 되었고, 어떠한 영화적 장치를 이용했는가에 대해서 고찰하였다. 강익모(2007)는 '폭력'을 기표로 하여 영화를 기호학적으로 분석하면서 아울러 문화적·사회적 배경을 토대로 최양일을 연구하였다.[25] 유양근과 신명직 또한 이 영화에 대해 재일코리안 2세를 중심으로 그들의 변해가는 정체성에 대한 인식을 다른 재일코리안 작품들과 함께 분석하기도 하였다.[26]

---

[23] 신소정,「영화〈달은 어디에 떠 있는가〉(月はどっちに出ている)연구 : 뉴커머와 재일조선인의 관계를 중심으로」, 고려대학교 일반대학원 일어일문학과 석사학위논문, 2009.
[24] 김영심,「재일 한국인에 대한 접근 혹은 일탈 : 〈달은 어디에 떠 있는가〉와 〈가족 시네마〉를 중심으로」,『문학과 영상』Vol.1 No.2. 문학과 영상학회, 2000; 신명직,「'68'의 임진강을 넘은 달은 어디에 떠 있는가 : 영화〈우리학교〉〈박치기1·2〉〈달은 어디에 떠 있는가〉에 대하여」,『역사비평』Vol-No 81, 역사문제연구소. 2007.
[25] 조경화,「문학과 영상에 나타난『피와 뼈』의 변주」, 건국대학교 교육대학원 일어교육전공 석사학위논문, 2006; 강익모,「최양일의 〈피와 뼈〉로 본 물신의 기표, '폭력'」,『문학과 영상』Vol.8 No.3, 문학과 영상학회. 2007.
[26] 유양근,「영화〈GO〉, 〈피와 뼈〉, 〈박치기〉의 변주와 수렴」,『일본학연구』제36집, 단국대학교 일본연구소, 2012; 신명직,「재일 코리안과 다국가 시민권-영화〈피와 뼈〉, '디어 평양', '달은 어디에 떠 있는가'를 중심으로」,『石堂論叢』56집, 東亞大學校附設 石堂傳統文化硏究所, 2013.

위와 같이 재일코리안 영화에 대한 선행연구는 주로 다문화 관점과 정체성의 문제에 대해 논의되었다. 이들 연구는 최양일의 재일코리안 영화의 의미를 분석하는데 좋은 자료를 제공해 주었으나, 일본사회에서 살아가는 재일코리안의 삶의 공간을 영화에서 재현하는 공간과 그 공간에서 행사하는 폭력의 의미에 대한 관점이 결여되었다.

다음으로 마이너리티 담론에 대한 연구사를 검토해 보기로 하겠다. 마이너리티에 관해서는 미국을 중심으로 다민족·다문화적인 담론이 꾸준히 연구되었다. 2000년대에 들어와서는 한국과 일본에서도 다소 활발한 연구가 이루어지고 있다. 이 가운데 특히 주목할 만한 연구로 최근 일본에서 행해진 이와마 아키코·유효종의 『마이너리티란 무엇인가』[27]라는 연구는 7개국의 각 나라별 역사적·사회적 배경에 근거하여 마이너리티의 개념과 유형을 구분하여 설명하고 있다. 이 마이너리티 연구는 다른 나라와 구분되는 일본만의 마이너리티의 개념과 인식에 대하여 지적하였다. 이 연구는 이 책의 최양일 영화 속에 나타난 마이너리티의 범주와 개념을 설명하는 토대가 되었다. 서울대학교 일본연구소는 '일본사회의 마이너리티'라는 주제로[28] 일본사회에서의 마이너리티를 다양한 관점에서 모색하였다. 그 중에서 신기영의 「마이너리티의 이론의 탐색」은 마이너리티에 대한 국제사회의 규범 발전과 일본에서의 특수성에 대해서 연구한 논문이다. 양인실의 「일본 TV 영상물의 재일제주인의 표상」은 다큐멘터리를 중심으로 재일제주인(在日濟州人)이 어떻게 텔레비전 영상물에 표상되었는지에 대해서 분석한 논문이다.

---

[27] 岩間曉子·ユヒョヂョン, 『マイノリティとは何か』, ミネルヴァ書房, 2007.
[28] 『일본비평』 8집, 서울대학교 일본연구소, 2013. 수록된 논문으로는 신기영, 「마이너리티 이론의 탐색」; 권향숙, 「조선족의 일본 이주에 관한 시론」; 양인실, 「일본 TV영상물의 재일제주인 표상」; 현무암, 「'중국잔류 일본인'을 둘러싼 포섭과 저항」; 박규태, 「『1Q84』의 세계에 떠 오른 두 개의 달」 등이다.

소명선[29]과 강우원영[30]의 경우는 문학을 통해서 재일제주인과 오키나와인(沖縄人)이 일본사회에서 위치가 비슷한 양상의 마이너리티라는 점을 고찰하였다. 이지형의「일본 마이너리티문학 연구의 현재와 과제-내셔널리즘, 우생사상 그리고 궁극의 문학」도 주목할 만하다. 이는 우생사상 이론에 관한 논문으로 최근의 일본 마이너리티에 관한 연구사적 동향이 분석되어 있다.[31] 그러나 이러한 논문들은 마이너리티가 왜 생성되었는지에 대한 본질적인 접근보다는 현상적인 파악에 치중된 경향이 있다.

위의 선행연구들은 이 책에서 최양일이 그려내는 마이너리티의 정체성에 대한 고찰, 마이너리티를 바라보는 시각을 연구하는 데 참고가 되었다. 이러한 선행연구의 성과를 토대로 최양일의 가치관과 그의 영화 철학을 살펴보고자 한다.

다음으로 영화에 재현된 공간의 폭력성과 관련한 연구들을 살펴보기로 한다. 공간의 폭력성에 초점을 맞추어 논의한 연구는 많지 않았지만, 다음과 같은 연구들이 있었다. 먼저 황인성·남승석·조혜랑의「〈공동경비구역 JSA〉의 공간재현 방식과 그 상징적 의미에 대한 일 고찰」을 들 수 있겠다. 이 논문을 통하여 푸코의 공간 담론 논의와 영화적 공간 구성에 관한 이론적 논의를 참고할 수 있었다.[32] 여기에서 저자들은 공간이 어떻게 권력을 행사하는 기제 또는 권력에 대한 저항의 장으로 구축될 수 있는지를 고찰하였다. 이 책에서 다루고 있는 공간의 폭력성 해석에 도움이 되었으나,

---

29) 소명선,「마이너리티문학 속의 마이너리티 이미지-재일제주인문학과 오키나와인 문학을 중심으로-」,『일어일문학』54집, 대한일어일문학회, 2012.
30) 강우원용,「일본 마이너리티문학의 양상과 가능성-오키나와문학과 재일한국인·조선인문학을 중심으로」,『일본연구』제14집, 고려대학교 일본연구센터, 2010.
31) 이지형,「일본 마이너리티문학 연구의 현재와 과제-내셔널리즘, 우생사상 그리고 궁극의 문학」,『日本學報』100집, 한국일본학회, 2014.
32) 황인성·남승석·조혜랑,「〈공동경비구역 JSA〉의 공간재현 방식과 그 상징적 의미에 대한 일고찰」,『언론과 사회』, 성곡언론문화재단, 2012.

한국의 특수한 이데올로기에 국한되어 있다는 점이 아쉬웠다. 최은은 「'추상공간'의 폭력과 공포-〈감기〉와,〈더 테러 라이브〉와〈숨바꼭질〉」에서 앙리 르페브르의 공간이론과 개념을 원용하여 현재 한국 사회에서 이들 공간이 환기시키는 역사성과 그 공간의 재현 방식에서 드러나는 대중의 정서를 읽고자 하였다.[33] 이 연구를 통해서 사회적 의미의 '공간적 전회'를 보다 폭넓게 이해할 수 있었고, 폭력성을 논의하는 데에 필요한 유사한 사회문화적 맥락을 확인할 수 있었다.

그밖에 영화가 아닌 희곡에서 나타난 공간의 폭력성에 대한 연구와,[34] 영화에 재현된 폭력을 살펴보는 연구도 있었다.[35] 영화에 재현된 폭력성에 관한 연구는 배태수(裵泰秀)의 논문 「北野武の映画における暴力の様相」에서 연구되었다.[36] 이 논문은 기타노 다케시(北野武) 감독의 영화에서 나타난 폭력이 영화 제작 순에 따라 어떻게 양상이 변해가는가에 대한 고찰이다. 그러나 이 논문에서는 궁극적으로 재현된 공간에서 폭력이 무엇에

---

33) 최은,「'추상공간'의 폭력과 공포」,『영상예술연구』Vol.23, 영상예술학회, 2013.
34) 홍창수는「감옥 소재 희곡의 공간 의미 연구」에서는 희곡을 대상으로 삼아 공간의 의미를 살펴보는 것으로, 그 공간에 내재되어 있는 수직성, 수평성, 구속성이라는 하위 공간의 기준으로 살펴보고 있다. 여기에서는 수형자와의 관계를 바깥 공간에 의해 구타와 폭력 등에 수직 구조로 보고 있었다. 이 책의〈형무소 안에서〉의 형무소 공간을 분석하는 데 있어서 도움은 되었으나, 영화와 희곡의 차이점이 아쉬웠다. 홍창수,「감옥 소재 희곡의 공간 의미 연구」,『민족문학사 연구』Vol.44, 민족문학사학회·민족문학사연구소, 2010.
35) 이창성,「하네커 영화 속 폭력의 의미」,『비폭력 연구』제3호, The Jounal of nonvioence, 2010. 하네커는 폭력을 궁극적 원인을 밝히기 위해 잔혹과 죽음의 이미지를 보여주며 그 이면에는 '충동'이 있음을 말한다. 그의 목적은 단순히 세상의 잔인성을 증명하고자 하는 것이 아니라, 자기 회기적 잔혹에 대한 개인의 책임을 강조하고자 하는 것이다. 박유희,「폭력과 정체성에 대한 성찰-〈도희야〉(정주리, 2014) 읽기-」,『현대영화연구』Vol.20, 한양대학교 영화연구소, 2015. 이 논문에서는 경찰이지만 레즈비언이라는 소수성 즉 마이너리티가 '폭력'과 '정체성'에 대해 고심하는 문제를 경제와 사회적인 문제로 바라보고 있음을 고찰하였다.
36) 裵泰秀,「北野武の映画における暴力の様相」, 大阪大学校 博士学位論文, 2013.

의해 기인되었고, 폭력이 재현된 공간의 기능을 어떻게 변화시켰는가에 대한 고찰은 결여되었다.

이 책은 이상의 선행연구들을 종합적으로 참고하여 최양일의 영화에 대한 논의를 전개하고자 한다. 특히 마이너리티의 폭력성이 어떠한 공간 속에서 실행되는가에 대한 시각으로 논의해 나가고자 한다. 최양일은 현대 일본사회 속에서 살아가는 마이너리티를 마이너리티가 생성되는 공간에서 그 본질을 찾고자 하였다. 따라서 재현된 공간에서 마이너리티가 왜 폭력성을 지니고 있는지 혹은 왜 폭력의 대상이 되는지에 대해 심도 있게 고찰할 필요가 있다. 최양일이 끊임없이 반복적으로 마이너리티 영화를 생산해내는 근본적인 이유를 이 지점에서 확인할 수 있을 것으로 기대한다.

끝으로 연구사 검토를 통해 이 책에서 수행하고자 하는 연구내용을 정리하면 다음과 같다.

첫째, 최양일의 영화는 재일코리안 감독의 마이너리티 영화라고 규정하고 살피는 접근 방식에서 벗어나 최양일이 다양한 마이너리티의 이야기를 통해 메이저리티에 접근한 방식이 무엇인가에 대해 모색한다. 이는 그의 마이너리티의 영화가 궁극적으로 지향하는 것이 무엇인가에 대한 탐색이라 할 수 있다.

둘째, 최양일의 사상적 궤적은 영화의 제작 순서와 관련이 있음을 확인하는 작업이다. 그는 재일코리안 출신이면서 일본사회에 나타나는 마이너리티를 시작으로 오키나와 그리고 마지막으로 재일코리안에 대한 영화를 제작하였다. 이 사실이 그의 영화사상에서 무엇을 의미하는지를 밝히고자 한다.

셋째, 최양일의 영화에 관해서는 민족 정체성과 민족의 역사적·문화적 배경이 함께 논의되어야 한다. 일본이라는 동일한 국가 공간에서 마이너리티로서 일본인, 오키나와인, 재일코리안이 각기 다른 역사와 문화를 경험하면서 민족 정체성을 형성해 나갔다. 최양일의 영화에서 이들의 민족적 정체성을 이해하기 위한 영화적 재현이 구체적으로 어떠한 것인가를 논의한다.

위와 같은 연구를 통해 최양일의 마이너리티에 대한 연구는 현재 일본에서 구축되어진 메이저리티의 시스템에서 살아가는 마이너리티를 이해하며, 나아가 공존하는 방법을 모색하는 의미를 가지고자 한다.

2) 연구 범위

전술한 바와 같이, 이 책은 최양일의 영화에 나타난 마이너리티의 공간의 폭력성에 대해 규명하는 것이 그 목적이다. 이 책에서는 최양일 영화의 마이너리티를 세 가지 범주로 나누어 각 영화에서 재현된 공간의 폭력성에 초점을 맞추어 분석하고자 한다.

최양일의 영화 중에서 지금까지 상영관에서 개봉된 작품은 18편이다. 이 가운데 이 책에서는 각각의 범주에 속하는 3편씩의 작품을 선정하여 총 9편의 작품을 대상으로 분석하고자 한다. 그 세 가지 범주는 일본의 역사적·사회적·문화적 배경을 기반으로 일본인'약자', 오키나와인, 재일코리안이라는 마이너리티이다. 〈표 1〉은 최양일 영화의 마이너리티의 범주와 연구대상 작품들을 정리한 목록이다.

〈표 1〉 최양일 영화의 마이너리티의 범주와 연구 대상 작품들

범주	제목	연도	주제	장르
마이너리티로서의 일본인'약자'	〈10층의 모기〉	1983	경찰의 타락	하드보일드
	〈꽃의 아스카 조직〉	1988	신주쿠를 장악한 10대 소녀	하드보일드
	〈형무소 안에서〉	2002	수형자의 일상	코미디
마이너리티로서의 '오키나와인'	〈친구여, 조용히 잠들라〉	1985	오키나와 관광개발의 반대	하드보일드
	〈A사인 데이즈〉	1989	미군기지와 록 가수	코미디
	〈돼지의 보은〉	1999	오키나와의 샤머니즘	코미디
마이너리티로서의 '재일코리안'	〈달은 어디에 떠 있는가〉	1993	다문화 사회 속의 재일코리안 삶	코미디
	〈개, 달리다〉	1998	다문화 사회 속의 재일코리안 삶	코미디
	〈피와 뼈〉	2004	재일코리안 1세의 삶	하드보일드

첫째로 마이너리티로서의 일본인'약자'라는 범주는 최양일의 작품 중에서 마이너리티의 양상이 각기 다르게 재현된 작품을 선정한 것이다. 마이너리티로서의 일본인'약자'란 앞에서 언급한 일본에서의 마이너리티 개념에 대한 정의에 기인하여 일본사회 속의 약자나 소외된 자를 의미한다. 첫 작품으로 그의 데뷔작 〈10층의 모기(十階のモスキート)〉(1983)는 일본 자본주의 사회의 모순점을 어떻게 고발하고 마이너리티로 어떻게 추락해 가는지를 탐색한다. 이 작품의 영화적 재현은 그가 표현하고자 했던 마이너리티의 본질을 고찰하는 데에 중요한 단서를 제공할 것으로 기대한다. 〈10층의 모기〉는 권력의 상징인 경찰이 은행털이를 하다가 잡혀 강도가 되는 이야기이다. 이 책에서는 메이저리티에서 마이너리티로 추락해가는 양상에 초점을 맞추어 분석하였다. 경찰서라는 공간의 폭력성에 대해서도 아울러 논의하고자 한다. 두 번째 작품 〈꽃의 아스카 조직〉은 가상의 시공간의 설정으로, 폭력과 마약이 난무한 도시 한복판을 10대 소녀가 장악한다는 이

야기이다. 이 책에서는 마이너리티에서 메이저리티로 부상하는 양상에 초점을 맞추어 분석하고자 한다. 세 번째 작품 〈형무소 안에서〉는 이미 마이너리티로서 감시와 처벌의 대상이 되어 있는 수형자들의 이야기이다. 이책에서는 마이너리티가 감옥이라는 폭력 안에서 공존하는 양상에 초점을 맞추어 분석한다.

 최양일의 작품들 중에서 마이너리티로서의 일본인'약자'는 여러 편이 제작되었다. 이 책에서는 마이너리티의 양상이 확연히 드러나고 비교 분석이 가능한 작품위주로 선정하였다. 이 범주의 작품은 제작된 연대에 따라 분석을 시도하였다. 첫 작품의 경우 주류에서 비주류로 전락하는 마이너리티는 사회의 구조적 모순에 의해 형성된 공간에서 권력과 폭력을 통해 생산된다는 것을 시사한다. 그리고 두 번째 작품의 경우 무질서와 폭력이 난무하는 미래의 공간 속에서 마이너리티가 세상을 지배한다면, 어떠한 공간이 구축되며 어떠한 폭력이 양산되는가에 대한 탐색이다. 세 번째 작품의 경우 이미 마이너리티로 전락되어 감금되어진 수형자들이 형무소의 공간에서 실행되는 폭력의 양상을 통해 마이너리티라고 규정되어진 사회에 대한 사유이기도 하다. 첫째 범주에 속하는 작품들에 나타난 마이너리티의 양상은 최양일의 사상과도 관련지어 볼 수 있다. 이러한 다양한 최양일의 공간 재현은 공간의 폭력성에 대한 탐구임과 동시에 마이너리티의 본질을 이해하는 탐구라고도 할 수 있겠다.

 둘째인 마이너리티로서의 '오키나와인'이라는 범주에 속하는 작품들은 오키나와 문제를 다루는 작품들이 해당된다. 재일코리안 최양일은 마이너리티로서의 '오키나와인'이라는 일본사회의 또 하나의 마이너리티에 대해서도 관심을 갖고, 객관적으로 에스닉 마이너리티를 그려 나간다. 그가 오키나와라는 민족 표상을 통하여 무엇을 보여주고자 하였는지에 대해 오키나와 민족의 역사와 문화 담론과 함께 고찰하고자 한다. 이 작업은 최양일 오키나와 영화의 현재, 과거, 그리고 미래라는 시간적·역사적인 탐색과 더불어 그의 사상이 무엇인가를 알 수 있는 과정이다. 최양일은 4편의 오키나와 영화를 제작하였다. 이 책에서는 그 중 3편의 작품을 분석하고자 한다. 그가 오키나와를 다룬 작품 중 세 번째 작품 〈습격〉(1991)은 미군 기지의 은행을 터는 갱스터 영화이다. 이 작품은 이 책의 마이너리티의 연구에서 제외시켰다. 그 이유는 이 작품이 〈A사인 데이즈〉와 같은 미군 기지의 공간이라는 점, 주인공이 오키나와인으로서 정체성에 대한 이야기보다는 갱스터로서의 모습이 더 강화되어 있다는 점을 고려했기 때문이다.

최양일은 오키나와 문제를 1985년 〈친구여, 조용히 잠들라〉로 처음으로 다루기 시작하였다. 그 당시 사회문제로 대두된 오키나와 재개발을 소재로 하였다. 일반적으로 오키나와 영화는 주로 관광을 소재로 하거나 혹은 아름다운 섬의 이미지 및 지상 낙원으로서의 오키나와를 그리고 있다. 그렇지만 최양일은 오키나와의 영화에서 본토 건설회사의 무자비한 재개발 계획의 폭력성을 다루고 있다. 그리고 그는 재개발되는 자본의 공간에서 '권력에 의한 폭력'이 오키나와인을 무기력하게 만들고 있음을 고발하고 있다. 두 번째 작품 〈A사인 데이즈〉는 1989년 제작 당시 시대에서 좀 더 과거로 거슬러 올라가 베트남 전쟁이 한창이었던 1960년대 후반에서 1970년대를 배경으로 한다. 그리고 오키나와에서 미군이라는 또 다른 제국의 침입에 대한 이야기를 다루고 있다. A사인 클럽이라는 유흥 공간은 미군을 위한 오키나와인들의 쇼가 펼쳐지는 공간으로 전쟁, 자본, 본토복귀라는 사회문제를 동시다발적으로 사유하는 폭력의 장으로 그려진다. 세 번째의 작품 〈돼지의 보은〉(1999)은 오키나와의 정신세계를 다루고 있다. 이 영화는 오키나와의 전근대적인 모습의 일환으로 샤머니즘적인 종교를 주제로 한다. 또한 이 영화는 오키나와인의 본질에 대한 물음과 함께 미래에 대한 사유이기도 하다. 다시 말해 우타키라는 오키나와의 전통적인 성역을 어떻게 미래적 공간으로 구축하고자 하는지에 대한 탐색이다.

위와 같이 최양일의 오키나와 영화들을 살펴보면 현재→과거→미래라는 시간적 관점에서 각기 다른 공간을 구축함으로써 오키나와가 겪는 국가 폭력이 무엇인지에 대해 고찰할 수 있다. 그러나 그가 오키나와의 초기 작품에서와는 달리 마지막 작품에서 다루는 오키나와인에 대해 주목해야 한다. 이는 최양일이 제시하고 지향하고자 하는 공간 구축의 의미에 대한 해답이라고 볼 수 있다.

마지막으로 셋째는 마이너리티로서의 '재일코리안'이라는 범주이다. 이 범주에는 재일코리안을 재인식하는 작품들이 해당된다. 일본에서 최양일이 영화감독으로서 본격적으로 자리매김할 수 있었던 것은 재일코리안을 소재로 한 〈달은 어디에 떠 있는가(月はどっちに出ている)〉(1993)라는 작품 이후라 할 수 있다. 최양일은 이 작품을 통해서 재일코리안 영화가 최양일 이전과 이후로 구분될 정도의 획기적인 반향을 일으킨 감독이다. 이 작품은 그가 감독 데뷔 후 10여 년이라는 세월을 거친 뒤 비로소 제작하였다는 점에서 재일코리안 영화에 대한 그의 고뇌의 정도를 짐작할 수 있는 영화이다. 일본에서 재일코리안은 이미 1세대를 지나 현재 5세대까지 이어지고 있다. 이러한 가운데 최양일은 재일코리안의 정체성이 세대별로 각기 다르다는 것을 영화를 통해 보여준다. 그는 일본이라는 공간에서 재일코리안이 폭력에 노출될 수밖에 없었던 사회적·역사적 배경을 재현하였다. 그리고 그는 재일코리안이 일본에서 마이너리티로서 규정될 수밖에 없는 존재였다는 것을 이야기하고자 하였다.

재일코리안의 첫 번째 작품은 1993년 〈달은 어디에 떠 있는가〉로 기존의 재일코리안 영화에서 다루지 않았던 다문화 사회라는 공간이 재현되었다. 일본사회 속에서 재일코리안에 대한 고민을 다문화 사회라는 관점에서 풀어가고자 시도하였다. 일본사회에서 재일코리안은 이미 오래된 외국인으로서 다문화라는 공간을 구축하는 원류적인 존재가 되었다고 할 수 있겠다. 최양일은 이러한 공간에서 일본사회에 대한 비판이나 저항에 그치지 않고, 역으로 일본에서 답습한 폭력을 그대로 다문화 사회에서 또 다른 외국인에게 자행하는 모습으로 재현시킨다. 그리고 그는 재일코리안의 내부적 문제와 폭력성이 실행되는 곳이 일본의 다문화 공간이라는 점을 강조하였다. 재일코리안 영화의 두 번째 작품은 〈개, 달리다〉(1998)이다. 이 작품 속에서는 〈달은 어디에 떠 있는가〉에서 다문화 사회의 배경이 되었던 도쿄(東京)의 신주쿠(新宿) 가부키초(歌舞伎町)가 더욱 진화된 형태로 재현된다. 이미 재일코리안이라는 존재는 일본에서 오래되고 강력한 외국인으로 각인되어 있으며, 이러한 모습을 답습한 또 다른 외국인으로서 중국인이 출현하고 있다. 재일코리안이 일본에서 창출한 공간은 새로운 폭력의 장으로 재생산된다는 점을 시사하고 있다. 세 번째 작품은 〈피와 뼈〉(2004)이다. 이 작품은 이 책에서 연구한 작품 중에서 가장 마지막으로 제작된 작품이다. 최양일은 앞의 두 작품에서 보여주듯이 1980년대에 변화되어 가는 일본 공간을 '다문화'라는 새로운 공간으로 설정하면서 재일코리안에 대한 인식을 다른 관점으로 접근하였다. 그리고 2000년대에 들어서면서 일본에서 확산된 '한류'라는 문화 현상이 재일코리안에 대한 인식을 새롭게 하는 계기로 작용하였다. 최양일은 이러한 분위기 속에서 재일코리안의 이야기를 놓치지 않고 강렬하게 재현시켰다. 최양일은 이러한 사회문화적 배경에서 재일코리안 원류인 1세대의 이야기를 다루며 민족의 정체성과 본질에 대해 사유하도록 만들었다. 제주도 출신의 주인공이 배를 타고 오사카로 이주하는 시작 장면은 재일코리안 이주의 역사 즉 디아스포라로서의 삶의 의미가 무엇인가를 고찰하게 만든다. 그리고 일본에서 정착한 재일코리안 공동체의 공간은 김준평이라는 괴물적 존재를 중심으로 또 다른 제국의 모습으로 폭력을 그리고 있다.

근대 이후, 일본에서 민족의 정체성을 국가와 동일시 해 왔던 작업들은 단일민족 신화를 기저에 두고 있었다.37) 일본이 제국주의 시절 '대동아 공영권'이라는 미명하에 식민지 국가를 일본의 문화와 정체성으로 새롭게 형성하려고 하였다는 것은 역사적으로 자명한 사실이다. 이는 일본에서 소수민족이 차지하는 공간이 부재하다는 것을 의미하기도 하며, 이러한 마이너리티의 공간은 폭력적으로 작동되었다고 말할 수 있겠다. 최양일은 영화를 통해 일본공간에서 재일코리안의 삶을 본질적인 모습으로 밝히고자 하였을 것이다.

이 책에서는 최양일의 마이너리티 영화를 범주별로, 그리고 작품 제작연도별로 나누어 영화작품을 선정하였다. 그 영화작품을 대상으로 그의 영화에 반영된 사상적 궤적을 추적하고자 한다. 또한 최양일은 이러한 마이너리티의 영화들을 하드보일드와 코미디라는 대조적인 장르의 경향으로 제작하였다. 따라서 이 책에서는 연구의 대상으로 삼은 작품들은 범주 별로 하드보일드와 코미디 장르를 포함하도록 선정하였다. 이들 작품들에 대한 분석을 통해서 공간의 폭력성의 의미와 그 이면에 존재하는 '헤테로토피아'라는 공간이 어떤 방식으로 탄생하고 재생산되는지를 고찰하고자 한다.

---

37) 小熊英二, 『単一民族神話の起源―「日本人」の自画像の系譜』, 新曜社, 1995 참조.
　 일본민족에 대한 연구로, 민족이라는 아이덴티티에 관한 고찰이다. 일본제국은 다민족 제국이었지만, 일본은 단일 민족 신화를 구축하면서 전후를 맞이하였다. 메이지(明治)시대부터 전후(戰後)까지의 일본민족에 대한 언설을 집대성하였다.

제2장
최양일의 삶과 영화

제2장 최양일의 삶과 영화

1. 최양일의 성장과 가치관

 이 장에서는 최양일의 성장과정에서 그의 가치관이 어떻게 형성되었는지 고찰하기로 한다. 이러한 고찰은 그의 영화감독으로서의 사상과 예술적 표현을 이해하기 위해서 필요하다. 최양일의 가치관은 부모님의 영향에 의한 가정적 성장배경과 사회적·역사적 배경에 의해 형성되었으리라 추측할 수 있다. 이러한 최양일의 가치관에 대한 이해는 그가 발신하고자 했던 영화의 메시지에 대한 이해이기도 하다.

 최양일의 개인적인 출생과 성장과정을 『주간문춘(週刊文春)』(1998. 3. 5)에 실린 「집의 이력서(家の履歷書)」[38]를 바탕으로 하여 고찰하기로 한다.

1) 아버지와 소년 최양일

 최양일은 1949년 나가노(長野) 현 사쿠(佐久) 시에서 재일코리안 아버지와 일본인 어머니 사이에서 태어났다. 최양일은 어머니와 함께 4살까지 단

---

38) 山村基毅, 「家の履歷書」, 『週刊文春』 40号, 文芸春秋, 1998.

둘이서 살았다. 당시 그의 이름은 어머니 성을 따랐기 때문에 일본인인 줄 알고 자랐다. 그러던 중 최양일이 소학교 1학년이 되었을 때 도쿄(東京) 네리마(練馬)로 이사를 가면서 처음으로 아버지와 같이 살게 되었으며, 아버지가 재일코리안이라는 것을 알았다. 그는 아버지가 항상 동료들을 만날 때 자신이 알아듣지 못한 한국말을 사용하였다고 기억한다. 최양일이 어린 유년 시절에 겪었던 아버지에 대한 기억은 자신의 정체성에 대한 충격이었으리라 여겨진다.

아버지는 좌익 활동을 하면서 숨어 지내다가 합법적인 생활이 가능하게 되자 가족과 같이 살기 시작했다. 아버지는 최양일이 중학교 들어가기 전, 마을에 공장을 세워 운영하였으나 경기가 나빠짐에 따라 직원의 급료조차 지급할 수 없을 정도로 운영이 힘들어지게 되었다. 최양일은 아버지가 세운 공장이 자본주의적 경영이 아니라 동지적 결성이라는 공동 경영을 하였을 거라고 추측한다. 재일코리안인 아버지는 은행에서 융자를 받을 수 없었기 때문에 어머니 명의로 된 재산까지 다 처분하고 살던 집에서도 나왔다고 한다.

위와 같은 아버지에 대한 기억을 가지고 있는 최양일은 어머니가 일본인이었음에도 불구하고 현재까지도 한국식 이름을 그대로 사용하고 있다. 이러한 점은 그가 비교적 뚜렷한 정체성을 지니고 있으며, 아버지로부터 민족과 정체성에 대한 의식을 영향 받았으리라 여겨지는 부분이다.

그즈음에 최양일은 조선학교(도쿄조선고급학교)에 입학하여 기숙사 생활을 했다고 한다. 최양일은 학교생활에서 이론적인 본질을 좋아했기 때문에 이론적으로 반항하다가 잘 두들겨 맞았다고 한다. 그러나 그는 조선학교에 대해 이렇게 회고한다.

조선학교에서는 실은 여러 가지 것을 배웠다고 생각합니다. 일상적인 재일조선인 양상부터 이데올로기적인 부분까지. 세상은 가치관의 혼재라는 것을 알았지요. 소년의 찰나라는 목가적인 부분과, 서서히 불기 시작한 정치 바람에 엉켜 혼돈스러웠던 시대였지요. 지금 생각하면 '나의 대학'이었다는 생각이 듭니다.[39]

최양일이 청소년기에 재일코리안으로서 민족의식과 그의 정체성에 대해 고뇌하였음을 짐작할 수 있다. 이 시기에 형성된 그의 가치관은 이후 그의 작품 곳곳에 반영되었다. 따라서 그의 작품에서 재일코리안으로 상징되는 마이너리티의 양상을 고찰하는 데 이 시기는 중요한 단초가 된다. 최양일의 이러한 가치관의 형성은 특히 고교 시절 '재일문학'의 존재를 알게 되면서 민족과 개인의 정체성에 대한 의식이 성장하면서 본격화되었다. 이는 다음의 글에서 확인할 수 있다.

내가 나고 자란 이 일본의 내면을 그리며 또한 이를 타파하려는 사람들의 말로서 일련의 소설은 있었다고 해도 좋다. 이것은 전형적인 급진주의이다. 하지만, 급진이야말로, 소년에게 민족이라는 끝없는 외측으로부터의 관념을 실제 그 자체로 받아들이는 것을 막을 여유가 없었다는 것은 자명했다. 그러나 그곳에 궤적으로 그려진 '역사'를 근거로 한 이야기는 내실 있는 수동적인 문학이었다. 면면히 점철된 일본어가, 일본 제국주의 36년간의 한반도 식민지 시대 및 침략의 유산인 '재일'을 이야기할 때, 이 일련의 이야기는 나에게는 사랑이라든가 연애라든가 하는 보통의 욕망을 누락시켰다. '환상의 조국'은 대체 어디에 있는 것인가.[40]

---

39) 山村基毅, 앞의 책, 1998, 77쪽(1998. 3. 5).
40) 崔洋一ほか, 『崔洋一の世界』, 日本テレビ, 1994, 10쪽.

위와 같은 최양일의 사유는 그가 '재일'과 '조국'을 끊임없이 탐색하며 자신이 귀속해야 하는 조국이 존재하는가에 대해서 고뇌했음을 잘 드러내고 있다. 재일코리안 2세인 최양일은 일본사회에서 나고 자랐으므로 1세대와는 다른 민족과 조국의 인식이 있었음을 위에서 언급한 '환상의 조국'이라는 표현에서 짐작할 수 있다. 그의 이러한 조국에 대한 사유는 그가 고교시절에 읽었던 '재일문학'을 접하면서 시작되었다. 다시 말하면 그는 재일문학에서 재일코리안이 민족이라는 집단적 정체성으로 규정되어져 버린 것과는 달리, 재일코리안들의 삶 속에서도 각자의 다양한 개인의 행방과 존재가 있음을 인식하였다.

> 재일코리안이 1세에서 4세까지 70만 명이 있다고 하면 70만의 삶과 생각이 있기에, 그 하나하나를 기축으로 하자는 겁니다. 재일코리안의 문제는 남과 북 사이에서 다른 의견이나 반발이 있다는 점은 인정하지만, 그 실태는 우리들의 문제로 두는 게 이해하기 쉽습니다. 재일의 문제를 말할 때, 지금도 종종 관념적인 요소가 들어가 정신적·물질적인 교류사나 정사로서 이야기되는 경향이 있습니다. 거기에 위기감이 더해지면 재일의 실체가 희박해지고, 대신 관념으로서 환상의 조국이 만들어져 갑니다.[41]

최양일은 일본사회에 정주한 재일코리안 2세답게, 관념에 빠지지 않고 실체로서의 조국을 바라보고자 하였다. 1960년대 말 일본, 고도의 경제성장 속에서 안보투쟁이 일어나기 시작했을 무렵에 10대 소년 시절을 경험한 최양일은 다음과 같은 생각을 하였다고 한다.

---

41) 宮崎学, 「「在日」も文化も混在すればもっと面白くなる」, 『論座』 8月 No.40, 朝日新聞社, 1998, 13쪽.

'아무래도 세상이, 단순하게 좌나 우로만으로는 구분할 수 없는 공기를 마시기 시작하지 않았나' 하는 생각이 들기 시작했지요. 그렇다면 '재일'의 문제도 지금까지의 구도로는 엮어낼 수 없게 되어, 종래의 구도는 언젠가 파탄될 거라고 강하게 느꼈습니다.[42]

10대 후반의 최양일은 시대의 흐름 속에서 스스로 정체성과 가치관을 형성하여 나아갔음을 알 수 있다. 그의 이러한 가치관은 감독 데뷔 후 재일코리안의 영화 작품들 속에서 반영되어 재일코리안 공동체의 내부적인 갈등이나 세대 간의 갈등 등으로 나타내었다. 그는 2004년 〈피와 뼈〉의 작품을 제작한 뒤 인터뷰에서 재일코리안을 다루는 작품들의 문제를 세대 간의 간극이라는 문제로 소년 시절부터 인식해 왔다는 것을 언급하였다.

따라서 여담이지만, 소위 재일을 테마로 한 작품에 대해서 제가 매우 부자연스러움을 느끼는 것은 세대의 문제이지 않을까하는 생각이 듭니다. 그렇기 때문에 재일이라는 것에 얽매이는 것도 중요한 일이지만, 그 점이 모든 것의 입각점이라고 생각하는 것은 어쩌면 아닐 수도 있다는 의문을 아마 저는 소년 시절부터 하고 있었는지도 모르겠네요.[43]

그가 어린 시절부터 생각한 재일코리안으로서의 정체성과 가치관은 감독 데뷔 후에도 항상 마음속에 잠재되어 있었을 것이다. 그가 유년 시절에 경험한 아버지와의 특별한 만남은 일반적인 재일코리안과는 또 다르게 그의 정체성을 인식하도록 하였다. 또한 최양일의 이러한 상황을 지켜보았던 일본인 어머니의 존재도 상당한 영향이 있었음은 물론이다.

---

42) 宮崎学, 앞의 책, 1998, 21쪽.
43) 崔洋一・鄭義信・梁石日, 『映画「血と骨」の世界』, 新潮社, 2004, 26쪽.

그는 청소년기를 거치면서 스스로 조선학교를 선택하여 진학하였으며, 이러한 점은 아버지의 영향과 자기 주체성을 잘 보여준 지점이라 여겨진다. 청소년기를 거쳐 대학으로 진학한 청년 최양일은 학생운동을 경험하게 된다. 그는 이러한 시대적 상황 속에서 가치관이 결정적으로 확립되었던 것이다. 이 점에 대해서는 다음 절에서 살펴보도록 하겠다.

2) 단카이 세대로서의 가치관

최양일은 재일코리안 2세로 조국지향적인 1세와는 다른 가치관을 지니고 있었다. 그의 재일코리안 영화는 이 점이 잘 드러나 있다. 재일코리안 1세와 2세는 일본사회에 적응해가는 방식에 뚜렷한 차이가 있었다. 앞에서 언급한 바와 같이 최양일은 정체성이 확립되면서 '환상의 조국'은 일상생활에서 실감하기 어렵다고 생각하였다. 그는 자신과 같이 일본에서 태어나고 자란 이들에게는 집단적 민족 정체성보다 개개인의 각자의 삶에 대한 지향이 존재한다고 인식하였다.

최양일은 조선학교를 졸업한 뒤 도쿄사진전문학교(東京總合寫眞專門學校)에 진학한다. 최양일은 1949년생으로 일본의 단카이 세대에 해당되며, 그 세대의 공통적인 경험이었던 학생운동 '전공투(전국학생공동투쟁회의)'에 가담하게 된다. 이 때문에 2학년 때 제적처리가 되었다. 1968년은 프랑스, 독일, 영국, 미국 등 선진 자본주의국가에서 학생 청년에 의한 급진적 반권력 운동이 '동시다발'적으로 일어났으며, 당시 아시아에서 선진 자본주의국가로 인정받기 시작한 일본에서 1968년을 정점으로 전후 수년간 전국의 대학을 무대로 격렬한 학생운동이 전개되었다.[44]

---

44) 정아영, 「일본의 1968년 학생운동에 대한 사회적 기억과 평가」, 『경제와 사회』 제76호, 한국산업사회연구회, 2007, 71쪽.

전공투는 프랑스의 5월의 혁명이 드골에게 가한 것만큼이나 일본의 권력을 흔들거나 사회를 변화시키지는 못했다.[45] 이러한 시대를 경험했던 당시의 청년들은 단카이 세대만의 아픔이 스며들어 영화 속 주인공처럼 주류 사회에서 배제되거나 사회 속으로 흡수되지 못하는 경향을 보였다.[46] 하지만 서구의 '68년'이 그러했던 것처럼 마이너리티의 문제나 에콜로지 문제 등 다양한 문제를 제기했고, 지역 의료 활동, 환경보호나 반(反)원자력발전소, 여성해방 등의 다양한 운동이 전공투 이래 활성화되어 왔다.[47] 정아영은 전공투적인 '의지'가 일본 시민 사회에 1968년 이후에도 일본사회의 문제들을 해결하기 위해 일정한 변화를 가져다주었다고 다음과 같이 지적하였다.

> 1970년 이후 거대한 정치적 과제가 아니라 일상생활과 관련된 여러 가지 문제에 주목하는 지역 거점(풀뿌리)형 시민운동이 본격화되었다. 자신의 책임과 독자적인 관점, 운동 방식을 고집하면서 사회적 연대를 실현하고자 하는 자세, 이론에만 끌리지 않고 눈앞의 현실을 중시하는 현장주의, 참가자 전원에 의한 토론을 중시하는 참가형 민주주의 등은 전공투 운동의 전통을 이어받은 것이었다. 예를 들면 반차별 운동이나 당시까지 사회적 관심에서 배제되었던 재일한국·조선인, 피차별 부락민, 장애인이나 여성에 대한 차별적인 사회 시스템이 비판과 변혁의 대상으로 떠올랐다. 이러한 흐름 속에는 베트남 반전

---

45) 송인선, 「반역하는 '단카이(団塊)' - 전공투(全共鬪)와 일본의 대중사회-」, 『현대문학의 연구』, 한국문학연구학회, 2013, 182쪽.
46) 프랑스나 독일의 68세대가 학계와 교육계, 언론계에 대거 진출하여 국가의 시스템을 개혁하는 등 사회문제를 해결해 가는 주요 세력으로 등장했으나 일본은 전공투 세대를 철저히 배제하는 정책을 취했다. 전공투 중 일부는 더욱더 극좌의 길로 휩쓸려 나가 적군파가 되기도 했다.
강익모, 「최양일의 〈피와 뼈〉로 본 물신의 기표, '폭력'」, 『문학과영상』 Vol.8 No.3, 문학과 영상학회, 2007, 19쪽.
47) 송인선, 앞의 책, 2013, 183쪽.

운동을 통해 형성된, 아시아에 대한 '가해자'로서의 일본에 대한 자각
도 큰 역할을 했다.[48]

 1968년 운동 이후, 일본 시민 사회에서는 마이너리티에 대한 사회적 관심을 고취시켰음을 알 수 있다. 위에서 언급한 재일코리안, 피차별 부락민, 장애인, 여성이라는 마이너리티는 최양일이 지금까지 제작한 마이너리티 영화들의 인물들과도 중첩된다는 것을 확인할 수 있다. 최양일이 끊임없이 관심을 갖고 제작한 마이너리티에 대한 작품에는 이러한 시대를 경험하면서 형성된 그의 가치관이 반영되었다.
 최양일은 대학을 제적당한 뒤, 그 당시의 심정을 다음과 같이 말했다. "좌절감은 없었다. 자, 다음에 뭘 해야 되지? 하는 느낌이었다."[49]고 한다. 최양일은 초등학교 1학년 때 처음으로 아버지를 만나 재일코리안이라는 사실을 알았을 때 적지 않는 충격을 받았다. 그렇지만 이를 받아들이고 조선학교에 진학하였던 것과 같이, 대학교를 제적당했을 때도 좌절보다는 미래지향적인 모습을 보여주었다. 그가 초등학교 1학년 때 자신의 아버지가 재일코리안이라는 것을 알면서부터 자신의 이름을 현재까지 '최양일'로 사용하고 있듯이, 그는 자신이 처한 상황을 거부나 외면이 아닌 정면으로 받아들였다. 그의 가치관은 마이너리티 영화에 깊숙이 녹아들어, 관객들에게 마이너리티가 좌절이나 소외로서가 아닌 현실을 위한 발돋움으로 작용할 수 있음을 보여 준다.
 그는 그 뒤 조선학교 선배로부터 영화 현장에서 조명 배우는 일을 소개받았다. "간단히 말하면 하역입니다. 여기서 민주적인 내용의 영화도 어떻게 비민주적으로 만들 수 있는가를 배웠던 셈입니다."[50] 이 당시 그가 영

---

48) 정아영, 앞의 책, 2007, 82쪽.
49) 山村基毅, 앞의 책, 1998, 78쪽.

화에 종사하는 일에서 조직의 시스템이나 감독과의 협력이 매우 힘들었음을 알 수 있다. 그러나 최양일은 영화일은 힘들었지만 영화 현장의 일이 재미있었기 때문에 박봉에도 불구하고 그만두지 않았다. 최양일은 특히 영화감독에게 많은 매력을 느끼며 "영화감독이라는 것은 성스러운 권위이며, 감독의 재능으로 대부분을 결정하는 셈입니다. 나중에 알았지만 아시아적 생산양식이 이런 것인가 하는 생각이 들었습니다."[51]라고 당시의 감독에 대한 꿈을 꾸었던 자신을 술회하였다.

일본사회에서 고도성장과 대중소비사회로의 진입으로 인해 급작스런 주변 환경의 변화를 체감해야 했던 단카이 세대들은 재즈뿐만 아니라 당시 젊은이들 사이에 유행했던 포크나 록, 반전가(反戰歌)까지도 그들이 스스로 발견하지 못한 '언어'를 대신하는 일종의 자기표현으로서의 효용가치를 지니는 것이었다고 여겨진다.[52] 이러한 단카이 세대와 성장한 재일코리안 최양일에게, 영화제작은 자기 삶의 표현방식이었고 세대 간의 갈등에 대한 분출이었으며 자신의 정체성에 대한 물음이었다.

최양일은 이상과 같은 시대적 배경 속에서 성장하며 정체성에 대한 물음을 자신의 영화 안에 반영하였다. 그리고 소년 시절 재일문학을 읽고 느꼈던 '환상의 조국'과 개개인의 욕망들에 대한 부재는 그가 성장한 후 양석일의 소설을 통해 메워지기 시작했다. 최양일과 양석일 모두 재일코리안 2세이면서 앞으로 재일코리안이 나아갈 길에 대하여 모색하는 발상의 맥락이 비슷하였다. 따라서 최양일에게 재일코리안의 영화를 제작할 수 있게 한 시발점은 양석일의 소설이라고 할 수 있다. 양석일의 재일코리안 소설은 최양일이 가졌던 추상적인 관념들을 언어로 표현할 수 있었다. 양석일

---

50) 위와 같음.
51) 위와 같음.
52) 강익모, 앞의 책, 2007, 199~200쪽.

과 최양일은 조국을 생각하는 지점과 일본에서 재일코리안으로서 상생하는 법을 공감하면서 10년이라는 오랜 시간 끝에 〈달은 어디에 떠 있는가〉를 완성시켰다.

최양일은 작품 〈달은 어디에 떠 있는가〉를 제작한 지 10년 후, 다시 한 번 양석일의 소설 『피와 뼈(血と骨)』로 영화를 제작하였다. 이 작품은 양석일 자신의 아버지를 모티브로 한 것으로 일본에서 또 한 번의 화제가 되면서 흥행에 성공하였다. 최양일의 재일코리안 영화는 원작자인 양석일을 비롯하여 각본을 맡았던 정의신, 제작자 이봉우가 재일코리안 2세였다는 점도 의미가 있다. 같은 시대, 같은 환경에서 자라고 성장한 그들은 재일코리안에 대한 자아인식과 일본사회에서의 재일코리안의 인식을 영화를 통해 소통할 수 있도록 보여 주었다. 그리고 그들은 최양일이 영화감독으로서 성공할 수 있는 힘이 되었다.

다음에서는 이상과 같이 살펴본 가치관을 기반으로 그가 영화 활동을 어떻게 하였으며 어떠한 경향의 영화들을 제작하였는지에 대해 살펴보기로 하겠다.

2. 최양일의 영화제작 관련 활동

1) 감독 데뷔 이전의 작품 활동

앞에서 살펴본 바와 같이 최양일은 유년기에 아버지를 만나면서 자신이 재일코리안임을 인식하고, 청소년기에 조선학교를 다녔다. 그는 청년기에 전공투를 경험하면서 성인으로 성장하였다. 그는 이러한 성장 배경 속에서 가치관을 정립하였다. 최양일은 "나는 국적에 얽매이지 않고, 단지 한 남자로서 영화감독으로서 살아가고 싶다. 이것은 지금까지도 전혀 변함이 없습니다. 해외에서 보면 일본인 감독이면서, 재일코리안 감독이겠지만, 아시아 감독의 한 사람에 불과합니다. 국적에 귀속되었다기보다도 자기의 귀속을 강하게 의식하고 있습니다. 자신의 존재를 확인하는 일이니까요. 영화를 만들고 싶다는 제작의욕은 자기가 어떤 사람인가를 알고 싶어 하는 근본적인 것에 있다고 생각합니다. 이것은 살아가는 데 있어, 테마인 셈입니다."[53] 라고 언급하였다. 이 발언은 그의 작품 활동의 의미라고 할 수 있겠다.

최양일의 이러한 사유는 작품에도 그대로 반영되어, 다양한 마이너리티의 재현을 통해서 볼 수 있다. 그의 영화의 공간적 재현은 마이너리티란 상대적인 현상으로 발생될 수 있으며, 마이너리티도 역사를 거슬러 올라가 보면 그들만의 역사와 전통이 존재하였다는 것을 의미한다. 그리고 궁극적으로는 마이너리티도 행복을 추구한 보편적 삶을 지향하였다는 것을 보여준다.

최양일은 영화 일을 조명에서부터 시작하여 비교적 남들보다 빨리 조감독 자리에 오를 수 있었다. 그러나 그는 조감독 생활을 10여 년이라는 오랜 기간 동안 하였다. 그의 감독 데뷔 이전 영화 활동은 다음 표와 같이, 주로 탐정이나 경찰을 주제로 하는 작품들이 대부분이다. 이와 같이 그의 영화 활동은 그가 감독 데뷔 이후에 자신이 제작한 영화에 그대로 반영되었음을 알 수 있다.

---

53) 崔洋一, 「在日コリアンの目をとおして見た日本と韓国の子ども・若者たち」, 『日本教育学会 大會研究発表要項』 61, Japanese Educational Research Association, 2002, 226쪽.

〈표 2〉 최양일의 조감독으로서 영화 활동

연도	제목	감독	방송
1975	프라자극장 〈형사군〉 (ブラザー劇場『刑事くん』)	사에키 다카하루 (佐伯孚治) 외	TBS
1975	신주쿠 경찰 (新宿警察)	마후네 다다시 (真船禎) 외	후지TV (フジテレビ)
1975	고발 재일한국인정치범 리포트 (告発在日韓国人政治犯レポート)	오카모토 요시히코 (岡本愛彦)	도이치샤 프로덕션 (統一社プロ)
1976	감각의 제국 (愛のコリーダ)	오시마 나기사 (大島渚)	오시마 나기사 프로덕션 (大島渚プロダクション)
1977	기타무라 도코쿠 우리 겨울의 노래 (北村透谷 わが冬の歌)	야마구치 세이이치로 (山口清一郎)	산에이샤, ATG (三映社, ATG)
1978	가죽점퍼 반항족 (皮ジャン反抗族)	하세베 야스하루 (長谷部安春)	도에이 센트롤 필름 (東映セントラルフィルム)
1978	가장 위험한 유희 (最も危険な遊戯)	무라카와 도루 (村川透)	도에이 센트롤 필름
1978	살인유희 『殺人遊戯』	무라카와 도루 (村川透)	도에이 센트롤 필름
1979	우리들에게 묘는 없다 『俺達に墓はない』	구로타 유키히로 (澤田幸弘)	도에이 센트롤 필름
1979	안녕 영화의 친구여, 인디언 썸머 『さらば映画の友よ インディアンサマー』	하라타 마사토 (原田眞人)	키티필름 (キティ・フィルム)
1979	탐정 이야기 『探偵物語』	무라카와 도루 (村川透) 외	니혼TV (日本テレビ)
1980	계엄령의 밤 『戒厳令の夜』	야마시타 고사쿠 (山下耕作)	밧쿠 프로덕션 (白夜プロダクション)
1980	불량소년 『不良少年』	고토 고이치 (後藤幸一)	도에이 (東映)

최양일은 조감독으로서 13개 정도의 작품 활동을 하였다. 그 중에서 주목되는 작품은 오시마 나기사(大島渚, 1932~2013) 감독의 〈감각의 제국(愛

のコリタ)〉(1976)이다. 그의 스승이었던 오시마는 소외와 억압이라는 주제로 재일코리안에 관한 영화를 다수 제작하였다. 최양일의 마이너리티에 대한 관심은 스승이었던 오시마 감독의 영향이 상당했다고 볼 수 있다.

오시마는 일본제국주의의 전쟁책임을 은폐한 채 전후 체제로 이행하는 것을 기만으로 규정하고, 그에 가담한 모든 요소들-억압적 지배구조로서의 국가, 그 이데올로기적 장치들, 사상, 국민들의 의식에 이르는 요소들-에 대해 철저히 저항해 갔다.[54] 오시마는 재일코리안 뿐만 아니라 만주 귀환자, 오키나와 등을 영화로 제작하여 일본 '단일민족국가' 신화를 비판하며 전면에서 문제를 제시하였다. 최양일이 오시마의 영향을 받았다는 것에 대해서 구견서는 "그는 그런 시각에서 울분을 분출이라도 하듯이 오키나와를 중심으로 한 민족문제관련 영화를 4편이나 만들었다."라고 언급했다.[55]

그러나 최양일은 오시마의 영화를 통해 오히려 재일코리안 영화제작에 좀 더 고심하였다. 그는 오시마의 재일코리안 이야기와는 다른 관점으로 관객과의 소통을 위해 많은 시간을 두고 작품들을 제작하였다. 다시 말해 최양일이 에스닉 마이너리티에 관심을 가지는 스승 오시마의 영화 재현을 통해 충분히 학습해 가면서 그대로의 답습이 아닌 자신에 맞는 문법을 찾아내었음을 그의 오키나와 영화나 재일코리안 영화에서 포착된다.

그는 조감독을 거쳐서 몇 편의 TV드라마를 제작하였다. 그는 당시 미국 하드보일드 소설에 관심을 가졌으며, 대표적인 작품으로 니혼(日本)TV에서 방영한 〈고독한 사냥꾼(孤獨な狩人)〉(1981)이라는 드라마를 제작하였다. 이 드라마는 베트남 전쟁 후 고향으로 돌아온 청년이, 경찰이 되었지만 심리적 불안과 허무로 인해 겪는 정신 분열을 그린 이야기이다. 최양일은 영

---

54) 신하경, 「억압적 '보편'에 대한 저항 : 1960년대 오시마 나기사(大島渚)영화의 현재성」, 『한국학연구』 28집, 인하대학교 한국학연구소, 2013, 175쪽.
55) 구견서, 『일본영화와 시대성』, 제이엔씨, 2006, 1쪽.

화감독 데뷔 이전의 작품 활동에서 이미 하드보일드 소설에 기인한 자신의 영화 스타일을 굳히고 있었다.

〈표 3〉 최양일의 TV드라마 작품들

연도	제목	방송국
1981	〈프로헌터(プロハンター)〉 제15화 〈표적이 된 올가미(狙われた罠)〉	니혼TV (日本テレビ)
1982	〈프로헌터〉 제16화 〈나쁜 여자(悪い女)〉 〈프로헌터〉 제25화 〈롱 굿바이 (ロング・グッドバイ)〉(최종회)	
1982	화요 서스펜스극장(火曜サスペンス劇場) 〈고독한 사냥꾼(孤独な狩人)〉	니혼TV
1983	화요 서스펜스극장 〈공포(恐怖)〉	니혼TV
1983	토요와이드극장(土曜ワイド劇場) 〈마쓰모토 세이초의 단선(松本清張の断線)〉	아사히TV (テレビ朝日)
1985	〈특명형사 더 콥(特命刑事ザ・コップ)〉 제5화 〈사형의 길에 덫을 쳐! (死刑の街に罠をはれ!)〉 제6화 〈죽음을 위한 여행을 멈춰라! (ため死い旅をとめろ!)〉	아사히TV
1986	수요 드라마 스페셜(水曜ドラマスペシャル) 〈아키코・슬픈 색의 올가미(亜樹子・哀しみ色の罠)〉 〈사랑이야기(恋物語)〉	TBS
1987	화요 서스펜스 극장(火曜サスペンス劇場) 〈당신과 닮은 사람(あなたに似た人)〉	일본TV
1988	란포상 작가 서스펜스 (乱歩賞作家サスペンス) 〈올가미 속의 칠면조(罠の中の七面鳥)〉	간사이TV (関西テレビ)
1989	남과 여의 미스테리(男と女のミステリー) 〈탐정 사에키 료스케 10번가의 살인 (探偵冴木涼介 十番街の殺人)〉	후지 TV (フジテレビ)
1990	수요 그랜드 로망(水曜グランドロマン) 〈최후의 결혼사기(最後の結婚詐欺)〉	니혼 TV
1991	수요 그랜드 로망 〈타인에게 말할 수 없는 직업의 남자 (他人にいえない職業の男)〉	니혼 TV
2005	드라마 W(ドラマW) 〈아르바이트 탐정(아이) 100만 명의 표적 (アルバイト探偵(アイ) 100万人の標的)〉	WOWOW
2009	예능인격 체크! 2009(芸能人格付けチェック! 2009) 〈귀족의 부부싸움(貴族の夫婦喧嘩)〉	아사히TV

최양일은 TV드라마 감독으로 활동하면서 동시에 영화감독으로도 계속 활동하였다. 그의 TV드라마 작품 대부분의 경향도 경찰과 탐정 이야기여서, 조감독 시절 영화작품과 맥락이 유사하였다.

최양일의 영화 활동으로는 영화감독 이외에 배우로서의 이력도 있다. 그가 출연한 작품은 1999년 쇼치쿠(松竹), 가도카와쇼텐(角川書店)이 제작한 〈고핫토(御法度)〉가 있다. 이 영화는 오시마 나기사(大島渚) 감독의 작품으로 최양일뿐만 아니라 기타노 다케시(北野武)를 비롯해 오시마에게서 수학한 감독들이 출연하였다. 최양일은 이 작품에서 곤도 이사미(近藤勇)의 역할을 맡았다.

2004년도에는 〈최 감독판 여살유지옥(崔版 女殺油地獄)〉이라는 작품으로 최양일이 직접 무대 연출도 하였다. 그는 다양한 작품 활동을 통해 현재 일본 영화계에서 인정받는 영화감독으로 자리매김할 수 있었다고 하겠다.

2) 감독 데뷔 이후의 영화 유형 및 특색

(1) 영화의 유형

최양일의 영화는 일본사회에서 소외된 마이너리티의 이야기를 비정하고 냉혹한 모습으로 많이 다루기도 하였지만, 반면 마이너리티의 우울함을 코믹하게, 역설적으로 표현하기도 하였다. 최양일은 이러한 마이너리티의 재현을 상반된 장르의 교차로 제작하였다.

영화의 장르는 개별적인 예술 작품이 지니고 있는 형식과 호소력을 설명할 수 있다. 또한 장르가 영화에 작용되는 기능은 영화의 능력뿐만 아니라 그 의미까지도 설명할 수 있다. 예를 들면 공포영화를 논의함에 있어 심리학을 이용한다거나 갱스터 영화를 분석하면서 사회학을 의탁할 수 있다.[56] 최양일 작품들의 장르는 크게 하드보일드에 기인한 필름 느와르 장르와 코미디로 나뉘어 살펴볼 수 있다. 최양일은 장르 자체가 지니는 특색을 살려서 두 장르를 적절하게 이용하였다. 두 장르를 통해서 최양일의 하드보일드 영화는 사회의 구조적 모순이나 국가폭력 등의 담론을 논의할 수 있으며, 코미디 영화는 사회적 풍자를 통해 민족과 세대들과의 갈등을 고찰할 수 있다.

① 하드보일드 : 필름 느와르

최양일 영화는 대사가 많지 않고 냉소적인 표정을 지닌 등장인물들로 독특한 스타일뿐만 아니라 서사소재 대다수는 '하드보일드' 소설작가에서 비롯된 장르인 필름 느와르에 해당되는 작품이 많다. 필름 느와르(Film Noir)란 심리적 이상, 정신적 공항상태, 모호한 상황, 비틀린 냉소주의, 어둡고 폭력적인 내용 등을 담고 있었는데, 느와르에 등장하는 인물들은 뚜렷하게 동기화되지 못한 가치관으로 광적인 폭력의 세계에 놓여 있는 경우가 대부분이었다.[57] 1940년대 할리우드에서 독일 표현주의의 영향을 받은 필름 느와르는 당대에 B급 영화로 치부되었으나 1950년대 프랑스의 비평가들에 의해 '작가주의'라 명명됨으로써 그 미학적 완성도를 인정받게 되었다.[58] 느와르영화가 지닌 특성을 사회적 측면에서 살펴보면 2차 세계대전 종전 직후 귀향 군인의 재적응, 매카시즘과 냉전의 영향, 남성의 정체성 불안과 회복, 강하고 독립적인 여성의 위협, 대도시의 발달로 인한 범죄, 소외 등으로 분류할 수 있다.[59]

---

56) 더들리 앤드루 저, 김시무 외 역, 「장르와 작가의 평가」, 『영화이론의 개념들』, 시각과 언어, 1995, 161쪽 참조.
57) 배리 랭포드 저, 방혜진 역, 『영화의 장르-헐리우드와 그 너머』, 한나래, 2010, 355쪽.
58) 오영미, 『문학과 만난 영화』, 월인, 2007, 31쪽.
59) 장윤정, 「모더니즘의 알레고리와 비전으로서의 필름 느와르-팜므파탈, 검열, 하드보일드의 중층 결정으로서의 장르적 재구성에 관한 연구-」, 중앙대학교 첨단영상대학 박사

여기에서는 최양일이 느와르 장르를 통해 무엇을 나타내려고 하는지를 살펴볼 필요가 있다. 최양일은 미국의 하드보일드 소설에 대해 다음과 같이 언급했다.

> 조금은 알 것 같다. 미국이라는 근대에서 살아가는 사람들의 자아이다. 미성숙한 채 발전할 수밖에 없었다. 민주주의적 자유와 고독한 반민주주의적 자유와의 갈등이다. 미국의 뜨거운 정의는 사실 패권을 뒤집는 것임을 지금은 주지하였을지라도, 개인의 자아가 그 정의와 본질적으로 서로 통하지 않는 상황자체를 하드보일드(완숙된 달걀)이라고 할 수 있다. 이는 사람들의 정신세계로서 확립되어졌다."[60]

그의 하드보일드 소설에 대한 사유는 필름 느와르 장르가 지닌 사회적 특성과 연결되어 있다. 최양일은 하드보일드 소설을 통해 "고도로 계속 발전한 미국 자본주의는 형이상적으로 향상되었지만, 아웃사이더로 나아가는 사람들을 계속적으로 생산해 간다."[61]는 것을 알게 되었다. 그는 마이너리티에 관심을 가짐과 동시에 이들이 일으키는 반동이나 폭력은 자신의 카타르시스가 되었다고 말한다. 느와르 장르는 최양일이 관통했던 시대와 가치관이 영화에 반영될 수 있었던 표상 장치로 고안되었다고 할 수 있다.

최양일은 영화감독 이전에 경찰, 탐정 등 서스펜스나 하드보일드한 작품 활동에 많이 참여하였다. 그는 데뷔작인 〈10층의 모기〉에서도 조감독이나 TV감독 시절에 쌓았던 경험을 바탕으로 경찰의 이야기를 다루었다. 이 영

학위논문, 2004, 8쪽. 느와르 영화의 특징을 다음과 같이 4가지로 분류할 수 있다고 보았다. 1) 시각적 스타일, 2) 서사적 스타일, 3) 사회적 스타일, 4) 주제적 측면 – 실존주의(Existen-tialism), 프로이트의 정신분석학(Freudianism), 파멸적 운명론. 그리고 이 가운데 사회적, 주제적 관점의 중요한 논의들을 주로 살펴보았다.
60) 崔洋一 ほか, 『崔洋一の世界』, 日本テレビ, 1994, 8쪽.
61) 崔洋一 ほか, 위의 책, 1994, 9쪽.

화는 평범한 경찰서에서 근무한 경찰이 진급, 이혼 등으로 인한 고독과 인간소외를 감당하지 못하고 점점 정신분열을 일으키며 폭력적으로 바뀌는 모습을 그려냈다. 이러한 폭력의 재현은 20년이 흐른 뒤 제작된 〈피와 뼈〉에서 재일코리안 이야기를 다루면서 주인공 김준평을 통해 여실히 보여준다.

또한 그는 오키나와를 배경으로 하드보일드 영화 〈친구여, 조용히 잠들라〉(1985)를 제작하였다. 오키나와의 재개발을 배경으로 마을을 지키려는 오키나와인과 이를 제압하려는 건설회사와 맞서는 이야기이며, 본격적으로 공간적 재현에서 나타난 폭력성이 무엇인가에 대해 보여준다. 이 작품에 이어서 우연히 야쿠자 조직에 연루가 된 소녀 이야기를 다룬 〈검은 드레스의 여자(黒いドレスの女)〉(1987)라는 작품이 있다. 이 작품은 강한 인상은 없지만, 그 다음 작품 〈꽃의 아스카 조직〉(1988)에서 하드보일드와 갱 영화로서 아이돌 소녀의 이야기를 펼친다. 이 영화는 가까운 미래라는 시간 설정과 신주쿠 거리를 설정하여 다민족 공동체를 보여준다. 이 영화는 특별한 민족 메시지는 없었지만 최양일의 다민족 공동체에 대한 구상을 재현하였다. 그는 이 작품 이후 〈달은 어디에 떠 있는가〉와 〈개, 달리다〉의 작품 속에 다민족 사회를 확대하여 다시 생산하였다.

최양일은 〈습격〉(1991)에서 미군 기지를 배경으로 한 영화를 제작하였다. 이 영화는 실화를 기반으로 한 미군기지 안의 은행에 대한 조직적인 강도범들의 은행털이 이야기이다. 1990년대 오키나와를 배경으로 야쿠자나 가라테 이야기를 토대로 액션영화가 유행하였으며, 걸프전이 발발한 시기와 맞물려 미군기지가 다시 한 번 오키나와에서는 긴장감이 돌던 시기이기도 하였다. 최양일은 이러한 상황에 맞추어 오키나와의 미군기지를 재조명하였다.

최양일은 〈습격〉 이전에도 〈꽃의 아스카 조직〉(1988)에서, 마이너리티의 조직이 가상의 도시를 지배한다는 이야기를 통해 마이너리티에서 메이저리티로 가는 구도를 그렸다. 주인공이 살아가는 사회에서 느껴지는 인간 소외로부터 오는 불안으로부터 탈출하고자 하는 시도를 그린 것이다. 그는 이러한 마이너리티의 탈출방법을 폭력으로 표현하였으며, 그러한 폭력을 통해 마이너리티가 나타내고자 하는 정체성에 대해 이야기한다. 그는 다양한 정체성을 각 영화의 틀 속에서 마이너리티의 변이 혹은 진화로서 이야기하고자 하였다.

1990년대 이후에 하드보일드한 서스펜스 작품을 다룬 〈막스의 산(マークスの山)〉(1993)에서는 1960년대 후반부터 일기 시작한 학생운동을 배경으로 다루었다. 이 영화는 실제로 학생운동에 가담한 다섯 명이 '아사마(あさま) 산장'에서 산장 관리 부인을 인질로 잡아 농성한 사건을 배경으로 하였다. 최양일은 단카이 세대로서 시대와 고민을 충분히 성찰한 감독이라 볼 수 있는 작품이다.

그 후로는 코미디 작품을 계속 제작하다가 다시 2004년 〈피와 뼈〉로 재일코리안 1세대의 이야기를 전면에 내세우며 하드보일드한 영화를 제작하였다. 그 후, 최양일은 한국에서 한국배우들과 함께 〈수(ス SOO)〉(2007)를 제작하였다. 이 작품은 흥행하지 못하였으나 청부 살인의 이야기로 그의 작품 중에서 가장 하드보일드하게 다룬 영화이다. 마지막으로 그는 닌자의 이야기를 다루는 일본의 시대극으로 〈가무이 외전(カムイ外伝)〉(2009)을 제작하였다. 이 영화는 지금까지 최양일이 제작한 마지막 작품으로 닌자로 살아가는 가무이가 가난 때문에 어쩔 수 없이 닌자가 되었지만, 살육이라는 잔인함에 회의를 느끼고 닌자의 조직을 떠나는 이야기이다. 이 영화 주인공 가무이가 '인간으로서 살아가고 싶은 강한 마음 한 가지 뿐'이라는 설정으로 그려지고 있다. 이 영화는 최양일이 시공간을 막론하고 마이너리티에 대한 관심과 마이너리티의 본질에 대한 해답이 무엇인가를 제시하는 영화라고 판단된다.

② 희극 : 슬랩스틱 코미디

최양일은 하드보일드한 영화 〈10층의 모기〉로 데뷔하여, 같은 해 〈성적범죄(性的犯罪)〉(1983)라는 코미디 작품을 제작하였다. 이 작품은 범죄를 다룬 코미디 영화로 로망 포르노에 해당된다. 최양일은 일본사회 속의 마이너리티에 주목을 하면서 마이너리티를 인간 소외와 경계로 한정 짓는 공간에서 참혹한 폭력을 표출하게 하는 반면, 이러한 민감한 마이너리티의 부분을 갑자기 '웃음'이라는 코드로 등장시키며 관객에게 성큼 다가간다.

그는 이러한 코미디를 주로 슬랩스틱 코미디라는 장르로 재현하였다. 슬랩스틱 코미디란 언어를 사용하지 않고 과장된 몸짓으로 관객들에게 웃음과 메시지를 전달하는 것을 중요한 요소로 활용한 장르로 주로 무성 영화 시절에 많이 사용되었다. 슬랩스틱 코미디는 웃음자체를 목적으로 하는 비서사적 양식의 골계 코미디의 대표적인 예라고 할 수 있다.[62] 최양일 영화 중 대부분의 코미디 장르는 슬랩스틱 코미디 요소를 첨가하여 웃음을 자아냈다.

코미디는 단지 '가볍고' '재미있는' 것에서 그치는 것이 아니라 '행복한 결말'과 '일상생활'의 표상에 대한 관련성에 따라서도 그 특성이 구분된다. 바로 이점이 코미디가 갖추어야 할 중요한 측면으로 항상 간주되어 왔다. 아리스토텔레스 이후 지속적으로 코미디는 비극과 대조를 이루면서, 지배계급이나 거대한 권력을 행사하는 이들의 삶이 아닌, 중간 혹은 하층계급의 삶을 표상하는데 가장 적합한 장르로서 수 세기 동안 존재해 왔다.[63]

그 뒤 최양일은 스파이와 살인사건을 다루는 〈언젠가 누군가에게 살해

---

62) 신수아, 「인물을 통해 살펴 본 한국 슬랩스틱 코미디의 특성 연구 : 코미디언 '김병만'을 중심으로」, 한양대학교 대학원 방송영상전공 석사학위논문, 2010, 23쪽.
63) Steve Neale & Frank krutnik, 강헌두 역, 『영화 속의 코미디, TV 속의 코미디』, 한국방송개발원, 1996, 27쪽.

당한다(いつか誰かが殺される)〉(1984)에서 코미디와 스릴을 더해 민족의 정체성에 대해 가볍게 나타내기 시작한다. 주인공 소녀가 어느 날 아버지로부터 일본인이 아니라 오키나와인이라는 사실을 듣고 충격에 빠진다. 그와 동시에 소녀의 아버지가 살해당하면서 소녀는 스파이 세계와 연루된다. 이 작품에서 최양일은 다국적인 스파이 공동체 재현과 소년소녀를 대상으로 한 아이돌 영화 속에서 민족적 메시지[64]를 자신만의 영화문법으로 나타내기 시작하였다고 할 수 있겠다.

최양일이 코미디 장르로 본격적으로 제작한 영화는 〈달은 어디에 떠 있는가〉(1993)이지만, 그 이전 〈A사인 데이즈〉(1989)에서도 오키나와 미군기지촌의 록 가수들의 이야기를 코믹한 요소들을 첨가하면서 웃음을 자아내게 하였다. 그는 〈달은 어디에 떠 있는가〉의 작품 이후 〈개, 달리다〉(1997)에서 재일코리안을 등장시켜 경찰과 폭력 조직이 서로 손을 잡고 어떻게 공생하는지를 코믹하게 풍자하였다.

그 다음 작품 〈돼지의 보은〉(1999)에서는 오키나와의 고유의 민속적인 모습을 해학적인 표현을 통해 그들의 샤머니즘 세계를 코믹하게 풀어 나갔다. 〈달은 어디에 떠 있는가〉와 〈개, 달리다〉에서는 질주하는 장면에 나오는 음악은 신나는 록음악과 함께 펼쳐진다. 최양일은 시원한 메탈 음악 효과는 복잡한 신주쿠 배경과 어울리면서 그곳에 사는 여러 민족들의 좌충우돌 살아가고 있는 모습을 보여준다. 그러나 그의 영화적 재현은 웃고 지나가기에는 많은 메시지를 전달시킨다. 즉, 그는 폭력과 분노를 뛰어 넘을 때 웃음이 나오는 것처럼 해학과 풍자가 훨씬 더 강한 호소력을 가질 수 있는 장치라는 것을 보여 주었다.

그 다음 작품 〈형무소 안에서〉(2002)는 민족이나 이데올로기와 상관없이

---

64) 요모타 이누히코, 강태웅 역, 『일본영화의 래디컬한 의지』, 소명출판, 2011, 197쪽.

형무소라는 곳에서 수형자들이 적응해가는 이야기를 다룬 코믹영화이다. 최양일은 '형무소'라는 장소가 주는 이미지 속에서 수형자들이 어떻게 적응하며 그 안에서 삶을 살아가는지를 재미있고 섬세한 심리를 통해 시종일관 웃음을 자아내었다. 수형자들을 다룬 코믹영화들은 수형자들이 지닌 힘은 지극히 제한적이고 협소하므로, 그들의 행동양식과 형태 그리고 가치는 그들보다 잘난 교도관들로부터 하찮고 천박한 것으로 업신여김 받으며, 코미디의 주된 관심은 평범한 형무소에서 익숙해져 가는 일상생활을 표상하는 데 있다.[65]

최양일이 마이너리티의 영화를 코미디 장르로 표현한 경우는 일본 주류사회인 메이저리티가 편안한 소비를 할 수 있도록 유도했을 것이다. 최양일은 〈달은 어디에 떠 있는가〉를 제작하였을 당시 코미디 장르에 대해 다음과 같이 이야기하였다.

> 특별히 내가 재일의 대표도 아니고, 차별 문제 평론가도 아니다. 단지 웃는 영화를 만들고 싶었고, 통쾌한 연애영화를 만들고 싶었다. 그런데 마침 주인공이 재일조선인이었다. 그 뿐이다. 애당초 영화로 평등을 알리고자 했던 것이 아니다. 평등과 불평등 사이에 있는 인간의 골계를 그리려고 했던 것이다.[66]

위와 같이 최양일은 재일코리안의 영화를 코미디로 제작한 이유에 대한 언급은 다른 인터뷰에서 "재일 한일사회가 풍부한 예술적 소재를 제공하는 곳일 뿐이다."[67]라고 이야기한다. 최양일의 '사회적 의미 배제' 발언은 남

---

65) Steve Neale & Frank krutnik, 강헌두 역, 앞의 책, 1996, 27쪽.
66) TOMAYO・崔洋一,「差別と笑いとばせ―被害者意識にとらわれていたら、しょーもない―」, 『文芸春秋』, 文芸春秋社, 1995, 194쪽.
67) 정승욱,「在日한국인 삶을 통해 화해・평화를 모색」,『경향신문』, 2008. 5. 9.

북, 그리고 한일 관계 역사관의 변형을 염두 해 둔 경계적 타자라는 인식이라 할 수 있다.[68] 최양일의 코미디 장르는 모든 이데올로기에서 벗어나 마이너리티만의 세상에서 일상을 살아가는 삶의 표상으로 대변하였다.

최양일은 "재미있는 것은 세상을 일반적으로 다가가는 것이 아니라 세상을 역으로 본다(역조사)는 점, 즉 위험한 것을 평범하게 묘사한다는 것에 있다. 때문에 관객은 이러한 점을 체감하고 싶어 하는 것이다. 편안한 꿈이나 미래에 취할 수 없게 되는 관객의 욕망을 이해할 수 없다는 것은 상업적으로는 아주 바보 같은 이야기이지요."[69]라고 이야기하였다. 그는 메이저리티에 마이너리티의 이야기를 공감할 수 있도록 코미디 장르로서 역으로 세상을 보여줌과 동시에 관객의 영화적 욕망을 직시하였다.

〈표 4〉 최양일 영화 작품의 유형별 리스트

년도	작품명	장르	영화사	비고
1983	10층의 모기 (十階のモスキート)	하드 보일드	뉴 센추리 프로듀서즈 (ニュー・ センチュリー・ プロデューサーズ)	
1983	성적범죄 (性的犯罪)	코미디 스릴러	닛카쓰 (日活)	
1984	언젠가 누군가가 살해당한다 (いつか誰かが殺される)	코미디 스릴러	도에이 (東映)	
1985	친구여, 조용히 잠들라 (友よ、静かに瞑れ)	하드 보일드	가도카와 (角川)	
1987	검은 드레스의 여자 (黒いドレスの女)	하드 보일드	가도카와	
1988	꽃의 아스카 조직 (花のあすか組!)	하드 보일드	가도카와	
1989	A사인 데이즈 (Aサインデイズ)	코미디, 드라마	다이에이 (大映)	

---

68) 강익모, 앞의 책, 2007, 23쪽.
69) 崔洋一ほか, 앞의 책, 1994, 20쪽.

연도	제목	장르	제작사	비고
1991	습격 (襲撃 BURNING DOG)	하드보일드, 갱스터	도에이	
1993	달은 어디에 떠 있는가 (月はどっちに出ている)	코미디	시네카논 (シネカノン)	
1995	헤이세이 무책임 일가 토쿄 디럭스 (平成無責任一家 東京デラックス)	코미디	시네카논	
1995	막스의 산 (マークスの山)	하드보일드	쇼치쿠 (松竹)	
1998	개, 달리다 (犬、走る. DOG RACE)	코미디	도에이	
1999	돼지의 보은 (豚の報い)	코미디	산센토 시네마웍스 (サンンセント シネマワークス)	
2002	형무소의 안에서 (刑務所の中)	코미디	비와일드 (ビーワイルド)	
2004	퀼 (クイール)	드라마	쇼치쿠	
2004	피와 뼈 (血と骨)	하드보일드	〈피와 뼈〉 제작위원회 (「血と骨」製作委員会)	
2007	수 (ス SOO)	하드보일드	트리즈클럽(한국) (TrizCLUB)	한국영화
2009	가무이 외전 (カムイ外伝)	하드보일드 액션, 시대극	쇼치쿠	

(2) 영화의 특색

이 책에서 연구의 대상이 된 아홉 작품들을 분석하여 살펴본 결과, 몇 가지의 공통된 점을 살펴 볼 수 있다. 최양일은 마이너리티의 이야기를 전개하기 위하여 자신만의 영상법을 통하여 전달하고자 하였다. 특히 그의 작품들에서는 영화의 프레임을 통해서 상징적인 의미들을 암시하고 있다. 영화의 프레임은 이미지를 통해 다른 장면으로 연결시키기 위해 이행하는 것이다. 프레임은 거리를 올바른 위치로서, 시선의 정점으로서 보장한다. 즉 재현을 보장한다. 프레임은 현실과 의미를 교정하며 그 현실과 의미가 쌍을 이루는 지점이다.70) 프레임 안의 어떤 부분은 상징적인 의미를 나타낼 수 있다. 감독은 한 대상물이나 배우를 프레임 안의 특별한 위치에 배치시킴으로써, 그 대상물이나 배우에 대한 자기주장을 가할 수 있다.71)

이 책에서 연구 대상인 작품들은 각 영화마다 4가지의 공통된 점을 찾을 수 있다. 첫 번째로는 주인공이 어딘가 향해서 간다는 프레임을 공통적으로 보여준다. 〈그림 1〉의 경우는 〈10층의 모기〉에 등장한 주인공 경찰이 극도의 소외감으로 인한 정신분열로 은행의 돈을 털기 위해 질주하는 모습이다. 〈그림 2〉는 〈개, 달리다〉에서 도시 한 복판에서 조직과 손을 잡은 재일코리안이 차를 타고 질주하는 모습으로 카메라가 차 안에서 밖을 운전수의 시선으로 보여준다.

이러한 질주는 최양일이 마이너리티의 표상으로 프레임을 작동시키면서 소외와 고독감을 영상화하여 보여주었다. 또한 질주는 각 프레임에서 오토바이, 배, 자동차 등 다양한 수단으로서 다양한 형태로 이동하는 모습으로 재현되었다. 영화에서 나타내는 이동수단은 폭력이 행해지는 의미를 지니기도 하고, 희망을 찾아가는 헤테로토피아를 나타내기도 한다.

---

70) 스티븐 히스 저, 김소연 역, 『영화에 관한 질문들』, 울력, 2010, 29쪽.
71) 루이스 자네트 저, 김진해 역, 『영화의 이해』, 현암사, 2000, 61쪽.

〈그림 1〉〈10층의 모기〉
험난한 길의 질주

〈그림 2〉〈개, 달리다〉
도시 한복판의 질주

⟨그림 3⟩ ⟨피와 뼈⟩
배로 이동하는 재일코리안

⟨그림 4⟩ ⟨친구여, 조용히 잠들라⟩
오키나와에 도착한 주인공의 모습

〈그림 3〉은 재일코리안이 식민지 시대에 배로 이동하는 모습을 프레임에 담아냈다. 〈그림 4〉는 오키나와에 도착한 주인공이 재개발을 막다가 잡혀 들어간 친구를 구하기 위해 자동차로 이동하는 장면이다. 또한 〈그림 5〉는 〈꽃의 아스카 조직〉에서 신주쿠 가부키초가 폭력과 마약이 난무한 거리가 되었다는 가상의 공간에 가죽잠바 차림의 패거리들이 오토바이를 타고 등장한다. 그들이 비좁은 거리를 폭력으로 물들이고 있음을 나타낸다.

〈그림 5〉〈꽃의 아스카 조직〉
폭력의 거리를 상징하는 오토바이가 이동의 수단으로 등장한다.

그러나 최양일은 〈형무소 안에서〉의 작품에서 〈그림 6〉과 같이 형무소라는 갇혀진 공간에서 이동 수단을 자기만의 스타일로 프레임을 고안해 다음과 같이 나타낸다. 그는 수형자들이 쉬고 있는 형무소 운동장 위로 날아가는 비행기를 커다란 그림자로 드리우면서 보여준다. 이 프레임은 수형자들이 비행기를 탈 수 없는 그림자라는 허상으로 갇혀진 공간에 대한 상징으로 나타낸다. 그러나 한편으로는 수형자들이 언젠가는 비행기를 탈 수 있다는 희망으로서 헤테로토피아를 상징하고 있다.

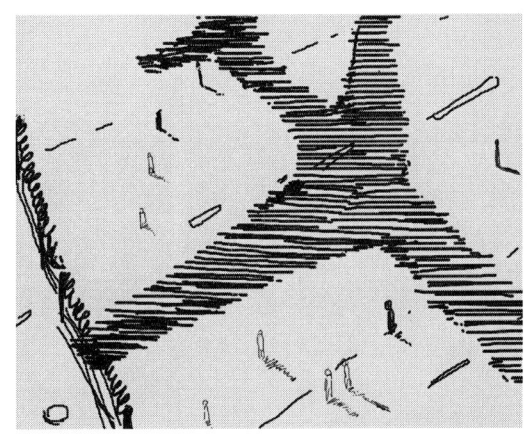

〈그림 6〉〈형무소 안에서〉
최양일은 형무소 운동장에 비행기의 그림자를
드리워내며 공간의 이동수단을 고안했다.

 최양일은 프레임의 재현을 각각 다른 공간에서 다른 수단으로 향해 가는 각각의 마이너리티의 삶을 보여주기 위한 안내의 역할로서 보여주고자 하였다.
 두 번째로는 공통된 프레임으로 발견되는 것은 길이다. 그는 각 영화마다 다양한 길로서 등장인물의 심리나 특징을 이미지화하여 보여준다. 〈그림 1〉에 나타난 길은 경찰이 길이 아닌 곳을 달려가고 있는 모습이다. 이 프레임은 경찰이 정신분열증을 일으키며 은행을 털기 위해 달려가는 심경을 반영하였다. 〈그림 2〉에 나타난 길은 신주쿠 한 복판을 달리는 도로이다. 이 작품은 폭력과 권력의 얽혀있는 관계를 신주쿠에서 경찰과 야쿠자 조직이 손을 잡은 미묘한 관계로 나타냈다. 이 프레임은 쫓고 쫓기는 관계에서 살아남기 위해서는 도로를 질주하는 것처럼 계속 달리는 것을 의미한다.

그러나 아래의 그림과 같이 오키나와 영화에서는 비교적 외길로 보여준다. 외길은 재일코리안의 영화에서 도시 한복판의 복잡한 도로를 주행하는 장면과는 대비되는 조용한 길이다.

〈그림 7〉〈돼지의 보은〉
정신적 치유를 위해 향해가는 오키나와 마쟈지마의 길

〈그림 8〉〈A사인 데이즈〉
거꾸로 차가 후진하는 장면. 주인공 에리의 불안한 마음을
나타내고 있다.

최양일은 오키나와의 영화 중 〈그림 7〉과 같이 〈돼지의 보은〉에 재현된 길의 경우는 넋이 빠진 정신을 치유하기 위해 성지를 찾아가는 것을 상징하듯이 아무것도 없는 외길만을 보여준다. 〈그림 8〉의 〈A사인 데이즈〉에 재현된 길의 경우는 록밴드 보컬 사치오가 록 가수가 되고 싶어 하는 고교생 에리를 범하려다 그냥 돌아가는 장면에서 차가 뒤로 후진해 가야 되는 좁고 외진 길을 보여준다. 이는 차를 돌릴 수 없는 외길을 보여줌으로써 에리의 불안한 마음을 함축하여 표현하였다.

최양일은 프레임 속의 길을 통하여 오키나와의 특수한 역사 속으로 안내해 주는 창의 역할을 나타내고자 하였을 것이다. 그는 다양한 길의 재현을 통해 마이너리티가 살아가는 공간으로의 이동을 보여주면서 그 공간 속에서 마이너리티의 삶을 암시하는 장치로서 사용하였다. 따라서 최양일은 길이라는 공간을 주체적 시선인가 객체적 시선인가에 따라 미래 지향적인 공간의 헤테로토피아로 재현하기도 하고, 폭력이 은닉된 헤테로토피아로 재현하기도 하였다.

세 번째로 공통된 프레임은 술집과 술집 여종업원이다. 사회 속에서 가장 마이너리티의 표상으로 보이는 술집 여종원은 최양일의 어느 영화에서도 이야기의 주체가 된다. 술집이라는 공간은 우선, 폭력이 난무하는 공간일 수도 있지만 외로움의 해소장소이면서 새로운 인연을 만나는 장소로 헤테로토피아가 된다.

이 책에서 다루는 작품 중에서 〈10층의 모기〉, 〈친구여, 조용히 잠들라〉, 〈A사인 데이즈〉, 〈돼지의 보은〉, 〈달은 어디에 떠 있는가〉, 〈개, 달리다〉는 특히 술집의 종업원이 등장하여 그들의 삶이 재현되면서 마이너리티의 삶을 보여주었다.

네 번째로의 공통된 프레임은 경찰의 등장이다. 최양일은 정의사회 구현을 위한 경찰이 아닌 〈그림 1〉과 같은 광란의 질주를 하는 고독한 인간으로 묘사하거나, 야쿠자나 자본의 조직과 손을 잡고 '권력에 의한 폭력'을 행사하는 프레임에 가두어 놓았다. 일반적으로 경찰은 권력에 의한 폭력을 행사하지만, 최양일은 경찰 또한 구조적 폭력에 희생되었다는 것을 말한다. 그는 국가권력의 상징인 경찰을 통해 메이저리티가 마이너리티로 바뀔 수 있음을 보여줌으로서 메이저리티도 동일한 인간임을 표현하였다. 그는 메이저리티에게도 마이너리티와 동일한 인간적 본성이 있음을 암암리에 각인하는 효과를 얻고자 하였을 것이다. 최양일은 마이너리티라는 존재가 어떠한 불합리한 공간 속에서 삶을 살아가고 있는지에 대해서 메이저리티의 타락을 통해 부각시켰다. 이는 관객으로 하여금 메이저리티와 마이너리티의 공존에 대하여 한번쯤 생각하게 되는 계기를 마련하게 하였다.

최양일의 영화에서 나타난 공통된 프레임의 영화적 재현은 마이너리티의 본질을 탐구하는 방법이라 할 수 있다. 또한 최양일의 영화적 재현은 이미지 기저에 있는 권력을 연구함으로써, 그 이미지가 성차, 인종, 성, 민족 등에 관한 문화적 규범은 물론 삶에 영향을 미치는 방식을 보다 잘 이해할 수 있도록[72]의도하였다.

이상으로 최양일의 삶과 영화에 대한 전반적인 특징을 살펴보았다. 다음으로는 최양일의 영화에서 재현된 마이너리티를 범주별로 나누어서 각각의 범주별 마이너리티의 공간적 재현의 의미와 그 재현된 공간에서 작동되어진 폭력이 무엇인가를 고찰하고자 한다.

---

[72] 마리타 스터르큰・리사 카트라이트 저, 윤태건・허현주・문경원 역, 『영상문화의 이해』, 커뮤니케이션북스, 2006, 92쪽.

제3장
마이너리티로서의
일본인 '약자'

제3장 마이너리티로서의 일본인'약자'

1. 영화에 나타난 일본인'약자'의 양상

최양일은 마이너리티를 영화로 재현함에 있어서, 주류사회(메이저리티)와 마이너리티를 확실히 구분해 표현하기보다는 주류사회의 이야기는 배제한 채 마이너리티의 이야기만으로 등장인물 각자의 삶의 방식을 표현하였다. 특히 재일코리안이나 오키나와와 같은 에스닉 마이너리티의 경우는 에스닉 마이너리티 간의 갈등을 주로 그렸다. 그러나 최양일이 감독으로 데뷔하면서 제작한 초기 작품들을 살펴보면 메이저리티와 마이너리티의 경계선상에서 갈등하는 이야기가 존재한다. 예를 들면, 이 책에서 다룬 작품 중에서는 마이너리티가 기득권을 가진 메이저리티에 저항하는 구도를 〈10층의 모기〉와 〈꽃의 아스카 조직〉, 〈친구여, 조용히 잠들라〉 등에서 살펴 볼 수 있다.

여기에서 논하는 세 작품은 마이너리티라는 계층의 이동과 적응에 대하여 제각기 다른 구도로 이야기해 나간다. 이 작품들의 마이너리티 이야기는 재현된 공간에서 어떻게 마이너리티가 되는지 또는 역으로 마이너리티가 메이저리티로 이행되는가를 보여준다. 따라서 이러한 양상을 뚜렷이 비교분석할 수 있는 세 작품들을 선택하여 공간이 어떻게 재현되었는지, 혹은 재현된 공간의 의미자체는 무엇이며 그 공간이 또 다른 기능으로서 무엇을 제시하는지에 대해 살펴보고자 한다.

첫 번째 작품인 〈10층의 모기〉는 주류였던 경찰관이 강도가 되는 이야기로, 인물이 메이저리티에서 마이너리티로 추락하는 과정을 보여준다. 이는 경찰서라는 공간에서 도박, 사채업 등 경찰이 점점 타락해 가는 모습을 새로운 공간의 이동으로 재현해 간다. 그리고 마지막 장면에서 주인공이 범죄자로 체포가 되었을 때는 형무소라는 새로운 영화의 제목을 상상하게 만든다. 실제로 최양일은 20여 년 뒤 〈형무소 안에서〉라는 영화를 제작하여 또 다른 마이너리티의 세계를 그렸다. 최양일의 첫 작품인 〈10층의 모기〉는 이러한 자본주의 폭력의 상징인 경찰서에서 도박장 등의 공간이동을 통하여 메이저리티가 마이너리티로 이행되어 가는 과정을 극명하게 보여준다.

한편, 〈꽃의 아스카 조직〉에서는 자신이 속한 폭력조직의 공간에서조차 이름이 없었던 10대 소녀가 그 폭력세계의 중심에 서게 되는 이야기로 즉 마이너리티가 메이저리티로 부상하는 이야기를 보여준다. 이 작품에서 그려지는 공간은 폭력이 난무하는 폭력조직의 가상공간이며, 시간도 가상이다. 최양일은 가상의 시공간에서 마이너리티가 자신의 인간소외를 극복하기 위한 수단으로서 폭력조직 속에서 폭력을 행하는 모습을 그린 작품이라 할 수 있다. 즉, 마이너리티가 가상의 공간을 장악하는 이야기로 다소 오락성이 가해졌지만, 마이너리티가 기존의 공간을 자신이 주체가 되어 자신의 틀에 맞추어 새롭게 구축함으로서 마이너리티를 벗어나는 것이라 할 수 있다.

그리고 〈형무소 안에서〉는 주류사회의 중심에서 완전히 벗어난 마이너리티의 삶들이 형무소라는 권력의 폭력이 행사되는 공간에서 마이너리티가 자신들의 공동체에서 자기만의 살아가는 방식을 확립해 가는 모습을 보여준다. 마이너리티가 이미 격리된 형무소라는 공간에서 그들의 삶의 극복과 좌절의 이야기를 그린 것이 아닌 커다란 권력의 폭력이 내재되어 있는 공간인 형무소에서 수형자들이 자신들의 공동체에 순응해 가는 이야기를 코믹하게 다룬 작품이다.

이 세 작품들은 서로 다른 마이너리티의 양상과 서로 다른 양상들이 구축되어진 공간에서 인간소외와 폭력을 어떻게 재현하였는지에 대해 살펴볼 수 있다. 최양일은 마이너리티가 기존사회에서 느끼는 인간소외의 근본은 무엇인가를 보여준다. 또한 그는 마이너리티의 다양한 모습의 재현들을 통하여 마이너리티로의 추락과 사회의 구조적 모순에 대항하는 모습과 마이너리티 속에서 순응해가는 모습 등을 보여 주었다. 최양일은 이를 통해 마이너리티의 어느 지점에 귀 기울여야 하는지에 대해 되짚어보게 만든다.

이 세 작품은 마이너리티의 양상과 함께 영화장르가 서로 다른 작품들을 선택하였다. 최양일이 폭력이라는 가시화된 모습을 하드보일드한 장르를 통해 보여주는 작품들과, 폭력을 완전히 숨긴 채 코믹한 장르를 통해 웃음과 풍자로 보여주는 작품을 대립적으로 선택하였다. 이를 통해 그가 재현해 나가는 마이너리티가 이러한 장르의 유형을 통해 어떻게 관객들에게 쉽게 공감될 수 있는지에 관하여도 고찰하도록 하겠다.

따라서 이 장에서는 최양일의 영화에서 재현된 마이너리티가 어떠한 공간에서 생성되며, 마이너리티가 이 공간 속에서 어떠한 폭력성을 띠는지에 대해 각 작품들에서 나타난 마이너리티의 양상을 통해 살펴보고자 한다.

2. 메이저리티의 추락―〈10층의 모기〉

여기에서 살펴보는 작품은 최양일의 데뷔작 〈10층의 모기〉이다. 최양일은 현대 사회에서 권력의 상징인 경찰이 그 권력의 주체로서 외부에 대해서는 국가적 폭력을 행사하지만, 또한 경찰도 개인적인 삶 속에서는 폭력의 객체로서 자본주의의 폭력에 희생되고 있음을 이야기한다. 이 작품은 최양일이 감독 데뷔 이전의 영화 활동에서 영향을 받았음을 알 수 있다. 그는 영화감독 데뷔이전 TV드라마 작품들을 제작할 때, 방송국 프로듀서의 권유로 미국 하드보일드 소설을 많이 읽었다. 이러한 영향으로 그가 서스펜스와 탐정을 다룬 TV드라마 작품들을 주로 제작하였다는 것을 알 수 있다. 그가 그 당시 읽었던 소설들은 미국을 배경으로 하여 베트남 전쟁 이후, 미국으로 다시 돌아온 병사의 이야기였다. 최양일은 이러한 소설을 읽음으로서 "미국의 근대를 역설적으로 승화시킨 소설을 주입시켰다."[73]고 회고한다.

이러한 소설의 서사구조는 베트남이라는 공간에서의 전쟁을 경험하고 돌아온 병사가 비애감에 사로 잡혀 점점 주위로부터 소외되는 상황에서 경찰이 되지만, 결국은 전쟁, 시민, 가족 사이에서 애정 결핍과 전쟁 증후로 인한 갈등으로 파멸해 가는 이야기이다. 그리고 최양일이 이 작품에서 착안한 발상은 "지금까지의 직업적인 일상풍경이 투쟁 그 자체인 전쟁터로 바뀌어 간다. 어제까지 아무렇지도 않게 순찰을 했던 길이 오늘부터는 심리전과 낙오된 자의 비일상적인 시간과 공간이 되어 버렸다."[74]라는 언급에서 알 수 있다.

1) '경찰서'의 공간적 의미

최양일의 영화에서 마이너리티는 현실 속에서 자신들의 삶을 모색하는 반면, 메이저리티는 상대적으로 타락과 부패로 그려진다. 특히 그는 권력의 상징인 경찰을 타락의 상징으로 그려내고 있다. 그의 작품 〈10층의 모

---

[73] 崔洋一 ほか, 앞의 책, 1994, 6쪽. 위에서 다루고 있는 최양일의 감독 이전의 활동은 이 책을 참고로 하여 정리하였다.
[74] 위의 책, 7쪽.

기)는 '경찰'이라는 직업이 현대에서는 권력의 상징으로 보여 지지만, 그는 경찰 이전의 인간의 본질로서 추구하는 것들에 대한 갈망과 욕구를 그리고자 하였다. 따라서 '경찰서'라는 공간에서 그가 창출한 경찰의 모습은 소외되어 가는 약자로서 마이너리티 모습이다. 최양일이 재현한 경찰서의 공간은 바로 헤테로토피아가 된다.

구체적으로 영화장면에서 경찰의 모습을 살펴보면 다음과 같다. 서장이 모든 경관들을 옥상으로 집합시켜 아침 조회를 하는 장면은 서장이 개개인의 경찰을 규율로서 통제를 하고 있음을 알 수 있다. 긴장된 경찰서의 조회 시간에 권력의 상징인 경찰로 살아가야 하는 주인공 남자는 무기력한 표정을 띠면서 점점 경찰서라는 공간에서 자신이 소외되고 있음을 보여준다.

S# 7 갑자기 옥상 · 정렬한 경관들 · 조회
　남자가 있다. 복장체크, 호루라기, 권총, 경보 등.
　서장 : 미성년자의 불순이성행위, 학교 폭력, 신주쿠 디스코 살인사건과, 각성제에 의한 범죄 급증, 보통시민에 까지 퍼져가기 시작하는 현실에 모두들 특별히 긴장하여 근무해 주도록. 범죄의 다양화와 급격한 변화! 우리들 동네에서는 절대로 그러한 범죄가 생겨서는 안 돼다. 오늘의 중점목표, 공직자로서 스스로 시민에게 모범을 보여라! 세계는 변화하고 있다. 뒤떨어지면 안 된다! 이상! 해산!
　남자의 무기력한 긴장.[75]

위의 장면에서 서장의 긴장감과 주인공 남자의 무기력함을 대조적으로 보여준다. 주인공의 모습은 영화에서 계속적으로 무기력하게 재현되고 있

---

75) 内田裕也・崔洋一,「10階のモスキート」,『83年鑑代表シナリオ集』, シナリオ作家協会, 1983, 139쪽. 이하 시나리오의 인용은 이 책에 의한다. 시나리오의 시퀀스 숫자는 인용문의 앞에 'S# 숫자'로 표시한다.

다. 서장은 다른 지역과 비교하여 최고의 경찰서가 되기 위해서 일일 목표 세우기를 명령한다. 영화에서는 경찰서가 이러한 경쟁구도에 놓여 있는 조직공간으로서 다른 공간의 기능을 하는 헤테로토피아로 재현된다. 주인공은 경찰서 내의 진급 시험에서 계속되는 낙방으로 동료와 후배들에게까지 무시당한다. 주인공은 주위사람들의 시선으로 인해 자신감을 잃고 무기력해지는 모습이 계속 재현된다.

다시 말해 최양일은 이러한 '경찰서'라는 공간의 모습을 통하여 국가 폭력의 주체로 살아가던 경찰이 인간 소외의 주체가 된다는 모순적인 모습을 표현하고자 함을 알 수 있다. 그는 주인공이 이러한 국가 폭력 속에서 타자가 되는 아이러니를 경찰서라는 권력의 상징적 공간에서 보여주고자 하였다. 경찰서라는 공간에서 인간소외를 느끼는 주인공은 가족과 사회로부터도 소외당하기 시작한다. 그리고 주인공에게 점점 정신분열증과 같은 현상이 나타난다. 주인공은 이러한 현상들을 극복하기 위해서 폭력을 행사한다는 것을 점차적으로 보여준다.

이 영화를 통해 경찰서가 개개인의 경찰에 대한 규제와 통제가 작동하는 폭력성을 내재하고 있다는 것을 알 수 있다. 최양일은 이 작품 이후에도 권력이 개개인을 통제하기 위해 어떠한 폭력을 행사하는지에 대하여 경찰서가 아닌 다른 공간들을 통해서 끊임없이 다루고 있다.

2) 일본 주류사회로부터의 이탈

〈10층의 모기〉는 주인공인 우치다 유야(內田裕也)[76]가 실제로 교토(京

---

[76] 구마시로 다쓰미(熊代辰巳), 〈오호! 여자들・외가(嗚呼!おんなたち・猥歌)〉(1981)와 와카마쓰 고지(若松孝二), 〈물이 없는 풀(水のないプール)〉(1982)의 작품에서 무표정한 얼굴로 여자들을 강간하는 연기를 하였으며, 〈10층의 모기〉에서도 내면을 나타내지 않는 같은 맥락으로 연기를 하였다. 崔洋一・編集部インタビュー, 「〈プロフイル〉崔洋一, 自分の

제3장 마이너리티로서의 일본인'약자' 83

都)에서 일어난 사건을 모티브로 각색하여 최양일이 영화로 제작하였다.[77] 이 영화에서 최양일은 주인공과 각색을 겸비한 우치다를 단일 시점과 천천히 움직이는 동작들로 이야기의 전개를 이끌어 가며, 카메라를 움직이지 않고 주인공만을 한 시점으로 담아낸다. 그리고 최양일은 주인공의 사회에 대한 비정한 모습을 클로즈업하여 대화보다는 그의 표정으로 그려낸다. 이러한 장면들은 그의 일상적인 생활에서 계속 보여지는데, 직장에서 경비를 할 때도 움직이지 않는 모습, 하라주쿠(原宿)에 가서 역동적인 젊은이들의 춤추는 공간 사이에서 딸을 찾아내는 모습에도 주인공의 정지된 표정과 동작을 보여준다. 따라서 주인공의 대사는 많지 않으며, 그의 행동과 눈빛은 뭔가 회의감을 느끼게 만든다.

〈그림 9〉 경찰인 주인공이
근무 중인 모습

〈그림 10〉 주인공이 딸을 바라보는 장면

〈그림 9〉와 〈그림 10〉처럼 주인공 남자는 어떠한 움직임이나 말도 표정도 없이 응시하는 장면으로 일관된다. 이에 대해 영화 평론가 야마네 사다

アイデンテイテイーがいかに時代と切り結ぶか…」, 『シナリオ』 7月号, シナリオ作家協會, 1983, 75쪽.
77) 崔洋一ほか, 앞의 책, 1994, 9쪽.

오(山根貞男)는 "카메라는 묘사 대상을 차갑고 냉정하게 주시하면서 그린다. 인물의 클로즈업은 매우 적고, 항상 카메라가 거리를 어느 정도 두고 대상을 찍는다는 점, 작중인물이 다른 인물을 볼 때의 시선이 건조하게 그려지는 등, 작자의 눈에 비정함이 느껴진다. 화면전개는 전체적으로 똑같이 메말라 있다는 인상을 준다."[78]라고 언급하였다. 현대 시민주의의 반발로 생겨난 미국의 관념을 담은 하드보일드 소설에 영향을 받았던 만큼 최양일은 자신의 첫 작품에 그대로 투영시켰다.

이 영화에서 보여주는 재현 방식은 그의 하드보일드 영화에서 대체로 비슷하게 나타난다. 이 책에서 다루는 작품들 중 〈친구여, 조용히 잠들라〉에서도 이 작품과 비슷한 재현 방식을 보여준다. 이는 사회에서 소외된 모습과 그러한 삶 속에서 분출할 수 없는 억압된 감정이 내재되어 있음을 암시하고 있다.

말단 경찰관으로 살아가는 주인공은 진급시험을 보지만 매번 떨어지고, 부인과는 이혼하여 위자료와 딸 양육비를 주어야하는 실의에 빠진 상황이다. 이 때 유일한 위로는 술과 도박, 여자, 그리고 혼자 사는 아파트에 둔 컴퓨터이다. 주인공에게 술집은 자신의 위로이며, 도박은 미래이고, 컴퓨터는 친구였다. 그리고 여자는 자신의 권력을 마음대로 내세우며 다룰 수 있는 상대로 표현된다.

그는 하루하루 돈이 필요하게 되자, 사채업자에게 대출을 받아가며 위자료와 양육비를 대며 도박인 경정(競艇)을 하면서 이기기만을 기대한다. 그러다가 그는 대출금 독촉을 받기 시작하면서 자신도 모르게 점점 타오르는 분노와 자기 파괴를 일으킨다. 주인공의 분노는 일상에서 하나씩 하나씩 표출되기 시작한다. 최양일은 이러한 모습을 암시적으로 나타낸다. 주

---

78) 山根貞男, 「十階のモスキートの崔洋一監督, 期待の第二作 性的犯罪」, 『キネマ旬報』 866号, キネマ旬報社, 1983, 94쪽.

인공의 추락을 알리기라도 하듯 주인공 남자가 자전거를 타고 가는 모습은 불안하다. 이 미장센은 감독이 의도적으로 주인공의 미래 이야기를 암시해 준다고 볼 수 있다. 아래 그림은 하이 앵글로 보여주는 장면으로, 영화에서는 일반적으로 카메라의 각도가 높으면 높을수록 주인공을 나타내는 의미가 불안함을 보여준다.

〈그림 11〉 카메라의 하이 앵글
불안한 주인공을 나타내는 효과를 보이고 있다.

〈그림 12〉 주인공의 자전거 타는 모습
주행 중인 차들을 방해하고 있다.

〈그림 11〉과 〈그림 12〉는 상공에서 주인공의 모습을 연속적으로 보여주면서 주인공 행위의 불안한 모습들을 보여준다. 위와 같은 카메라 앵글은 느와르 영화에서 인물을 왜소하고 무기력하게 보이게 하는 하이 앵글이나 수직으로 내려찍는 극단적인 하이앵글로서 화면 구도에 비일상적이며 불안하고 답답한 효과를 내는데 사용된다.[79] 최양일은 이처럼 주인공이 자전거 타는 모습을 멀리 떨어진 시선으로 담기 위해 상공에서 내려다보는 풍경으로 처리하다가, 주인공이 계속해서 주행하고 있는 차들을 방해하면서 자전거를 타고 가는 주인공의 모습에 대해 클로즈업을 하는 장면을 담고 있다.

위의 장면은 주인공의 타락과 이유 불문의 폭력들이 시작되는 징후로서, 주인공은 이러한 장면 이후부터는 외부와의 타협을 거부하기 시작하며 폭력이 시작된다. 그는 술집에서 알게 된 종업원과도 관계가 끝이 나자 무작정 여자들을 만나면 경찰이라는 이유로 안심시킨 후, 여자들을 집으로 데려와 강간을 한다. 소매치기를 하다가 걸린 여자, 주차 단속을 하는 여 경찰, 그리고 전 부인까지도 강간을 한다.

결국 주인공은 빌린 돈이 해결되지 않자 은행을 털기로 한다. 그는 막무가내로 은행으로 들어가 궁지에 몰린 자신의 분노를 폭발시키며 돈을 뺏기 시작한다. 그리고 마침내 경찰에 잡힌 주인공은 절규한다. 영화의 전체적인 주인공의 모습은 시종 일관 조용하고 정지된 모습으로 한 시점만으로 긴장감을 주로 표현하고 있다. 그러나 마지막 장면에서 주인공이 은행에 들어가 난동을 부리는 모습은 이전의 조용하고 정지된 모습과는 대조적으로 극대화 효과를 준다.

볼프강 조프스키가 "폭력은 스스로 상승한다. 폭력이 일단 시작되면 그

---

[79] 남승석, 「느와르 장르에서 반영웅 캐릭터의 변화 양상」, 『씨네포럼』 제12호, 동국대학교 영상미디어센터, 2011, 58쪽.

때부터는 정상이나 종착점을 알 수 없는 무한한 과잉 운동으로 이어진다. 절대화의 경향이 폭력이 내재되어 있다. 따라서 언제나 개별적인 경우에 감정과 창의성, 의식과 관습, 기술과 관능적 쾌락이 서로 어떻게 연결되는지 주도면밀하게 살펴야 한다."[80]라고 언급하듯이 최양일은 주인공이 보여주는 폭력의 비대함이 무엇에서 기인되어 왔는가에 대한 의문을 제시한다.

이처럼 최양일은 하드보일드 장르의 특징을 살려서 대도시를 중심으로 소비 중심주의로 변해가는 현대인들이 느끼게 되는 소외나 불안이 사회 속에서 더욱 이방인으로 되어간다는 모습을 재현하였다.

3) 소외와 폭력

이 영화는 주인공이 아키하바라(秋葉原) 전자상가에서 컴퓨터를 사는 장면으로 시작된다. 주인공이 혼자 사는 방에는 오직 이 컴퓨터만 있으며 주인공 남자는 말없이 컴퓨터 게임만 한다. 그러나 주인공이 거의 광기적인 강도를 저질러 가기 전 마지막으로 이 컴퓨터를 10층에서 던져 없애버린다. 1980년대는 일본의 고도성장기 중에 가장 활기를 띠었던 시기이다. 반면 이러한 사회 속에서 일본인들은 더욱 더 치열한 경쟁과 돈에 승부를 거는 물질만능주의에 의한 냉혹한 삶들을 경험하게 된다. 그러면서 컴퓨터라는 문명의 이기는 소외된 인간을 위로하면서 또한 오히려 소외된 상태로 만들어 버리는 이율배반적인 작용을 하였다. 현재 훨씬 발전된 형태로 컴퓨터가 유발하는 인간소외가 큰 사고로 이어지고 있다는 점을 30여 년 전 컴퓨터가 보급되기 시작할 즈음에 이미 최양일은 직감하고 있음을 알 수 있다. 이 영화 중간 중간에 한 장면씩 공장에서 뿜는 연기와 공단의 풍경이

---

80) 볼프강 조프스키 저, 이한우 역, 『폭력사회』, 푸른숲, 2010, 87~88쪽.

나온다. 이는 자본주의의 발달로 오는 도시의 삭막함, 냉정함을 나타내고자 함을 알 수 있다. 주인공은 이러한 사회 속에서 냉혹한 삶을 하나씩 밟아 가면서 무너져 가고 있음을 암시한다.

이홍균은 "상품경제에서는 돈의 사회적 힘이 강화된다. 상품 경제의 도입과 확장은 사회구성원의 삶의 조건을 근본적으로 바꾸어 놓았다. 상품경제 도입 이후, 사회구성원들은 자신의 욕구를 상품을 통해서 충족시키게 되었고, 상품 경제는 인간의 새로운 욕구를 끊임없이 개발·자극하고 있다."[81]라고 하면서 허버트 마르쿠제의 현대 사회에서 인간소외 현상을 "발전한 산업문명의 노예는 승화(昇華)된 노예이기는 하지만, 그들도 여전히 노예임에는 다를 바 없다."[82]라는 문장을 인용하였다.

이러한 상품경제에서의 인간소외는 영화에서 주인공의 진급 시험 실패, 이혼한 전 부인과 딸이 돈을 요구하는 모습, 도박과 사채 등으로 재현되었다. 이렇게 연결되는 구도는 주인공이 타락해 갈 수 밖에 없는 필연성으로 계속 펼쳐나간다. 그리고 주인공이 경찰이기 이전 인간이라는 것을 통해 인간소외에 대한 자아주체에 대한 상실감을 보여 준다. 다음 영화장면은 주인공이 돈을 빌리기 위해 전 부인의 집에 찾아가 애원하지만 거절당하고, 그 뒤 또 다시 주인공은 밤에 한 번 더 찾아가 부인을 만나면서 나누는 대화이다.

S# 93 TOSIE의 아파트· 거실
    중략
    TOSIE : 빨리 말하고 돌아가요.

---

81) 이홍균, 『소외의 사회학』, 한울아카데미, 2004, 35쪽.
82) 허버트 마르쿠제, 『일차원적 인간』, 육문사, 1993, 36쪽. 이를 이홍균, 앞의 책, 2004, 36쪽 재인용.

남 자 : ……
TOSIE : 돈이랑 RIE의 이야기면 예전과 똑같아요.
남 자 : 그건 아니야, 나랑 너랑 이야기야.
TOSIE : 나랑 너랑?
　중략
남 자 : 나 무너질 것 같다. 네가 이유 없이 머리에 맴돈다. 부탁이야!
　　오늘은 아무 말도 하지 말고 TOSIE.
　중략
남 자 : 나도 인간이야.
TOSIE의 슬픈 얼굴.
남자, 깊은 숨을 쉬던 중, 난폭한 자신이 보인다.[83]

주인공도 자신이 무너지는 모습에 잡아줄 수 있는 부인을 의지하지만 이미 마음을 돌린 부인은 차갑기만 하다. 이 냉정과 소외의 극대화는 참을 수 없는 광기를 불러일으킨다.

이러한 주인공의 폭력은 슬라예보 지젝에 의하면, 어떻게 보면 단순한 범죄, 테러행위, 사회폭동, 국제 분쟁과 같은 것으로 명확히 식별 가능한 행위자가 저지르는 것으로 국가가 처벌 할 수 있다. 그러나 그 폭력의 본질을 살펴보면 자본주의가 낳은 구조적 폭력이라는 것을 알 수 있다. 지젝은 『폭력이란 무엇인가』에서 폭력을 주관적 폭력과 객관적 폭력 그리고 상징적 폭력으로 나누어서 설명한다. 주관적 폭력은 일반적인 육체적 폭력을 의미하는 것이라 하며, 객관적 폭력은 자본주의가 낳은 구조적 폭력을 이야기한다. 그리고 상징적 폭력이란 언어적 폭력을 뜻한다.[84]

최양일의 영화 속에 나타난 폭력에 대하여 지젝의 이론을 대입하여 살

---

[83] 内田裕也·崔洋一, 앞의 책, 1983, 157쪽.
[84] 슬라예보 지젝 저, 이현우·김희진·정일권 역, 『폭력이란 무엇인가－폭력에 대한 6가지 삐딱한 성찰』, 난장이, 2011, 23~34쪽 참조.

펴보면 주관적 폭력으로만 그치지 않고 자본주의 모순 속의 주인공이 하나의 탈출로서 폭력을 행사함으로써 거대한 구조적 모순에 저항하는 것이라고도 파악할 수 있겠다. 최양일은 이러한 폭력에 대한 재현을 계속해서 보여 주는데 특히, 이 작품 이후 20년이 지난 뒤에 제작한 재일코리안 영화 〈피와 뼈(血と骨)〉(2004)에서는 주인공 김준평이 주관적인 폭력이 어떠한 구조적 폭력에 의해 작동되었는가에 대하여 여실히 보여주는 작품이라 할 수 있다. 최양일이 영화에서 계속해서 실행되는 폭력은 단순한 폭력이 아닌 사회의 구조적 모순에 대한 해방을 의미하는 폭력이라고도 볼 수 있다.

3. 마이너리티의 탈출 - 〈꽃의 아스카 조직〉

〈10층의 모기〉는 일본사회 속에서 메이저리티에서 마이너리티로 이행되는 삶을 그렸다면, 〈꽃의 아스카 조직〉[85]은 마이너리티의 조직이 가상의 도시를 지배한다는 이야기로 마이너리티에서 메이저리티로 가는 구도이다. 최양일은 이 두 편의 영화가 서로 다른 구도로 마이너리티를 그리지만, 결국은 주인공이 살아가는 사회에서 느껴지는 인간 소외로부터 오는 불안에 대하여 탈출의 시도를 그린 것이다. 최양일은 이러한 마이너리티의 탈

---

[85] 〈꽃의 아스카 조직〉은 가도카와 쇼텐(角川書店)에 의해 발행된 월간 소녀 만화잡지 「月刊 Asuka」를 원작으로 제작된 영화이다. 이 만화는 창간된 1985년 8월부터 1995년 2월까지 연재되었으며, Asuka라는 잡지이름과 만화 주인공 Asuka의 이름이 같다. 창간된 1985년은 소녀 만화계뿐만 아니라 일본의 만화 관련 산업이 절정을 이르렀던 시기였다. 따라서 최양일은 그 당시 TV드라마로도 제작되어 방영 중이었던 만화를 가도카와사의 요구로 영화를 제작하였다. 최양일은 학원 내에서 벌어지는 따돌림이나 불량소녀들의 이야기를 그린 원작과는 완전히 다르게 그가 직접 각색하여 영화를 제작하였다. 崔洋一・山根貞男,「檄論「花のあすか組」から"荒井晴彦の映畵評"批判」,『シナリオ』44호, シナリオ作家協會, 1988, 29쪽.

출의 방법을 폭력으로 표현하였으며, 그러한 폭력을 통해 마이너리티가 나타내고자 하는 정체성에 대해 이야기한다. 그는 다양한 정체성을 각 영화의 공간 속에서 마이너리티의 변이 혹은 진화로서 이야기하고자 하는 것을 알 수 있다.

아마르티아 센은 "정체성이 다원적 성격과 다양한 함의를 지닌다는 것을 인식함과 더불어 불가피하게 다양한 정체성들의 타당성과 적절성을 판단하는 데 있어 '선택'의 역할을 파악하는 것이 결정적으로 필요하다."[86]고 이야기한다. 이처럼 최양일은 영화에서 보여주는 다양한 정체성은 그의 각 영화 틀 속에서 '선택'한 탈출을 통해 마이너리티의 변이로 혹은 진화로 재현하고자 하였을 것이다.

1) 영화 속의 가상적 시공간

〈꽃의 아스카 조직〉는 1988년에 제작되었을 당시와 그다지 멀지 않은 199X년이라는 미래의 '네오카부키 타운(ネオカブキタウン)'이라는 시간과 공간을 설정하고 이야기를 시작한다. 소녀 아스카가 미래의 시점에서 가상으로 설정된 신주쿠(新宿)를 장악한다는 이야기이다. 위와 같이 최양일은 '네오카부키 타운'이라는 공간적 재현은 아시아의 인종과 언어가 뒤섞여 있는 이국적인 분위기를 보여주며, 국적, 성별, 나이를 불문하고 어린 소녀 아스카가 승리하는 공간이다.

이러한 가상의 세계는 마르쿠스 슈뢰르의 이론으로 살펴보면, '실제의' 삶이 제공해 주는 것을 넘어서는 사물들이 가능해야 한다고 설명한다. 즉 구체적으로 말하자면, "이 새로운 세계 속에서는 실제 세계에서는 더 이상

---

86) 아마르티아 센 저, 이상환·김지현 역, 『정체성과 폭력』, 바이북스, 2009, 35쪽.

존재하지 않거나 혹은 존재했던 적이 없는 자유가 존재해야 한다. 이 세계 속에서는 강제와 사회적 통제는 낯선 외국이어야만 한다. 이 세계 속에서는 전 세계의 사람들과 의사소통할 수 있어야 한다. 이 세계 속에서는 평범한 생활에서 벗어나 정치적으로 활동할 수 있어야 하며, 성차가 어떤 역할을 해서 안 되며, 자의적으로 정체성을 가졌다가 또 그로부터 다시 벗어날 수 있어야 한다. 출신이 중요해서는 안 되며, 주변적으로 밀려난 집단이 자신들의 이해관계를 이 세계에서는 펼칠 수 있어야 한다. 그러나 가상공간은 무엇보다도 국가의 간섭과 국가의 통제에서 벗어난 공간이어야 한다."고 언급한다.[87]

이처럼 최양일은 이러한 가상공간의 재현은 일본 국가의 틀에서 벗어난 다민족·다문화의 모습을 다음과 같이 나타내면서 헤테로토피아를 형성시킨다.

S# 12 레스토랑·골덴게이트(금문교)
여기는 일본이 아니다. 대륙과 동남아시아의 냄새가 기분 좋게 충만해 있다. 여기저기에 뒤섞인 광동, 북경, 라오스, 쿠메르(캄보디아), 타가로그어(필리핀). 그리고 공용어로서 이상한 일본어와 지역사투리가 들어 있는 영어.[88]

위의 장면처럼 최양일은 영화에서 다문화적인 풍경의 모습은 계속해서 재현된다. 그는 오키나와의 영화를 비롯하여 재일코리안의 영화에서도 다문화적인 사회배경 속에서 그들의 이야기를 풀어나가는 작품들이 있다. 이러한 공간적 재현은 최양일이 계속해서 언급한 '아시아적 사유'를 발현시

---

[87] 마르쿠스 슈뢰르 저, 정인모·배정희 역, 『공간, 장소, 경계』, 에코리브르, 2010, 294쪽.
[88] 崔洋一, 「花のあすか組!」, 『月刊 シナリオ』 9月, シナリオ作家協会, 1988, 43쪽. 이하 시나리오의 인용은 이 책에 의한다.

켰을 것이다. 특히, 최양일은 이 작품 이후 10여년 뒤 〈개, 달리다(犬, 走る)〉(1998)에서 이러한 '네오카부키 타운'이라는 가상의 공간이 다문화라는 비슷한 공간적 배경으로 재현되었다. 그리고 경찰이라는 권력의 타락을 신주쿠의 풍경으로 담았다. 최양일이 이미 〈꽃의 아스카 조직〉를 통해 다문화적 사회를 지향함과 동시에 이러한 모습을 암시하고 예견하였다는 것을 확인할 수 있다.

이 영화는 폭력과 마약이 난무하는 가상의 신주쿠가 대부분 공간적 배경이 되고 그들에게 타협이 아닌 배반과 죽음으로 서로의 힘들을 과시한다. 마치 조지 오웰이 1948년에 『1984년』이라는 작품을 통해 앞으로 미래에 대한 현대의 험악한 분위기를 구체적인 장면으로 표현한 것처럼[89] 이 영화에서도 과장된 인물과 배경일지라도 신주쿠의 미래에 대한 모습을 예견한 듯하다.

이 영화는 야간배경, 표현주의적 조명 배합과 무대, 복합적이고 때로는 냉소적이며 반영웅적인 인물들, 그리고 범죄 음모와 사기와 폭력의 비틀리고 종종 비관적인 서사 등이 등장하는 필름 느와르 장르의 스타일을 갖추고 있다.[90] 또한 필름 느와르의 시각스타일의 특징인 로우키(low-key)조명의 사용과 강한 콘트라스트를 살려서 어두운 밤의 암흑세계를 다루었다. 이러한 특징은 인물의 소외, 사회의 불안이라는 사회의 그늘진 이면뿐만 아니라 이 영화 장르의 인물을 시각적으로 구현하는 데도 효과적이라 여겨진다.[91]

이 작품에서 시종일관 어두운 배경과 폭력과 마약이 난무하는 이미지들은 느와르 장르 영화의 특징을 잘 보여주고 있다. 또한 최양일은 가토가와

---

89) 로제 다둔 저, 최윤주 역, 『폭력』, 동문선, 2006, 76쪽.
90) 배리 랭포드 저, 방혜진 역, 『영화의 장르-헐리우드와 그 너머』, 한나래, 353쪽.
91) 남승석, 앞의 책, 2011, 58쪽.

영화사가 요구하는 작품으로 제작하기 위하여 직접 각색하여 가상의 시공간을 설정하였다. 그리고 그가 그린 가상의 시공간에는 폭력과 돈이 지배하는 신주쿠 거리와 소녀 영웅을 그려 넣었다.

가토 슈이치는 일본 문학의 경우에서 시공간의 초월을 다루는 작품의 시도에 대한 작가의 동기를 "외부에 대해 폐쇄적인 소속집단-전형적으로는 도쿠가와 시대의 무사 가족·마을 공동체·일본 등-의 습관이나 규칙은 개인의 집단 편입을 강화하는 동시에 개인의 자유나 감정의 움직임을 제한하고 억압하며 파괴하기도 한다. 이러한 집단에서 탈출하기 위해서는 적어도 우선 경계를 넘어야 하는데 경계 출입의 자유 결여는 집단의 질서 중 한 부분이며, 집단 질서를 변화시킬 가능성-합법적으로도 비합법적으로도-이 거의 인정되지 않는다는 점이 탈출 소망의 동기 그 자체이다."라고 이야기하였다.[92] 그리고 가토 슈이치는 그 예로서 18세기 막번 체제에서 일본을 탈출하기 위하여 망명을 꿈꾸다 끝내 이루지 못했던 지식인으로 공상적인 세계 여행기를 쓴 히라가 겐나이(平賀源內, 1728~1780)와 같은 인물을 언급했다.[93]

위와 같이 최양일이 이 영화에서 가상의 시공간은 일본사회에서 마이너리티의 삶으로부터 자신의 탈출을 꿈꾸게 하는 소망으로 표현하여 나타내고자 했다고 여겨진다. 또한 최양일은 가상의 공간에 대해서 다문화적인 사람과 다문화적인 언어와 문화로 창출하였다는 점은 주목할 만하다. 이러한 최양일의 의도적인 장치는 "결국 나는 이 나라에서는 애매한 추상적인 관념의 이방인이 아니라 외국인이지요. 이것은 굉장한 것이라고 어느 대담에서 결론으로 말했는데, 이것이 크다고 생각합니다. 이 영화에서도 조금

---

[92] 가토 슈이치 저, 박인순 역, 『일본문화의 시간과 공간』, 작은이야기, 2010, 248쪽.
[93] 위의 책, 249쪽.

나옵니다만, 이러한 공간이 창출된다면 오히려 좋다고 생각했기 때문에, 완전히 뒤섞어 버린 상태로 하는 편이 좋다고 내 자신이 생각했기 때문입니다. 근미래의 신쥬쿠의 뉴카부키 타운이라는 가공의 거리가 아시아색으로 매워지는 것을 생각했던 것이지요. 현실인 지금의 가부키 거리에서 여주인공을 두고, 여주인공을 둘러싼 이야기를 만드는 것은 나의 임무가 아니라는 것이 제일 먼저 있었기에, 그것을 내 나름대로 이야기를 만들어 내는 것이 소위 가공의 시간과 아마 가공으로 없어지게 될 아시아인이 지배한다고 하는 그러한 스트리트의 이야기를 생각해 낸 것입니다."[94]라고 가상의 시공간을 설정한 이유를 확인할 수 있다. 즉 일본에서 태어나고 자란 최양일은 일본의 단일민족국가라는 미명하에서 그가 마이너티리로서 살아가기에 힘들었던 소외감과 주류사회에서 넘지 못할 많은 벽들을 체험하였기에 자신이 꿈꾸는 세상을 영화에 이러한 장치를 통해서 표현하였음을 알 수 있다.

이에 대해 구체적으로 요모타 이누히코는 "토지에 뿌리를 내린 공동체라는 환상이 이미 소멸해버리고, 이방인끼리의 대립과 경합 속에서 더욱 혼돈의 정도가 심해지는 도쿄, 어떤 실재의 도쿄와도 관계없이 묘사하면서도 최양일은 마약제조공장의 세트를 비롯하여 몇 가지 메시지를 영화 속에 숨겨놓았다. 한 예를 들자면 가죽점퍼 집단의 두목이 실은 한국계 일본인이라는 것이, 악덕경찰에 의해 죽은 그의 장례식에서 어머니가 입은 흰 옷으로 알 수 있다. 그러나 이 흰 옷조차도 나란히 있는 등장인물들의 원색 의상속의 하나에 불과하게 한 혼돈이야말로 감독이 노렸던 점이었을 것이다. 한국의 이장호 감독이 자신의 슬랩스틱 희극작품에 〈바보선언〉(1983)이라고 이름 붙인 듯이 최양일은 세트 한 구석에 한글로 '도시선

---

94) 崔洋一・山根貞男, 앞의 글, 1988, 31쪽.

언'이라 써 놓았다."⁹⁵⁾고 구체적으로 설명하였다.

최양일은 이 영화 후에 〈A사인 데이즈(Aサインデイズ)〉(1989), 〈달은 어디에 떠 있는가(月はどっちに出ている)〉(1993), 〈개, 달리다〉 등의 작품에서도 다문화적인 배경으로 영화를 제작하였다. 그러므로 〈꽃의 아스카 조직〉은 최양일의 다문화적인 배경 영화의 원형이라 할 수 있겠으며, 그가 자신의 마이너리티성을 관객들에게 인식시키는 시작이었다고 생각된다.

2) 마이너리티의 굴절

최양일은 이러한 오락성이 부각되는 영화 안에서도 자신의 가치관을 투영시켰다는 것을 인식할 수 있다. 그는 주인공 아스카의 맹목적인 승리에 초점을 두었으므로, 이러한 단순 구조를 극복하기 위한 설정으로 요코(ヨーコ)라는 인물을 등장시킨다. 요코는 아스카와 같은 조직에 있으면서 아스카와 함께 다니는 미코의 언니이다. 요코는 비밀결사대의 우두머리 히바리(HIBARI)를 배신하고 아스카를 도와주다가 자신의 동생 미코를 자기 손으로 죽여야 하는 비참함을 느낀다. 그리고 요코는 그 비참함을 아스카와의 격투전에서 승리함으로서 극복하려고 한다.

이러한 요코의 설정은 마이너리티로서 살아가는 이들이 주류와 합류했을 때 오는 갈등이라 할 수 있겠다. 큰 줄기의 조직에서 떨어져 나가는 마이너리티는 아스카처럼 맹렬히 맞서 싸우지 않으면 안 된다는 것을 보여주지만, 한편 요코처럼 굴절되어 버린 마이너리티는 그 안의 조직에서도 제 목소리를 낼 수 없게 되어 버린 채 더욱 순종하며 살아야 되는 안타까움을 보여준다.

---

95) 四方田犬彦,「電影風雲 日本映畵の新銳たち ― 崔洋一 エスニシティーの顯現」,『世界』, 岩波書店, 1998, 338쪽.

아스카는 요코가 자기 동생 미코를 죽이고 나서 거의 마약 중독에 빠져 있는 것을 발견한다. 그리고 아스카는 요코가 자신을 구해주려다 히바리 조직에 들켜서 어쩔 수 없이 미코를 죽인 일에 대한 죄책감으로 힘들어 한다는 것을 알았다. 그리고 아스카는 자신의 방에 요코를 데리고 와서 다음과 같이 이야기한다.

S#61 골덴 게이트·안쪽의 호텔 방
  중략
아스카 : 요코, 너의 꿈이 뭐야! 말해 봐, 꿈이 뭐냐고.
아스카 벌떡 주저앉는다. 요코의 다 죽어가는 숨소리.
아스카 : ······요코, 히바리를 없애고 혼자서 잘해 보려는 것 아니었어? 네 상태는 마약에 미친 중독자라구, 뭐라도 말해 봐!
요   코 : 그저, 뭐라도 할 수 있는 것은 조무래기였을 때일 뿐이지.
아스카 : 울지 마, 너는 정말로 가져야하는 것이 뭔지 모르는구나.[96]

요코라는 인물의 위와 같은 설정으로 최양일은 마이너리티의 정체성에 대해 방황하고 갈등하는 자의 모습을 상징적으로 그리고자 하였을 것이다. 이러한 인물 관계에 대해 최양일이 가졌던 제작 의도를 다음과 같은 인터뷰에서 충분히 이해할 수 있다. 그는 "나는 일본에서 외국인이지만, 내가 가장 청춘이었던 시절에 사회적 신념이 있었다고 생각합니다. 그것은 컵에서 이는 폭풍우처럼 대세에는 아무런 영향도 끼치지 못한 작은 개인 문제가 아니라 잔 속의 정치 같은 것이었기 때문에, 이에 대해 총괄할 수 없으며, 총괄할 수도 없는 큰 사정이 있었지요. 이러한 부분에 대해 관계를 잘라 버릴 수도 없다고 생각합니다. 이에 대해 자신의 작품에 투영하려고 하지 않으려고 생각합니다만, 실제로 책을 써 보니 나와 버렸네요."[97]라는 이

---

96) 崔洋一, 앞의 책, 1988, 54쪽.

야기를 통해 알 수 있으며 그의 마이너리티의 삶이 영화의 인물 속에 스며들어 있음을 확인할 수 있다. 최양일의 이러한 인물 설정은 10년 후 〈개, 달리다〉에서 재일코리안이 자신의 정체성을 밝히지 않고, 일본인 경찰관과 불법 체류 알선자 중국인 틈에서 힘을 키우다가 결국 재일코리안 야쿠자 우두머리에게 죽음을 당하는 모습과 비슷한 구조이다.

최양일은 영화 속에서 마이너리티가 굴절되는 장면은 조직 내의 약자로서 생존을 위한 선택이라 할 수 있지만, 결국은 죽음으로 몰아가는 결과로 보여준다는 것을 알 수 있다. 이는 최양일이 바라보는 마이너리티의 굴절된 모습에 대한 충고라고 여겨진다.

〈꽃의 아스카 조직〉에서 거리의 풍경은 일본도 아닌 중국도 아닌 묘한 아시아적인 식당들과 일본어를 구사하는 사람보다 아시아의 여러 언어를 섞어서 소통하는 사람들을 배경으로 설정하였다. 그리고 이러한 배경을 바탕으로 아스카의 영웅적인 모습을 재현하는 것은 마이너리티의 삶을 부정하지 않고 자체를 수용함으로서 미래지향적인 승리를 예견한 듯하다. 또한 최양일이 일본사회에서 에스닉 마이너리티들이 상생하는 점을 암시하고 있음을 확인할 수 있다.

이러한 마이너리티의 굴절은 이 공간 속에서 생산되어진 마이너리티를 향해 더욱더 폭력을 가하는 힘으로 작동된다. 마이너리티의 굴절은 마이너리티와 메이저리티 양쪽 다 환영받지 못하는 존재가 되어버린다는 것을 나타내고 있다.

---

97) 崔洋一·山根貞男, 앞의 글, 1988, 32쪽.

3) 탈출을 위한 폭력

이 영화의 시작은 세 부류로 세력권을 형성하고 있는 악의 축이 네오카부키 타운을 지배하고 있다는 배경으로 시작한다. 세 부류의 악의 축은 거리깡패, 소녀비밀 결사대, 악덕 K관으로 나누어지고, 이곳에서 지향하는 것은 마약이며, 오직 이를 위해 폭력만이 해결방법으로 존재한다. 이 영화에서 경찰로 재현되는 K관은 거리 깡패들의 마약을 공유하고, 마약을 생산하는 HIBARI에게 돈을 요구한다. 최양일 영화에서 자주 등장한 경찰은 〈꽃의 아스카 조직〉에서도 타락된 모습으로 다루어진다. 그럼으로써 네오카부키 타운의 세력들은 유기적으로 관계를 맺고 있음을 알 수 있다. 다음과 같은 장면에서는 K관의 타락된 모습을 여실히 보여주고 있다.

S#11 HIBARI 저택
HIBARI, 레드노이즈가드의 총장 도키·마사무네, PB-4의 보스 K관의 삼자회담.
기다리고 있는 HIBARI-10의 리더 가스가, 아더, 화이트의 매니저(K관의 남동생).
K관 : 도키·마사무네 상, 당신들 이쪽에 와서 몇 대째이지?
도키 : (꾹 참으며)
K관 : 도키, 시대는 변하는 것이지. 지금까지 잘 나갔잖아. 나도 너도
　　　HIBARI님도.
도키 : 뭐가 말하고 싶은 거야.
K관 : (기침, 한번) 간단한 거야, 이제 현물을 좀 받아야 될 것 같아
　　　서.
도키 : 아저씨! 그렇게 가지고 싶나? 지금까지 충분했잖아.
K관 : 도키, 아직 모르는군, 너희들이 거리에서 장사 할 수 있는 것은
　　　누구 덕분이라 생각하지, PB-4가 마음에 걸려서…

도키 : 마음이 걸려서 곤란한 것은 그쪽일걸.[98]

위와 같이 최양일은 이미 '악'자체로만 존재하는 미래의 가상도시에 '악'의 존립은 서로의 권력들에게 기생하면서 유지하고 있음을 보여준다. 이는 최양일이 구조적 모순을 지니는 현실의 사회를 가상을 통하여 확대하여 과장되게 나타내고 있다고 할 수 있겠다.

그러므로 최양일은 위와 같이 네오카부키 타운을 지배하는 세력들의 이러한 관계 속에서 악이 지배하는 세상에 정의로운 영웅이 나타나서 새로운 세상을 지배한다는 헐리우드식의 영웅을 등장시키지 않는다. 단, 주인공 아스카라는 소녀가 소녀 비밀결사라는 조직을 떠나 친구 미코(ミコ)와 함께 마약과 현금을 강탈하며, 이 때문에 K관과 거리 깡패들 그리고 소녀 비밀결사대는 아스카를 계속 추격하며 찾아 나선다. 그러나 아스카는 항상 승리한다는 '슈퍼 히로인'으로 그려진다.

폭력으로 들끓는 도시의 한 복판에 10대 소녀 아스카가 모든 조직을 장악한다는 내용은 다소 오락적이기도 하며, 그 당시 유행하였던 '스트리트 파이터'라는 오락 게임과도 연관성을 띤다.[99] 아스카의 영웅적 승리는 마이너리티의 탈출로 이행되는 것이라는 점을 주목해야 할 필요가 있다. 아스카의 모습은 처음부터 끝까지 싸워서 통쾌하게 이긴다는 카타르시스로 작용한다. 최양일은 당시 1980년대 후반의 소비자들의 유행하는 경향과 이

---

98) 崔洋一, 앞의 글, 1988, 42쪽.
99) 崔洋一・山根貞男, 앞의 글, 1988, 31쪽.
   '스트리트 파이터(ストリートファイター)'는 1980년대에 등장해 이후 시리즈를 거듭한 격투 게임으로, "대전액션"이라는 게임장르의 구축에 일조했다고 평가된다. 스토리는 강해지기 위해 수련하는 주인공 류의 일대기를 다루며, 게임의 진행은 일본 외에 미국, 중국 등에서 상대를 차례로 쓰러뜨리고 최종 보스에 도전하는 식이다. 우리나라에서도 초중고생 등 비디오게임 이용자 사이에서 크게 히트했다.(『위키백과』, http://ko.wikipedia.org/wiki/스트리트_파이터 (검색일 2015. 5. 30) 참조)

를 적극적으로 수용하는 제작사의 요구에 맞추어 영화를 제작하였다.

이 영화에서의 폭력은 객관적 폭력을 탈출하는 데 있어서 주관적 폭력을 행사함으로써 자신의 소외로부터 벗어나려고 한다. 다시 말해 최양일 영화의 주인공들은 돈을 중심으로 도는 도시의 일상 속에서 소외된 자의 탈출을 위한 모습으로 폭력을 행사하였지만, 결국 그들의 폭력은 사회의 구조적 모순을 깨는 저항의 수단이었다는 것은 분명하다.

4. 마이너티리의 공존 - 〈형무소 안에서〉

영화 〈형무소 안에서〉는 기존사회에서 형무소라는 공간에서 살아가는 마이너리티의 집단이 외부와 차단된 채 그 곳 내부에서 자신들끼리 공존하는 모습을 보여준다. 이처럼 최양일은 사회에서 제각기 다른 삶을 살아온 수형자들이 마이너리티로서 느끼는 사회적 소외감이나 적대감보다는 형무소라는 공간에 적응하며 살아가는 데에 초점을 맞추어 이야기해 간다.

〈형무소 안에서〉는 원작자 하나와 가즈이치(花輪和一)가 자신이 직접 투옥되어서 겪었던 이야기를 만화로 그린 작품이다. 원작자는 자신이 직접 체험한 경험인 만큼 주인공의 이름도 자신의 실명인 하나와 가즈이치와 똑같이 작품에서 사용하였고, 최양일 또한 영화에서 원작 그대로 하나와 가즈이치라는 이름을 사용하였다. 원작자 하나와는 자신의 체험을 통하여 형무소의 권력을 실증하는 듯이 보여준다. 다시 말해, 하나와는 형무소라는 공간에서 권력이 휘두르는 폭력이 어떻게 수형자들의 삶들과 가치관에 어떠한 변화를 주는지에 대해 나타내고자 하였다.

최양일은 원작에 충실하면서 메시지의 전달을 코미디의 장르로 사용하였다. 그는 이 영화에서 형무소라는 공간의 무겁고 암울한 모습을 역설적으로 코미디 장르를 사용함으로서 형무소라는 공간을 관객에게 친근하게 다가가도록 하였다. 일반적으로 코미디 장르에서의 주된 관심은 평범한 일상생활을 표상하는데 있듯이100) 최양일도 이 영화에서 형무소에 있는 수형자들의 일상생활을 자연스럽게 그려나간다. 이 영화는 수형자들의 일상인 하루하루가 중요하게 다루어지고 사소한 일들을 중심으로 사건이 이루어졌다. 이는 각색가가 "사건을 일상보다 더 중요하게 여기는 것은 저널리즘의 기준에서이고, 원작은 그러한 기준은 아니다."101)라는 언급처럼 영화에서는 수형자의 일상들이 형무소 안에서는 어떠한 의미를 지니고 있는가를 짐작하게 한다.

1) 격리된 '형무소'의 공간

형무소는 수형자가 형무소의 규칙에 따라 수형자의 일상이 감시와 처벌에 의하여 시종일관 갇혀서 지내는 공간이다. 일반인들이 형무소를 생각하는 추상적인 관점에서 간단히 정의하자면, 범죄를 저지른 자들의 수용소라 할 수 있다. 그러나 형무소는 푸코의 감옥 이론을 통하여 살펴본다면 국가권력의 폭력이 극명하게 나타나는 공간이다. 푸코는 "감옥은 국가 권력의 가장 중요한 기구이자 장치"102)라고 언설하면서 권력이 인간의 인체를 어떻게 처벌하고 감시하였는가에 대하여 기술하였다. 푸코는 감옥의 탄생을 "권력은 자기 모습을 내 보이지 않으면서 모든 것을 보게 되는 일망감시장치의 구조를 통해 개인을 감시하고 통제하는 방법을 완벽하게 실현 할

---

100) Steve Neale & Frank krutnik 저, 강헌두 역, 『영화 속의 코미디, TV 속의 코미디』, 한국방송개발원, 1996, 27쪽.
101) 榎望, 「『刑務所の中』にて」, 『シナリオ』 2月号, シナリオ作家協會, 2003, 80쪽.
102) 미셸 푸코 저, 오생근 역, 『감시와 처벌』, 나남, 2003, 13쪽.

수 있었다"[103]고 의미 짓는다. 푸코의 언설들은 형무소의 영화적 재현에서 폭력이 은닉한 채 권력의 감시와 통제가 어떻게 가능 하는가에 대한 이론을 제공해준다.

   최양일은 형무소의 영화적 재현을 감시와 처벌을 통해 재생산된 인간을 코믹적인 요소를 가미하면서 평범하고 따뜻한 일상적인 모습으로 나타냄으로써 오히려 역설적으로 폭력에 통제된 인간상을 재현하였다. 그는 영화의 시작부터 형무소의 풍경이나 내부의 모습을 살벌하거나 삼엄한 모습이 아닌 평온하고 따사로운 햇살이 비추어지는 모습으로 다음 그림과 같이 묘사하였다. 그리고 그는 영화에서 재현된 형무소라는 공간을 헤테로토피아로 생성시킨다.

〈그림 13〉 형무소 운동장의 햇살

---

103) 위의 책, 13쪽.

〈그림 14〉 형무소 내부의 방 풍경

〈그림 13〉의 장면은 형무소 담 안으로 들어오는 따뜻한 가을 햇볕을 보여 준다. 이 프레임은 안정적인 앵글과 빛의 투과로 형무소라는 설명이 없다면 일반적으로 형무소라고 생각하기에는 힘들 듯하다. 〈그림 14〉의 장면은 형무소 안에서 아침에 청소하는 장면을 보여준다. 카메라는 불안한 효과를 나타내는 하이 앵글로 형무소 안의 수형자들 모습을 담아낸다. 그러나 카메라는 하이앵글에서 내려오면서 5명의 수형자들을 피아노 선율의 배경음악에 맞추어 한 명씩 소개해 준다. 형무소라는 분위기에서 느낄 수 있는 강압이나 공포가 아닌 자율적이면서 능동적인 모습이 보여 진다. 수형자들의 모습은 감방 안에서 각자 자신들의 일을 하면서 서로 농담을 주고받는 장면으로 표현된다.

최양일은 이러한 역설적인 효과를 통해 고정관념으로 정착된 형무소의 삼엄한 이미지를 평온하고 안정적인 이미지로서 헤테로토피아를 생성시켰다. 그는 영화에서 재현된 형무소의 공간적 기능을 새롭게 구축하였다. 최정기는 형무소에 대해서 "범죄의 감소와 범죄자의 교정이라기보다는 거시적인 그리고 미시적인 수준에서 다수성(majority)과 소수성(minority) 사이의 경계를 설정하고, 다수성의 지배 및 그러한 질서의 재생산을 보장하기 위해 존재한다는 것이다."104)라고 언급하였듯이, 영화 속 형무소에서 수형자들을 교화나 교정되는 효과는 전혀 재현되지 않았다. 오히려 수형자들이 형무소에서 출소하게 되면 그 후 생활을 어떻게 해야 하는지에 대한 고민을 한다. 최정기가 언급한 대로 영화에서 형무소는 단지 국가의 존속, 사회의 존속의 보장을 위해 수형자들을 격리시키는 역할로서만 기능을 한다는 것을 보여 준다.

영화에서는 주인공이 형무소에 갇히게 된 순간, 전에는 사소한 일상에 불과했던 것들이 큰 걱정거리가 되는 것에 주목한다. 예를 들면 주인공은 '과연 옷의 단추가 떨어지면 어떻게 하나, 팬티는 나오는 것일까, 야구 중계는 어떻게 보지?' 등 감시와 규제 속에서 어떻게 자신을 적응해 나가야할지에 대한 걱정을 계속해 나간다. 푸코의 감옥 이론에서 감옥 제도 실행의 일차적 목적이 강제적인 개인화부터 시작된다는 것을 언설하였다. "감옥에 들어갈 당시에는 불안정하고, 부정한 행위에만 열의를 쏟고 각종 악덕으로 자신의 생활을 파괴하려고 했던 사람이 처음에는 자기의 의지와는 상관없이 수동적이다가 서서히 제2의 천성으로 변하는 습관의 힘에 의해 점차로 노동과 그것에서 생겨나는 즐거움에 매우 친숙해 질 수 있는 것이다."105) 최양일은 앞의 푸코의 감옥 이론과 같이, 형무소 안의 공간적 재현을 통해 주인공의 입소 때의 불안한 모습에서 점점 적응해 나가면서 노동과 함께 형무소 생활의 친숙함을 보여준다.

최양일은 형무소의 공간을 코미디 장르로 재현하였다. 그는 권력의 폭

---

104) 최정기, 「감옥 : 규율권력의 길들이기와 욕망의 탈주」, 『진보평론』, 진보평론, 2000, 80쪽.
105) N. H. Julius, 『감옥에 대한 강의』(프랑스어 역, 1831년), 제1권, 417~418쪽(미셸 푸코 저, 오생근 역, 앞의 책, 2003, 332쪽 재인용).

력이 내재된 감방에서 수형자들이 감시의 눈을 피해 일상에서 즐거움을 찾는 공간으로 헤테로토피아를 생성시킨다. 주인공은 4명의 수형자들과 같이 생활하는 방에 갇혀 있지만, 그들과의 갈등보다는 이러한 공동체에서 그들과의 일상을 만들기 시작하며 하루하루에 재미를 느낀다. '오늘의 식사는 과연 무엇일까?' 항상 똑같은 일상을 반복하면서 아침이면 똑같은 질문을 반복하는 사람들로 변해간다. 최양일은 주인공의 생각이나 심리가 형무소라는 공간 안에서 얼마나 우둔화가 되어 가는지를 내레이션으로 전개하여 관객들에게 잘 전달시킴으로서 재미를 더해 간다. 그가 재현한 형무소 안에서의 주인공의 적응방식은 권력에 의해 조종되어 가는 개인들의 단편들이 어떻게 감옥 이론에 실행되는가를 고찰할 수 있다.

2) 규율과 노동의 역할

(1) 규율의 역할

이 작품은 주인공 하나와가 형무소에 수감되기 전, 총기류에 관심을 가지며 서바이벌 게임과 8미리 전쟁영화에 빠져 있는 장면들로 시작한다. 그리고 주인공은 형무소에 수감되는 장면과 함께 다음과 같이 형무소 안의 이야기가 시작된다.

> **S#6 홋카이도 · 히타카형무소의 정경(만추의 아침)**
> 중략
> …하나와 가즈이치. 수형자 번호 222번. 총포도검류 등 불법소지, 화약류 단속법위반으로 징역 3년.[106]

---

106) 崔洋一·鄭義信·中村義洋, 「刑務所の中」, 『月刊 シナリオ』 2月号, シナリオ作家協会, 2003, 86쪽. 이하 시나리오의 인용은 이 글에 의한다.

주인공이 형무소에 입소하는 장면은 그의 신체적·정신적 자유가 박탈되는 시점을 알려줌과 동시에 외부와의 단절을 의미한다.[107] 주인공은 그렇게 형무소에 입소함과 동시에 형무소의 규율에 의해 철저하게 통제되어 간다. 최정기는 형무소를 통하여 감금되는 것, 형무소를 통하여 보호되는 것이 무엇인가에 대해 다음과 같이 언급한다. "이에 대한 대답은 감옥이 형성되는 과정에서 찾을 수 있다. 근대라는 시기에 이성 중심적인 사회 질서가 만들어지면서 비이성적인 것들, 예를 들면 나태나 광기, 자본주의적 질서에 반하는 행위들이 감금되었다. 그 중에서도 특히 사회의 새로운 조직 원리인 법질서에 반하는 행위들, 즉 위법행위에 대한 감금이 특화되어 감옥으로 나타났다. 감옥을 통한 범죄통제는 이제 새롭게 등장한 사회에서 질서를 유지하는 가장 중요한 수단이 된 것이다."[108]

이 이론은 영화에서 재현되는 형무소 안에서 주인공의 일상적인 행동과 생각들이 주인공 스스로도 인식하지 못한 채 형무소라는 권력공간에서 철저한 규제와 통제를 받고 있음을 보여준다. 덧붙여 말하자면 한인섭은 "감옥 권력은 소극적으로는 내부의 규율 유지와 안전을 적절히 강구함과 함께 적극적으로 수형자의 의식과 태도의 개선을 위한 프로그램을 추구하게 되었다"[109]라고 언급하였다. 한인섭은 수형자와 형무소 권력의 관계에 대해 설명하면서, 규율의 장이라는 특징을 이야기한다. 최양일이 재현한 형무소에서도 수형자들은 규율 속에서 철저히 감시와 검열을 실시한다. 다음의 그림은 감시와 검열을 받고 있는 수형자들의 모습이다.

주인공 하나와가 규칙 위반으로 징벌방에 혼자 있게 되자, 운동하는 시간

---

107) 이 과정에서 수형자는 인격이 무시되고 개폐화된다. 수형자는 입소함과 동시에 삭발을 하고, 푸른 수의를 입어야 하며, 이름을 빼앗긴 채 수인번호로 불리게 된다. 최정기, 앞의 책, 2000, 88쪽.
108) 위의 책, 82쪽.
109) 한인섭, 『형벌과 사회 통제』, 박영사, 2006, 174쪽.

에도 단체가 아닌 혼자 있는 공간에서 감시를 받으면서 해야 한다. 마치 원형 감옥 원리를 그대로 설명하듯 카메라는 수형자와 교도관을 롱숏으로 담아낸다. 〈그림 15〉는 수형자의 신체를 철저하게 검열하는 교도관의 모습이다. 최양일은 이러한 수형자의 모습을 우스꽝스럽게 표현함으로서 권력에 의해 우둔화가 되어가는 피지배자의 모습을 연상하게 한다. 이는 마이너리티가 사회에서 정상적인 범주를 넘어서 경계인일 수밖에 없는 구도는 사회 속에 내재된 보이지 않는 폭력이 작동되었음을 암시하였을 것이다. 영화는 주인공을 통해 이러한 형무소의 생활에 대해 한 층 더 노골적으로 이야기한다.

〈그림 15〉 수형자들은 신체 검열을 항상 실시한다.

〈그림 16〉 방에 나와 줄을 맞추어 가는 장면

S#11 복도
  중략
  하나와 목소리 : 방에서 한발자국이라도 나가면 자유로운 발걸음을
  할 수 없다. 정해진 발걸음으로 벽 앞에 나란히 서야 한다.110)

　형무소 안에서는 엄격한 통제를 위한 감시와 규율이 존재한다. 주인공은 모든 신체의 자유를 억압당한 채 형무소의 기상시간과 식사시간 그리고 운동시간, 목욕하기 등의 규칙적인 생활을 따라야 한다. 수형자들이 규칙을 지키지 않을 때에는 바로 징벌이 내려지고 규율이 더 강화된다. 주인공은 내레이션으로 규율에 대한 자신의 심리를 표현해 간다. 이 효과는 앞에서 언급했듯이 형무소에서 재현된 수형자들의 모습들이 해학적으로 표현되어 관객들에게 확실히 전달시키면서도 인간적인 본질로서의 생각을 되짚어주고 있다.
　〈그림 16〉과 같이 수형자들은 감방에서 한 발자국이라도 나가면 자유는 없다. 그들은 팔을 어깨에 붙이고 정해진 발걸음으로 나와 바닥에 그어진 선에 맞추어 걸어야 한다. 이 영화에서 복도를 걸어가는 장면은 전체화면에 수형자들 전원을 다 채워서 구령과 함께 재현된다. 주인공이 작업을 하다가 떨어진 지우개를 줍기 위해 큰 소리로 허락을 받아야 히는데, 주인공은 이러한 규율에 대해 피곤함을 느낀다. 수형자들은 화장실을 갈 때도, 목욕탕에 갈 때도 항상 검열이 있다. 최양일은 한 개인이 규율과 통제에 의해 우둔하고 우스꽝스럽게 되어 가는 영화적 재현은 권력의 폭력에 의한 것임을 나타내었다고 할 수 있다.

---

110) 崔洋一·鄭義信·中村義洋, 앞의 책, 2003, 89쪽.

(2) 노동의 역할

일본 형무소의 운영 방침은 '자급자족'이라 할 수 있다. 다시 말해 형무소에 들어가 수형자는 일하지 않으면 안 된다는 것이다. 징역작업에 관하여서는 일자리를 얻어 그 생산에 따라 벌어들인 이익을 형무소 운영의 일부로 돌린다는 것, 소위 징역형인 것이다.[111] 그러므로 형무소에서 수형자들은 노동을 해야만 하고 이처럼 영화에서는 형무소의 규율이 형무소의 노동을 통해서 더욱 극대화되는 것을 보여준다.

S#16 공장
　중략
　작업하는 조각반 수령자들
　천정에「금지 3원칙 1. 잡담 금지　2. 옆 눈질 금지　3. 무단이탈 금지」
　라는 목찰이 걸려 있다.[112]

최양일은 그러한 통제를 위한 노동의 측면을 보여주면서도 마이너리티의 자기 발전 가능성을 보여준다. 주인공 하나와가 꾸준한 노동을 통해서 자기 목표의식을 계속 세우며, 노동을 하면서 느끼는 소소한 감정들을 정교하게 그려낸다. 특히 주인공이 독방에 감금이 되고 나서는 외부와 완전히 단절된다. 이러한 영화적 재현은 규율과 통제가 능동적으로는 노동을 통해 실행이 되었다면, 수동적으로는 징벌방, 감시, 검열을 통해 실행되어지고 있음을 알 수 있다. 영화의 주인공이 독방에 감금되어서 할 수 있는 노동은 간단한 약 봉투 접기이다. 주인공은 노동을 통해서 아이러니하게도

---

111) 山本讓司,「刑務所內の現実に見る日本社会－福祉の代替施設と化す矯正施設－」,『甲南法学』, 甲南大学, 2010, 6쪽.
112) 崔洋一·鄭義信·中村義洋, 앞의 책, 2003, 90쪽.

동시에 능동적인 통제와 수동적인 통제를 경험하는 것이다. 주인공은 이 독방에서 노동에 목표를 세워서 하루하루를 매진한다. 이를 통하여 주인공은 자기도 모르게 규율에 순응하게 되고 결국 형무소라는 공간은 규율에 순응하는 인간을 만드는 것, 그것이야말로 존재이유인 것임을 잘 알려준다고 하겠다.[113]

주인공이 여러 명 같이 있는 감방에서도 혼자 있는 징벌방에서도 노동은 계속 부과되어 쉬지 않고 일을 한다. 주인공 하나와는 입소하는 순간부터 항상 정신과 신체가 검열과 통제로 억압되어 있다.

한인섭이 언급하듯이 "감옥의 노동의 기능은 내부질서유지와 통제의 편의라는 차원에서 인식될 수 있다. 즉 노동을 도입할 경우 강압적 수단을 그리 사용하지 않고서도 감시와 통제의 편의를 도모할 수 있다는 이점이 있다. 하지만 그보다 더욱 중요한 기능은 노동을 통해 폭력적이고 조급한, 지각없는 수형자들로 하여금 질서와 규율을 몸에 익히고 규칙적 노동에 자신을 적응시키는 것이다." [114] 이처럼 '규율'은 권력의 한 형태라고 할 수 있겠다. 따라서 규율은 일체의 도구, 기술, 방식, 적용 범위, 목표를 갖고 있는 권력행사의 한 양식[115]임을 이 영화에서 잘 보여주고 있다. 다시 말해 형무소의 질서 유지를 위해 수형자들에게 노동을 부여함으로서 규율이 적극적이며 능동적으로 통제된다고 할 수 있겠다.

3) 폭력으로의 순응과 적응

영화 속 형무소 재현은 수형자가 규율에 복종하며, 미처 인지하지 못했

---

113) 최정기, 앞의 책, 2000, 87쪽.
114) 한인섭, 앞의 책, 2006, 205쪽.
115) 미셸 푸코 저, 오생근 역, 앞의 책, 2003, 331쪽.

던 규율에 대한 처벌도 권력에 반항하지도 못한 채 순응하면서 길들여진다. 최양일은 코미디 장르를 통해 규율과 처벌에 순응하는 수형자들을 표현했다. 예를 들면 수형자가 목욕탕에서 아무 생각 없이 머리에 수건을 올렸을 때, 차렷 자세로 발맞추어 걸어갈 때 땅을 향하여 손을 쭉 펴지 않았을 때 지적을 받는다. 그는 사소한 규율을 통해서 수형자들이 감시와 처벌에 적응하는 모습을 해학적으로 나타냈다.

형무소 권력의 도덕성에 대한 불신, 형무소의 비인간적인 조건, 차별적인 처벌과정 등에 기인하여 수형자들은 형무소 권력에 순응하기 보다는 적응하는 경우가 대부분이다.[116] 최양일은 주인공의 모습을 통해서 형무소에서 통제되어진 규율과 노동 속에서도 수형자들이 순응과 적응을 하여 살아가는 모습을 그렸다. 그러나 수형자들이 거기에 머물지 않고 삶의 의미들을 스스로 만들어 가고 있음을 보여준다.

최양일은 수형자들이 외부와의 갈등이나 권력을 상대로 수형자를 그리지 않는다. 예를 들면, 홀연 아침을 먹다 주인공 하나와는 "매일매일 잊지 않고 밥을 주네……"라고 느낀다. 수형자들은 날마다 식사메뉴에 흥분하고 즐거워한다. 그리고 하나와는 자신이 이렇게 좋은 음식을 먹는 것에 대해 의아해 한다. 이러한 생각들은 수형자이면서도 자신이 밖의 세상과 동일한 조건이라는 인식을 스스로 가졌음을 알 수 있다.

이 영화에서는 수형자들이 가장 행복해질 때가 음식을 배급받았을 때이다. 그리고 형무소는 이러한 인간의 기본적 욕구인 식욕을 해결해 줌으로써 수형자에게 행복감을 더 해 준다. 최양일은 영상을 통한 음식 재현은 시종일관 계속되어진다. 그는 식욕이라는 기본적인 인간의 본능을 통하여

---

[116] 최정기, 앞의 책, 2000, 89쪽. 순응과 적응의 차이는 감옥 권력이 의도하는 대로 반성하고 개선을 향해 나아가기 보다는 감옥이라는 새로운 환경 속에서 살아가기 편한 방법을 찾는 것이라고 덧붙여 설명한다.

인간의 본질이 무엇인가에 대해 사유하게 한다. 그는 수형자들이 수감되기 전 자신들의 범죄에 대한 이야기는 간단한 유머로 재현하였지만, 수형자들의 범죄는 기본적인 욕구 충족을 위함이었음을 암시하고자 하였다.

영화에서는 수형자들끼리 모이면 빠지지 않는 이야기가 먹는 음식이야기가 많다. 수형자들은 설날이 다가오자 그 날 음식을 상상하면서 즐거워한다. 영화는 음식의 이야기가 시작되면 계속해서 화면 속에서 음식들이 재현된다. 수형자의 식욕은 인간의 보편적인 욕구임을 암시한다. 또한, 수형자가 초콜릿 광고를 보면서 행복해 하고 있다. 형무소의 일상 속에서 수형자들에게는 음식은 아주 중요한 화두이고 가장 기본적 본능을 채워주고 있는 것이다. 영화에서 수형자들이 형무소를 적응해 가는 원동력은 식욕의 충족이라는 것을 계속적으로 나타내며 형무소를 새로운 헤테로토피아로 발전시킨다.

최양일은 수형자들의 밖의 세상에 대한 동경과 탈주는 거의 언급하지 않고, 이 형무소에서 즐길 수 있는 자신들의 밖의 경험들의 이야기들을 통하여 나타낼 뿐이다. 형무소에서 흔히 다루어지는 인권문제는 존재하지 않는다. 최양일의 이러한 이야기 구성은 마이너리티 스스로에게도 던져주는 메시시라고도 생각할 수 있으며, 또한 메이저리티와의 원활한 공존을 위한 모색이라고도 볼 수 있다. 그는 직접적이지 않지만 내재되어진 폭력이 무엇이고, 폭로하지 않으면서 자체적 모순이 왜 발생하는가에 대한 심오한 질문을 영화에서 찾아 낼 수 있다.

최양일은 이러한 형무소의 권력에 은닉되어진 폭력은 수형자들의 순응과 적응을 통해서 유지되는 것을 보여주면서 앞으로 마이너리티가 어떻게 살아가야 하는지에 대한 물음으로도 해석되어 진다. 즉, 이러한 묘사들은 최양일이 다루는 마이너리티의 영화에서 볼 수 있는 내부의 구조적 모순, 그리고 마이너리티가 어떻게 살아가야 하는가에 대한 본질적 모습에 대한 물음으로 해석되어 진다.

주인공은 형무소 안에서 일상에 새롭게 순응과 적응을 하면서 형무소라는 체제에서 누리는 기본적 권리에 대해서도 고마워하면서 살아간다. 주인공은 가끔씩 화장실에서 보이는 창틈으로 밖의 풍경을 보면서 계절을 알아가는 것을 인식하면서, 형무소에 자신이 적응되는 것을 느낀다. 이와 같이 영화에서 보여주는 순응된 모습은 "처벌이라는 강력한 위협 없이도 체계는 정상적으로 작동한다는 점이다. 이는 사람들이 자율적으로 순응하기 때문인데 우리는 우리를 감시하는 응시를 내화하고 이 상상적 응시가 우리로 하여금 적절하게 순응하며 행동하게 만든다."[117)는 푸코가 발전시킨 감옥 이론의 핵심을 잘 드러내고 있음을 알 수 있다.

형무소에서는 빵을 먹는 날이 정해져 있다. 모든 수형자들은 이러한 평범한 일상 속에서 이벤트처럼 주어진 특별한 식사인 빵과 단팥 그리고 샐러드가 차려진 식판을 보고 너무나 행복해 한다. 하나와는 문득 생각에 잠기며 다음과 같이 이야기한다.

S#51 식당(점심시간)
    중략
하나와 : 어렸을 때, 태어나서 처음 먹었던 생크림보다도……
    중략
하나와 : 학교 귀가 길에서 먹었던 튀긴 크로켓보다도 ……
    중략
하나와 : ……몇 백배 몇 천배나 맛있다…… 그런데, 왜 이런 것이 이
           정도로 맛있는 걸까?[118)

---

117) 마리타 스터르큰·리사 카트라이트 저, 윤태건·허현주·문경원 역, 앞의 책, 2006, 84쪽.
118) 崔洋一·鄭義信·中村義洋, 앞의 책, 2003, 103~104쪽.

최양일은 코미디의 요소를 넣으며 수형자들의 모습을 웃음으로 표현하지만, 하나와의 잔잔한 목소리의 내레이션과 배경음악으로 깔리는 피아노 소리는 인간이 살아가는 이유에 대한 본질적인 물음으로 다가온다. 평소에는 일상적이고 본능에 가까운 일들이 형무소에서는 함부로 해서는 안 되는 일로 규율에 의해 정해졌으며, 평소에는 느껴보지 못한 감성들이 위와 같이 사소한 빵의 맛 하나에도 기쁨을 느끼며 생활한다. 하나와는 스스로 규율 속에서 순응과 적응을 하면서 소소한 일상 속에서 행복을 느끼고 동시에 미래를 생각한다.

S#71 징벌방
    하나와 : ……아주 충실하게 보내고 있어…… 누구도 만나지 않고, 일
           은 머리를 쓰지 않고…… 이것은 나한테 딱 맞는 장소잖아.
  중략
    하나와 : 평생을 여기에 있으라고 하면 어떨까
  방 주위를 둘러보는 하나와.
    하나와 : 음~~ ……아 3일 엉엉 울다 체념할 것 같은데……119)

위와 같이 순응해 가는 하나와는 마이너리티로서 순응하며 밖의 세상의 동경을 안에서의 순응을 통한 안주와 편안함을 추구한다. 이 영화에서 재현된 형무소 공간에서는 특별히 자신의 죄를 반성하고 앞으로 삶을 성찰하는 수형자는 없다. 오히려 살인죄로 들어 온 수형자는 "사람 죽이고 7년이면 싸게 먹히는 거지"라고 이야기한다. 수형자들도 어떠한 가혹한 죄라도 아무렇지도 않게 자신의 이야기를 하지만 그들은 미래보다도 현재의 형무소 삶에 만족한다. 영화는 웃고만 있기에는 인간의 본질이 무엇인지,

---

119) 위의 책, 108쪽.

삶에 궁극적인 목표가 무엇인가를 평범한 일상에서 사유하도록 이끌어 준다. 결국 마이너리티로 낙인찍힌 삶들이 다 같이 공생하면서 규칙과 규율에 따라 순응하며 적응하며 살아가는 일상은 경쟁도 소외도 없이 오히려 행복해 하는 아이러니를 볼 수 있다.

최양일은 이러한 모습을 역설적으로 우리의 일상을 뒤집어 볼 수 있는 계기를 마련해 주었던 작품이라 여겨지며, 형무소라는 공간을 통해서 극단적인 마이너리티일지라도 삶의 본질은 다 같이 행복을 추구하는 것에 있음을 나타내고자 하였다.

5. 일본인 '약자'의 마이너리티 공간

최양일의 마이너리티의 재현은 마이너리티가 발생하는 공간과 공간에 나타난 폭력성의 탐구기도 하다. 이렇게 재현된 공간은 공간자체가 폭력성을 띠고 있다고도 할 수 있다. 최양일은 이러한 공간의 폭력성을 재현하면서 공간의 이면에 나타내고자 하는 것이 무엇인가를 푸코의 헤테로토피아의 개념으로서 분석하여 보았다. 이 분석은 제 3장에서 다루었던 경찰서, 가상의 공간, 형무소라는 세 군데의 각각의 다른 공간이 어떻게 재현되어 가는가에 대한 분석이다. 그리고 최양일은 이러한 공간을 통해서 마이너리티의 본질을 살펴보고자 하였을 것이다.

먼저 최양일의 데뷔작 〈10층의 모기〉에서는 경찰서라는 공간이 재현된다. 이 영화는 경찰서에서 근무하는 경찰이 주인공이다. 주인공이 자본주의 사회에서 권력의 의미를 가진 공간인 경찰서는 소외감과 분열증으로 자기 파괴에 이르게 되는 타락의 장소로 헤테로토피아가 된다. 주인공은 이 헤테로피아에서 승진시험에 매번 낙방하고, 실적도 좋지 않아 월급이 오르지 않는다. 주인공은 이러한 경제적 이유로 이혼을 당하고 무기력하게 살아가면서 점점 자기실의에 빠지기 시작한다. 그러면서 주인공은 도박과 사채에 손을 대고 정신 분열증으로 인하여, 강간 그리고 폭행 등을 저지르다 결국은 은행을 털기로 결심한다.

최양일은 이러한 주인공의 폭력을 개인적인 폭력으로만 국한시키지 않는다. 그는 경찰인 주인공이 경찰서에서 권력으로부터 파괴되어가는 모습을 보여주며, 주인공 부인의 위자료 요구나 딸의 매번 요구하는 용돈에 힘겨워하는 모습을 재현함으로써 물질만능주의 변해 버린 자본주의의 사회에 대한 비판을 담아낸다.

따라서 최양일은 경찰서라는 권력공간에서 주인공과 같은 마이너리티를 만들어내는 공간으로 헤테로토피아가 생성되는 데에는 폭력이 어떻게 작동하였는가를 통해 보여주었다. 결국 경찰서라는 공간속에서 주인공이 행하는 주관적 폭력은 공간 속 기저에 깔려 있는 사회적 제도와 자본주의 구조적 모순에 의한 구조적 폭력이 실행되었음을 보여주고자 하였다.

두 번째의 작품 〈꽃의 아스카 조직〉에서는 가상의 시공간을 설정하여 가까운 미래에는 신주쿠 가부키초가 마약과 폭력이 난무한 공간이 될 것이라는 오락성이 짙은 영화이다. 이러한 가상의 시공간은 이미 마약을 생산하는 조직에게 기득권을 넘기고 악덕 경관이라는 권력과 손을 잡고 장악되었다. 어느 날 갑자기 등장한 10대 소녀 아스카는 폭력을 휘두르며 이 거리를 장악한다. 마약 조직에 함께 있었던 힘없던 소녀 마이너리티가 갑자기 이 공간에서 메이저리티로 부상한다.

최양일은 소녀의 폭력을 다문화적 가상의 신주쿠 공간에서 공존하고 싶어 하는 공간을 구축하기 위한 수단으로 표현하였다. 최양일은 재일코리안인 자신의 마이너리티 삶을 다문화적 공간의 영화적 재현을 통해 다문화적인 사회에서 공존하고자 하는 바람을 엿볼 수 있기도 하다. 또한 가상의 시공간인 신주쿠 가부키초는 10대 소녀 아스카에게는 바로 마이너리티로부터 탈출할 수 있는 메이저리티로 가는 희망의 공간의 의미를 가지는 헤테로토피아라고 할 수 있다. 최양일은 이 공간에서 소녀가 행하는 주관적 폭력은 부당한 기득권에 대한 반항이며, 구조적 폭력에 대한 저항으로 표현하였다.

세 번째 작품은 〈형무소 안에서〉는 마이너리티의 본질이 무엇인가를 탐색하게 만든다. 형무소란 규범과 규율에 일탈된 행동을 하는 개인들에게 마련한 폭력의 공간이다. 이 영화의 주인공은 총기류를 가지고 8m영화 찍는 것을 취미로 즐기는 중 어느 날 총기류 불법소지자로 수감이 된다. 뜻하지 않는 주인공의 형무소 생활은 엄격한 규율과 노동으로 감시와 처벌이 된다. 주인공은 일상적인 사사로운 일들이 형무소 안에서는 모두 규율위반이 되어 징벌을 받게 된다.

형무소라는 공간이 지닌 폭력 속에서 주인공은 순응을 하게 되면서 적응해 가는 이야기를 코미디로 펼쳐나간다. 최양일은 사회에서 격리되어 있는 수형자의 일상을 통해 마이너리티의 본질을 탐구한다. 최양일은 다양한 죄형으로 형무소에서 살아가는 수형자들이 식욕이라는 기본적인 욕구를 해결하면서 형무소에서 행복하게 적응하며 살아간다는 것을 보여준다. 영화에서 재현된 형무소라는 공간은 주인공에게는 안식과 평화를 주는 행복의 장소의 의미를 가지는 헤테로토피아가 된다.

이러한 모습을 통해 최양일은 역설적으로 우리의 일상을 뒤집어 볼 수 있는 계기를 마련해 주었다. 이로써 그는 메이저리티의 삶 속에서 살아가는 이에게 마이너리티가 지향하는 행복은 본질적으로 누구나 다 원하는 보편적 삶이라는 것을 제시하면서 보다 나은 공존의 방법으로서 마이너리티에 대한 이해를 강구하였을 것이다. 최양일은 이러한 다양한 마이너리티가 존재하는 공간의 의미의 양상을 살펴보면서 마이너리티의 본질에 대한 탐구를 계속 오키나와인과 재일코리안의 작품에서도 이어진다. 다음 장에서는 오키나와인이 일본이라는 공간에서 마이너리티로 어떻게 생산이 되었으며 어떠한 폭력에 의해 마이너리티로 규정되었는지에 대해 고찰하고자 한다.

제4장
마이너리티로서의
'오키나와인'

제4장 마이너리티로서의 '오키나와인'

1. 영화에 나타난 오키나와인의 양상

　일본 속의 오키나와를 이해하기 위해서 먼저 역사적 배경을 살펴보기로 한다. 오키나와가 근대에 이르기까지 일본에서의 오키나와 위치는 다음과 같다. 최인택의 역사적 기술로 살펴보면 "1372년 중국의 명과 책봉관계를 맺기 시작하면서 동아시아의 일원으로 등장하게 된다. 1429년에는 삼산(三山)통일을 기점으로 류큐(琉球)왕조 시대를 맞이하였으나, 1609년 일본의 사쓰마(薩摩)가 류큐를 무력으로 침공하여 식민지적 지배를 받아 왔으며, 1872년 새롭게 탄생한 일본의 메이지(明治)정부에 의해 류큐 번(琉球藩)으로 편입되고, 1897년 우여곡절 끝에 '류큐처분'에 의해 오키나와 현이 설치되면서 명실상부한 일본의 새로운 영토로 편입되게 되었다."[120]라고 언급하듯이 오키나와는 14세기로 거슬러 올라가면 독립된 왕국의 존재를 확인할 수 있다. 그리고 17세기부터 일본의 침공으로 식민지적 지배하에 있었고, 결과적으로는 명, 청시기에 걸쳐 일본과 중국에 이른바 '양속(兩屬)' 관계에 놓여 있었지만, 메이지 유신(明治維新) 이후 오키나와인들의 의사에

---

120) 최인택, 「일본의 오키나와 그리고 오키나와인의 일본」, 『민족연구』 49호, 한국민족연구소, 2012, 83쪽.

반해 거의 강제적으로 일본에 편입되었다.

 2차 세계 대전에서는 오키나와에서는 일본본토 사수를 위해 미국과 치열한 지상전이 전개되었고, 이 과정에서 수많은 오키나와인들의 희생이 뒤따랐다. 1945년 일본 패전으로 오키나와는 미국의 통치하에 놓이게 되었고, 오키나와가 미국과 일본 양쪽에서 벗어나 자체적인 독립을 하려고도 하였으나, 1972년 일본으로 '반환'되었다. [121] 1972년 일본본토 복귀가 이루어지고도 40년이 지난 21세기 오늘날까지 일본에 있는 미군기지의 75%가 오키나와 본도에 집중되어 있다는 사실에서도 오키나와의 희생은 여전히 이어지고 있다.[122] 오키나와의 이러한 역사적·사회적 배경으로 인해 자신들의 정체성과 문화의 혼혈에 대한 갈등이 항상 존재해 왔다. 이러한 갈등의 양상은 문학과 영화에 고스란히 담겨져 있다. 일반적으로 오키나와는 관광과 미군기지로 압축하여 떠올릴 수 있으나, 이는 질곡의 역사를 관통한 오키나와의 표상으로 이해해야 할 것이다.

 일본에서 오키나와를 영화로 어떻게 나타내고 있는가에 대해서는 살펴보자면, 큰 맥락은 전쟁, 미군, 관광, 민속으로 분류되어진다.[123] 이러한 시

---

121) 아리시키 모리테루 저, 김경자 역, 『또 하나의 일본 오끼나와 이야기』, 역사비평사, 1998, 101~110쪽 참조.
122) 최인택, 앞의 책, 2012, 98~99쪽.
123) 이에 대하여 다다 오사무는 1.전쟁의 오키나와 / 2.미군 점령과 기지 문화 속의 오키나와 / 3.차별과 살기 힘든 오키나와 / 4.야쿠자와 가라테, 액션의 오키나와 / 5.습속과 신앙의 오키나와-로컬적 일상의 오키나와 : 심층과 리얼함 / 6.리조트와 안식처로서의 오키나와 -이주와 귀향의 오키나와 / 7. 다카미네 고의 세계, 8.파인애플 투어즈와 세대의 시점'이라고 분류하였다. 다다 오사무, 「오키나와 이미지를 여행한다. 영화편-일본의 영화는 오키나와를 어떻게 보아왔는가」, 『오키나와 영화, 오키나와 아이덴티티』, 한국영상자료원 시네마테크, 2009, 94~112쪽.
또한, 주은우는 1.오키나와 영화를 국민국가의 응시와 2.오키나와의 영화적 재현으로 보는 시점과 3.오키나와의 자기 재현과 시선의 정치라고 나누어서 살펴보고 있다. 주은우, 「다민족주의와 내셔널리즘을 넘어, 혹은 그 사이에서-오키나와 영화와 정체성의 정치」, 『오키나와 영화, 오키나와 아이덴티티』, 한국영상자료원 시네마테크, 2009, 32~46쪽.

선들을 기본으로 최양일이 오키나와를 바라보는 시선과 전달하고자 하는 것이 무엇인가를 그의 오키나와 작품들을 통해서 살펴보도록 하겠다.

최양일은 1980년대 이후 일본사회의 다민족·다문화의 유입과 함께 특히 에스닉 마이너리티에 관하여 관심을 가지고 재일코리안과 오키나와인을 영화로 다루었다. 그는 기존의 재일코리안 출신 감독들과 달리 오키나와에 관심을 가지고 재일코리안의 영화보다는 오키나와 영화를 먼저 제작하였다는 점은 특이하다고 할 수 있다. 이는 그가 오키나와인이라는 재일코리안과 비슷한 경우를 살펴보면서 제3자적인 입장으로 객관적인 시각을 갖기 위한 작업이었을지도 모른다. 그는 이러한 민족들이 경험했던 고통의 역사를 통해서 형성된 정체성이 현재 일본 사회에서 마이너리티가 살아가는데 나아갈 방향이 무엇인가에 대해 고민하면서 작품을 재현했다.

최양일은 오키나와 영화 〈A사인 데이즈(Aサインデイズ)〉(1989)을 제작했을 당시, 오키나와 영화 구상에 대한 질문에 대하여 다음과 같이 답했다. "복귀 직후 오키나와에 갔을 때, 긴(金武)이라는 거리에 있는 A사인 클럽 거리를 걸어가면서 언젠가 영화를 만들고 싶다고 생각했다. 단 이를 선험적으로 '시리즈 오키나와'로 하는 것이 아니라 어떤 단계를 거쳐서 해야겠다는 생각이 있었다."[124] 이 대답은 최양일이 단계적으로 오키나와에 대한 영화를 구상하였음을 짐작할 수 있다. 그가 관객들에게 오키나와의 이야기를 어디에서 어떻게 시작해야 할지에 대해 나름의 소통법을 고안하고자 하였다. 또한 그는 재일코리안 영화의 제작도 이러한 패턴을 적용시켜 단계별로 관객과 소통할 수 있도록 제작하였다고 할 수 있겠다.

그는 오키나와에 대한 첫 단계의 작품으로 〈친구여, 조용히 잠들라(友よ, 静かに瞑れ)〉(1985)를 제작하였다. 이 영화는 관광과 관련된 영화이지만,

---

[124] 原田雅昭,「既存の価値観を否定する側に立たなければ!」,『キネマ旬報』五月 下旬号, キネマ旬報社, 1989, 89쪽.

다른 오키나와 영화들처럼 아름다운 섬과 관광의 섬에 대한 이미지가 아니라 본토인들이 무분별하게 오키나와를 관광지로 개발하는 것에 대항하는 오키나와인을 다룬 이야기이다. 주인공은 오키나와에서 호텔을 운영하는 친구가 본토 건설회사와 대립 중에 갑자기 경찰서에 잡혀갔다는 이야기를 듣고 도쿄에서 친구를 구하러 달려왔다. 주인공은 친구를 위해 경찰서와 건설 회사를 찾아다니면서 사투를 벌이지만, 권력과 자본 앞에서 결국 무너지고 만다. 이 영화는 오키나와인이 일본본토의 관광개발이라는 미명하에 국가폭력의 피해자로서 마이너리티임을 보여주고자 하였다.

두 번째 단계의 작품으로 미군기지촌을 배경으로 한 〈A사인 데이즈〉를 제작하였다. 이 작품은 미군을 상대로 노래하는 록밴드들의 이야기로 미군과 혼혈로 살아가는 오키나와인들의 혼재된 정체성에 대한 이야기이다. 1989년의 작품으로 베트남 전쟁이 한창이던 1960년대 말부터 1972년 일본본토 복귀에 이르기까지를 시대적 배경으로, 오키나와 미군 기지촌의 A사인 클럽[125]을 무대로 하고 있다. 미군과 오키나와인과의 사이에서 태어난 혼혈가수 에리가 주인공이다. 오키나와인들의 모습은 단적으로 오키나와를 점유하는 미국이 일본본토처럼 기지 울타리의 그물망을 통해 서서히 '침투'하는 이미지와는 달리 폭력적인 '침입'에 가까웠음을 보여준다.[126] 이 작품에서는 제국주의 폭력에 의한 오키나와인들의 정체성 혼란을 혼혈아 에리와 사치오를 통해 그려내었다.

그리고 세 번째 단계의 오키나와 작품에서는 오키나와의 미군기지 안에 있는 은행을 터는 강도의 이야기인 〈습격(襲擊)〉(1991)을 제작하였다. 이

---

[125] 오키나와에서 미군을 상대로 영업하는 상가들이 위생 시설기준에 준하는 경우에 'A' 사인 허가증을 발급받았다. 이 허가증을 발급 받은 술집과 클럽 등을 'A'사인 클럽이라고 불렀다. 자세한 내용은 103~104쪽을 참조.

[126] 나카자와 이사오,「오키나와 영화의 '로컬리티'와 일본화, 미국화의 문제」,『오키나와 영화, 오키나와 아이덴티티』, 한국영상자료원 시네마테크, 2009, 121쪽.

작품은 최양일의 하드보일드 스타일을 잘 드러나게 한 갱영화이다. 영화가 단순히 오락적이라고도 할 수 있지만, 미군은행의 습격은 오키나와인들의 미군 주둔으로 인한 문화적 차별과 억압 등을 영화 속에서나마 반전시키는 모습으로 나타낸 것이다.

마지막으로 네 번째 단계에서는 〈돼지의 보은〉을 제작하였다. 이 영화는 민속적인 관점으로서 오키나와 출신 작가의 작품을 원작으로 하고 있으며, 오키나와의 전통적인 샤머니즘 세계에 대해 이야기한다. 이마무라 쇼헤이(今村昌平)를 비롯한 영화감독들의 오키나와 영화를 보면 결국 일본 본토의 신화에 기인하거나 오키나와를 일본과 같은 문화로 보고 있다. 하지만 〈돼지의 보은〉은 그와 같은 관점과는 다른 차별성을 보여준다.[127]

최양일은 지금까지 4편의 오키나와 작품을 제작하였으며, 영화들의 주제들은 크게 관광, 미군기지, 민속으로 3가지로 분류할 수 있다. 그가 자신의 단계별 구상의 방식대로 시대를 거슬러 올라가면서 오키나와를 보여주는 것은 일본 속에서 마이너리티로 살아가는 오키나와인의 탐구라고 볼 수 있다.

최양일의 오키나와 영화에 대해서 주은우는 "최양일이 자신의 영화들에서 오키나와를 다루는 방식은 다민족·다문화시대 일본영화들이 아시아인 타자들을 일본 정체성에 대한 위협으로 재현하거나 그들을 소비할 수 있는 이미지로 환원하여 일본의 국가 정체성의 재구축을 위해 자아 속으로 흡수하는 방식과도 대립된다.[128]"고 하였다. 따라서 최양일이 제작한 오키나와 영화들은 일본본토의 감독들의 시선과도 구분되며, 또한 오키나와 출

---

127) 다다 오사무, 앞의 책, 2009, 100~101쪽.
128) 주은우, 「다민족·다문화 일본의 타자와 섬에 대한 상상력—1980년대 후반~1990년대 일본 영화의 아시아인과 오키나와 재현」, 『사회와 역사』 제184집, 한국사회사학회, 2009, 64쪽.

신 감독들과도 구분된다고 할 수 있겠다.

2. 일본 속의 마이너리티―〈친구여, 조용히 잠들라〉

오키나와는 1972년 '일본 복귀'를 통해서 일본에 의해 '개발'이라는 미명 하에 또 다른 형태의 마이너리티로 살아가기 시작한다. 〈친구여, 조용히 잠들라〉는 최양일의 오키나와 영화 중 첫 작품이다. 이 영화는 오키나와를 개발하려고 하는 건설회사와 맞서 싸우는 오키나와인 이야기이다. 이러한 주제와 비슷한 영화가 최근까지도 제작되고 있으며 그 중 〈사우스 바운드(South bound)〉(2007)라는 작품이 흥행작이라 할 수 있다.[129] 오키나와의 관광개발이 현재도 문제화되고 있다는 점을 시사한다. 여기에는 오키나와가 일본으로 복귀되면서 개발이라는 자본 유입명목으로 오키나와의 원형의 모습을 무차별하게 파괴하는 권력의 폭력이 개입되어 있기 때문이다. 다음으로는 최양일이 이러한 문제점을 어떻게 직시하고 재현했는가를 살펴보도록 하겠다.

1) '관광개발'의 자본 공간

1980년대 당시는 일본의 오키나와 관광개발이 한창 진행되는 시기였으

---

[129] 〈사우스 바운드(South bound)〉는 2007년에 감독 모리타 요시미쓰(森田義光, 1950~2011)가 오쿠다 히데오(奥田英朗, 1959~)의 소설을 원작으로 제작하였다. 무정부주의자 아버지와 함께 살아가는 아들의 시선으로 그려진 작품이다. 모든 국가 권력에 저항하는 아버지는 결국 가족들을 데리고 오키나와로 이사를 간다. 그러나 그들은 오키나와에 정착한 집이 강제로 점거했다는 이유로 리조트 개발과 함께 철거를 강요당한다. 아버지는 평온했던 삶에서 다시 저항하며 싸우기 시작한다. 결국은 아버지는 어머니와 함께 오키나와의 낙원을 찾아 떠나는 장면으로 끝난다.

며 관광 여행지 이미지로서 영화들이 제작되었던 시기와도 관련지어 생각해 볼 수 있다. 김민철·허문경의 연구에 따른 영화에 나타난 오키나와 이미지의 변천사를 살펴보면, 1950년대는 '오리엔탈리즘', 1960년대는 '2차 대전 참전기를 바탕으로 한 구체적인 전황과 섬의 고립성 묘사', 1970년대는 '본토 복귀라는 시대상황을 배경으로 한 본토와의 관계', 1980년대는 '여행지로 인식', 1990년대는 '여전히 전쟁, 폭력, 범죄의 무대로 인식', 2000년대는 '일상적인 삶을 묘사한 다양한 소재의 영화 대두'라고 구분지을 수 있다. 이를 참고하여 본다면 1980년대 영화의 특징이 '여행지로 인식'이라는 것을 알 수 있다.[130]

1980년대의 여행지로 인식한 이미지에 대한 배경은 다음과 같다. 1972년의 '본토복귀' 후, 오키나와 현 정부는 낙후된 오키나와 경제를 개선·발전시키고 '본토와의 격차 시정'을 위한 방편으로 중앙정부가 지급하는 보조금의 많은 부분을 도로와 항만 등의 인프라 건설에 투자하는 등 대규모 공공사업을 벌이는 한편, '관광입현(觀光入県)'의 기치가 내 걸릴 정도로 현 전체에 걸친 관광산업 개발을 추진하였고, 이로써 오키나와는 '기지의 섬'과 더불어 '관광의 섬'이라는 두 가지 전형적인 이미지를 병렬적으로 가지게 되었던 것이다.[131]

그러나 아라시키 모리테루는 실제로는 위와 같은 오키나와의 관광의 이미지와는 상관없이 "거액의 공공투자는 오키나와에 축적되지 않고 대기업을 경유하여 그대로 본토로 빠져나갔다. 산사태처럼 쏟아진 공공투자는 오키나와에서는 본토 대기업과 합작하거나 하청 받는 형태의 공공투자 의존

---

130) 김민철·허문경, 「영화에 나타난 섬 관광의 이미지에 관한 고찰」, 『관광학연구』 제33권 제1호, 한국관광학회, 2009, 144쪽.
131) 주은우, 「섬의 이미지와 국민국가 응시」, 『사회와 역사』 제78집, 한국사회사학회, 2008, 313쪽.

형 건설업을 비정상적으로 발달시킨 한편, 복귀기념사업에 대한 기대나 정책적 요청에 따라 과잉투자를 강요당한 지역에서는 토착 기업들이 연달아 파산하는 사태도 초래하였다."[132)라고 지적한다. 이러한 시대적 흐름 속에서 최양일은 관광의 소재로 오키나와를 다루고 있지만, 자연의 아름다움을 배경으로 하는 여행지로서가 아닌 오키나와인과 관광개발을 위한 본토인과의 갈등을 그려냈다. 그는 이러한 부당한 오키나와 마이너리티의 삶들을 놓치지 않고 그 당시의 사회적 분위기에 편승하면서 이야기하였다.

이 영화의 공간적 배경은 오키나와의 다마리(多滿理)라는 지역을 중심으로 재개발계획이 진행되는 곳이다. 오키나와의 본토복귀로 인한 건설 사업은 평온한 오키나와에 파문을 일으킨다. 이 공간에서는 자본이 투입되면서 주민들의 마음을 동요시키며, 자본은 권력과 함께 폭력을 가하기 시작한다. 다시 말해 자본, 즉 건설회사는 경찰이라는 권력과 함께 구조적 폭력을 실행시키고 있다. 이 자본과 권력의 폭력에 저항하는 개인은 어떠한 주관적 폭력으로는 극복할 수 없으며 그로 인해 무기력해진다.

영화는 오키나와 다마리에서 호텔을 경영하던 주인 사카구치(坂口)가 리조트 건설회사의 지역개발에 반대하다가 흉기를 휘둘렀다는 이유로 구속된 시점부터 시작된다. 그래서 사카구치의 대학 시절 친구인 신도(新藤)는 친구를 구하기 위해 이 마을을 찾아와서 건설회사와 사투를 벌인다. 신도가 다마리에 도착한 순간 그 지역 주민들은 신도를 경계한다. 그리고 사카구치가 경영하고 있는 프리인 호텔은 이미 다마리에서도 격리되어 있는 공간이다.

프리인 호텔의 의미는 'Free in'으로 자유롭게 들어오라는 의미이지만, 어느 누구도 오지 않는 호텔이 되었다. 호텔은 어둡고 낡았으며 이미 외부와

---

132) 아라시키 모리테루 저, 정영신·미야우치 아키오 역, 앞의 책, 2008, 87쪽.

차단되고 있음을 나타내고 있다. 영화의 공간적 배경은 재개발이라는 미명 하에 다마리지역이 자본주의 폭력이 자행되는 공간으로 변화되는 것을 보여 준다. 그렇지만 재개발지역이라는 공간은 지역주민에게는 자본 유입으로 인한 발전이라는 헤테로토피아적 의미를 가지기도 하고, 개발자체의 저항을 하는 사장과 친구에게는 오키나와인의 본질을 찾고자 하는 오키나와인의 꿈이라는 헤테로토피아적 의미를 가지기도 한다.

〈그림 17〉 'FREEIN' 호텔의 간판을 뒤로 보여주면서 자유롭게 들어갈 수 없는 호텔을 암시한다.

〈그림 18〉 호텔의 사람들은 손님을 맞이하는 것이 두려워졌음을 보여준다.

〈그림 17〉은 호텔을 보여주는 장면으로 이 장면의 프레임 속에서는 호텔의 간판을 정면이 아닌 비스듬한 뒷면으로 보여준다. 프레임의 의미는 이 호텔은 더 이상 손님을 맞이하지 않는다는 것을 암시하며 호텔이 이미 기능을 상실했음을 나타내고 있다. 〈그림 18〉에서는 롱숏으로 호텔의 종업원들을 한 공간에 담아냈다. 이 호텔의 종업원들은 손님이 찾아온다는 것에 놀라움과 두려움으로 바라보고 있다. 이 공간 속 인물들의 표정은 이전의 폭력 경험에 의한 트라우마를 엿볼 수 있게 한다.

그러나 영화에서는 호텔 사람들이 밖의 위협에도 불구하고 이 호텔을 떠나지 않는 이유에 대한 언급은 없다. 하지만 이에 대해 요모타 이누히코는 다음과 같이 해석하고 있다. "최양일은 매춘부 한 명에게 마적 노래를 부르게 하는데, 이는 호텔에 모인 자들이 유랑과 월경 끝에 이 호텔에 표류해왔음을 암시한다. 주인이 건설업자의 공세에 대항하여 호텔을 지키려는 행위는, 성스러운 피난처 아질(asyl)의 소멸을 우려했기 때문이다."[133] 다시 말해 마이너리티로서 부유하면서 살아가는 호텔 종업원들에게는 호텔은 안식처이자 피난처임을 나타낸다. 그들에게 호텔의 소멸은 보금자리를 잃는 것과 다를 바 없는 것이다.

다마리 지역의 주민은 본토 자본에 의해 흔들리면서 사카구치가 이 지역 개발을 반대하는 입장에 대해 불만이다. 그러나 사카구치의 친구인 신도는 경찰서와 건설회사를 다니며 모든 사정을 알아낸다. 프리인 호텔은 주인의 구속으로 인해 공포적인 분위기가 되었으며 종업원들은 혹시 누군가 침입할지 모를 불안감과 항상 감시 받고 있는 것처럼 호텔로 들어온다. 이 공간에서 자본의 유혹과 개발에 저항하기 위해 신도는 폭력을 필사적으로 행사하였지만, 자본과 권력은 그 폭력을 바로 제압해 버리는 거대한

---

133) 요모타 이누히코 저, 강태웅 역, 앞의 책, 2011, 200쪽.

구조적 폭력을 작동시킨다.

2) 분열해 가는 오키나와

이 작품은 주인공 신도가 친구가 경영하는 호텔을 찾아가는 것으로 시작된다. 신도가 호텔을 찾기 위해 잠시 멈추어 사람들에게 물어보면 다들 외면한다. 신도는 어떤 주민이 그 호텔에는 가지마라고 하는 것을 듣고 놀란다. 마을 주민들은 형사와 함께 호텔 주인과 주변사람들을 다 경계하고 있었다. 또한 동네 아이들도 사카구치의 아들을 따돌리고 있었다. 이는 마을 개발을 통해 자본의 유입으로 주민들이 서로 와해되고 분열된 모습을 보여준다.

영화에서는 이러한 분열된 모습을 프레임 구도에서 보여지는데, 예를 들면, 외면하는 마을 주민을 중앙에 배치하고 신도는 뒤쪽으로 배치하였다. 이 구도는 신도와 주민과의 생각이 대치점이 있다는 것을 암시한다. 또한, 호텔 아들을 따돌리는 동네 아이들을 롱숏으로 담아낸다. 이 장면은 세 명의 남자 아이들과 달리 뒤에 멀리 보이는 여자 아이를 따돌리는 모습과 안타까워하는 모습으로 대치되도록 카메라에 담아낸다. 이와 같은 구도로 오키나와에서 분열되는 주민들의 모습들을 표현하였다.

주인공이 호텔로 들어갔을 때, 이미 주인을 잃은 호텔 사람들은 무기력하게 있었다. 유일하게 남자 종업원만이 호텔을 지키려는 태세로 방망이를 휘두르고 있으며 호스티스들은 나름 긴장 속에서 조용한 생활을 하고 있다. 이러한 분위기 속에서 가장 희생되어 가는 자는 호텔 주인의 아들이었다. 아들은 의기소침하고 대인기피증으로 시달리고 있었다. 이러한 소외현상은 폭력적이고 난폭하게 자기분열증을 일으킨다. 최양일은 하드보일드 영화 장르 특성을 통해 등장인물을 대부분 단일시점에서 처리하거나 인물의 금언적인 표현을 통해 주관적 폭력을 극대화한다.

주민들은 프리인 호텔과 관련 있는 신도를 불편해한다. 신도도 주민들에게 점점 경계의 대상이 되어간다는 것을 인식한다. 신도가 동네 팝 레스토랑에 들어가자 식당 주인은 다음과 같이 말을 건넨다.

S# 23 팝 레스토랑
중략

이시모리 : 당신 미안하지만, 이제 오지 말아 줘.
신　　도 : …
이시모리 : 프리인의 손님에게는 물 한 잔도 주고 싶지 않아.
신　　도 : 사카구치에게 원한이라도 있나.
이시모리 : 치사해, 류이치는. 시타야마 씨가 나쁘게 하지는 않을 것
　　　　　이라 해서 우리들도 망설이고 망설이다 철거를 정했는데
　　　　　류이치만 고집을 부리며 더 비싸게 팔려는 느낌이야.
신　　도 : …누가 그런 말을 했지.[134]

자본과 권력은 주민들과 함께, 저항하는 사카구치를 몰아가며 고립시키고 있음을 알 수 있다. 또한 형사라는 권력과 건설회사라는 자본은 현대사회 어디에나 도사리고 있는 구조적 폭력이라는 것을 여실히 보여준다. 지젝이 "폭력을 노골적으로 비난하고 '나쁜 것'으로 매도하는 것은 하나의 탁월한 이데올로기적 조작이자, 사회적 폭력이 가진 근본형식을 보이지 않게 만드는 일종의 신비화라는 점이다."[135]라고 지적하듯이 마을 사람들이 사회적 폭력에 의해 조작되어진 모습이라고 할 수 있겠다.

호텔 사장의 아들은 점점 마을에서 고립되어 가면서 혼자 방에서 정신

---

134) 丸山昇一, 「友よ, 静かに瞑れ」, 『月刊 シナリオ』 7月号, シナリオ作家協会, 1985, 54쪽.
135) 슬라예보 지젝 저, 이현우·김희진·정일권 역, 앞의 책, 2011, 284쪽.

분열증을 일으킨다. 아들은 밖에서는 공포에 질려서 이야기하지 못한 채 집에 돌아와서는 자신의 방의 모든 것을 다 던지며 분노한다. 아들의 폭력적인 행동은 지젝이 언급하듯 권력과 자본에 의한 구조적 폭력에 의하여 주관적 폭력 즉 개인적인 폭력이 어떻게 발생하는가에 대해 보여준다. 또한 신도가 건설회사에 찾아가서 격정적인 사투를 하는 폭력적인 장면도 주관적인 폭력이 일어날 수밖에 없는 상황으로 이해할 수 있다. 산업문명의 발전은 욕구를 충족하기 위한 사회구성원들을 계속 만들어낸다. 이 작품에서는 건설회사의 개발담당 부장이 이러한 사회구성원이라 여겨진다.

 신도는 건설회사의 비리를 밝히기 위해 개발담당 부장과 격투를 한다. 격투의 장면은 이 영화에서 최양일의 하드보일드 정수를 보여준다. 개발담당 부장은 "회사는 갈 곳 없는 원래 권투선수였던 자신을 지금까지 보살펴 주었다"라고 이야기한다. 이는 건설회사가 자본을 통해서 권력과 조직을 전부 통제하면서 개인의 권리와 저항을 억압한다는 시스템 구축을 단적으로 볼 수 있다.

 오키나와는 관광개발과 함께 유입된 자본이 오키나와인들을 분열시키기 시작했다. 신도는 끝까지 싸우다 형사 도쿠타와 건설회사 회장 사이의 거래와 비리를 증명할 수 있는 서류를 발견한다. 신도는 서류를 가지고 형사에게 가고, 마침내 사카구치는 석방된다. 그러나 영화는 이것으로 폭력의 끝을 보여주지 않는다. 개인의 폭력은 권력에 의해 사회적으로 비난을 받게 만들며 오히려 권력의 정당성을 부여해 주는가에 대해 마지막의 비극으로 보여준다.

3) 폭력을 제압하는 폭력

 주인공 신도는 친구의 억울한 구속을 위해 계속 담당 형사를 찾아가지만, 형사가 마을이 개발된다는 데에 반대한 호텔 주인을 이해하지 못하고 건설회사만을 두둔한다. 이에 대해 주인공은 형사와 건설회사와의 관계에 대해서 의심하고 알아내려고 한다. 주인공 신도는 친구가 억울하게 잡혀가 있다고 생각하며 도쿠타(德田) 형사를 찾아가지만 경찰의 입장은 다음과 같다.

S# 12 경찰서·접수
중략
도쿠타 : 상처 이상의 쇼크였지요. 시타야마(下山)사람들은. 시타야마 건설은 황폐해진 다마리의 장래를 생각해서, 전 구획을 사려고 하는 중인데. 그것도 시세 2배의 돈으로, 주민이 이전할 곳도 잘 살펴보고 있지요. 요즘 이런 사정을 봐 주는 회사는 없소. 이런 회사사람들에게 마음껏 일할 수 있게 하기 위해서라도 야만인 같은 남자를 방임할 수 없지.
중략
신 도 : 사카구치가 시타야마 건설회사에서 칼을 휘두를 때, 우연히 지나가는 길이였다고 하던데요. 도쿠타 씨.
도쿠타 : …세상이란 … 우연, 우연 …으로 성립되지.
신 도 : 그다지 익숙하지도 않는 것을 말하는 것은 안하는 편이 좋지 않을까?
도쿠타 : (격노) 돌아가!
신 도 : 우연도, 만들어 낸 우연이라면 정도가 심한 연극이지.[136]

위와 같이 건설회사는 형사와 손을 잡고 개인의 폭력을 철저히 방어하면서 지역을 관리하려는 것을 알 수 있다. 이는 국가가 사적 폭력을 통제하고 외세의 침입을 방어하여 주민들의 안전을 책임진다는 점에서 정당성

---

136) 丸山昇一, 앞의 책, 1985, 51~52쪽.

을 갖는 '권력'이기도 하고, 권력에 대항하거나 일탈하는 주민들에게 법의 이름으로 공적인 폭력을 행사할 수 있는 권리는 갖는다는 점에서 '폭력'이 기도 하다. [137]

이미 손을 쓸 수 없을 정도로 오키나와의 개발은 추진되고 있으며, 오키나와의 다마리 지역은 옛 모습으로 이젠 살아남기 힘들다는 것을 암시한다. 이러한 권력과 자본은 호텔 주인인 사카구치를 폭력적으로 몰아가며 그 실체를 감춘다. 이러한 대립구도는 최양일이 "저항하는 남자는 압도적인 대가주의, 돈으로 살 수 없는 것은 없다는 소비문명으로 무장한 도시에 패배해 가는 지역 사람들을 결코 비난하지는 않는다. 시대에 대항해야 하는 것은 개체의 문제이며, 통일전선의 형해화 된 물질주의는 아닌 것이다."[138] 라고 언급하듯이 사카구치의 저항은 자본에 의해 침투되어 가는 오키나와인의 저항이라고 볼 수 있다.

신도의 친구 덕분에 주인공 사카구치는 석방된다. 신도와 아들은 사카구치를 호텔에서 떨어진 삼거리 교차점 도로에서 기다린다. 아래 길에서 경찰차를 타고 오는 사카구치는 차에서 내리고 친구 신도를 보고 아들 류타를 바라본다. 그리고 윗길에서 내려오는 건설회사 회장을 향해 걸어간다. 카메라는 삼거리를 중심으로 삼각구도에 맞추어 석방된 호텔사장, 건설회사 회장, 아들을 긴장감과 함께 번갈아 보여준다. 사카구치가 양복 주머니에서 뭔가를 꺼내려 할 때 회장은 총이라 생각하고 사카구치를 자신이 준비한 총으로 쏜다. 사카구치가 쓰러지면서 주머니에서는 레몬이 굴러 나왔다. 그 레몬은 친구 신도가 항상 먹던 것이다. 아들에게 신도가 권할 때는 먹지 않았으나, 아들은 그 레몬을 먹으며 아버지를 바라본다. 사카구

---

[137] 김정환, 「폭력과 저항 : 발리바르와 지젝」, 『사회와 철학』, 사회와 철학 연구회 논문집 제21집, 2011, 364쪽.
[138] 崔洋一ほか, 앞의 책, 1994, 18쪽.

치는 죽는다. 그 광경을 지켜 본 신도는 아들만 남겨 둔 채 떠난다. 신도는 처음 왔을 때보다 더 비정하고 씁쓸하게 아무 말 없이 떠난다.

권력을 향한 개인의 폭력은 조용히 진압되고 사카구치를 석방을 위해 노력했던 신도와 호텔 사람들은 무기력해지면서 권력 안에 갇혀지게 됨을 알 수 있다. 이러한 신도의 허무함은 오키나와인이 자신들이 살아가는 지역에 일본 본토의 건설회사의 침입으로 계속적인 개발을 억제할 수 없게 되는 것과 비슷하다고 할 수 있겠다.

최양일은 이 영화에서는 다른 마이너리티 영화와 달리 투쟁을 하였지만 획득하지 못한 데에 대한 절망과 체념에 젖어들게 하는 영화이다. 그 당시 최양일이 바라보는 오키나와에 대한 인식이 그러하였을 것이다. 최양일은 오키나와의 이야기를 〈친구여, 조용히 잠들라〉라는 작품으로 시작하였다. 그는 오키나와가 일본 본토복귀 후, 본토의 정책으로 관광을 적극적으로 개발하게 된 점을 직시하였다. 최양일이 재현한 오키나와인의 주관적 폭력은 권력에 대한 저항으로서 구조적 폭력이 원인임을 알 수 있다.

3. 미군기지 속의 마이너리티 − 〈A사인 데이즈〉

세계 2차 대전 때 오키나와는 일본과 미국이 격렬한 지상전을 펼쳤던 장소이자 일본 영토 내에서 유일한 대규모 전투를 하였던 곳이다. 이러한 오키나와전에서는 군인보다 훨씬 많은 수의 민간인이 희생되었고, 결국 본토 결전은 일어나지 않았고, 히로시마(広島)와 나가사키(長崎) 원폭투하 그리고 소련의 참전으로 일본은 포츠담 선언을 수락하고 연합국에 항복하였다.[139] 그 후, 오키나와는 미군의 지배를 받게 되었으며 일본으로 미군이 주둔되지 않도록 방파제 역할을 하였다. 동시에 오키나와전에 의한 주민의 잔상은 아직도 트라우마로 남아 있으며 현재까지도 미군 기지와의 문제는 계속 해결되고 있지 않다.

오키나와에 대한 미군 지배의 결과, 미국문화는 오키나와인들의 생활과 문화를 변화시키고, 혼종문화를 탄생시켰다. 이러한 문화에 대해 강상중·요시미 슌야는 "기지로부터 흘러나온 음악문화와 식생활, 미국유학제도는 이런 아메리카주의의 직접적인 증거라고 할 수 있을지도 모른다. 그러나 전후 오키나와의 문화에서 미국 문화의 영향은 '단기적이고 표충적인' 것에 그쳤다는 견해도 있다. 그러나 두 견해 모두 오키나와 속의 '미국'을 지나치게 단순화시킨 것이다. 전후 오키나와가 미국 문화와 조우한 것은 우선 무엇보다도 토지접수와 폭력, 매춘, 기지노동이라는 강제적 관계에서 시작되었기 때문에, 이 초기 조건으로부터 출발해서 혼성적인 문화의 위치까지 생각할 필요가 있다."140)고 설명하듯 미국에 의한 강제적 폭력들로 인해 오키나와인들이 마이너리티로 존재할 수밖에 없었고 강자 대 약자라는 구도 속에서 또 다른 희생을 강요당하고 있다는 점을 지적하고 있다.

최양일은 오키나와 마이너리티의 문제를 직시하고 기지촌의 이야기를 풀어나가기 시작한다. 이에 구체적으로 언급한 나카자토 이사오는 "최양일 감독의 〈A사인 데이즈〉는 그러한 갈등을 안고 있는 미국과의 접촉을 혼혈 록 가수의 삶을 통해 그려냈다. 거기에는 '일본'에 받아들여지기를 원했던 '일본 복귀 운동'의 집단적 열광에서는 볼 수 없는 사람들의 모습이 그려진다. 최양일 감독은 〈친구여 조용히 잠들라〉와 도에이 V시네마 〈습격〉에서도 미군 기지와의 접점 지대(contact zone)에 주목했다."141)라고 하면서 최양일의

---

139) 아라사키 모리테루 저, 정영신·미야우치 아키오 역, 앞의 책, 2008, 21쪽.
140) 강상중·요시미 슌야 저, 임성모·김경원 역, 『세계화의 원근법』, 이산, 2004, 215쪽.
141) 나카자토 이사오, 「오키나와 영화의 '로컬리티'와 일본화, 미국화 문제」, 『오키나와 영화, 오키나와 아이덴티티』, 한국영상자료원, 2009, 121쪽.

오키나와의 미국화에 대한 시선을 "오키나와를 점유하는 미국은 일본 본토와 같이 기지 울타리의 그물망을 통해 서서히 '침투'하는 이미지와는 달리 폭력적인 '침입'에 가까웠다."142)라는 점을 부각시킨 관점으로 보고 있다. 이러한 폭력적인 '침입'이 최양일에게는 어떻게 보였으며, 그 나름대로 영화적 재현을 어떻게 하고자 하였는지를 다음의 장면에서 살펴 볼 수 있다.

〈그림 19〉〈친구여, 조용히 잠들라〉의 시작 부분에서 도쿄(東京)에서 주인공이 오키나와로 들어오는 장면

〈그림 20〉〈돼지의 보은〉의 배경이 되는 오키나와의 작은 섬에 있는 '코카콜라'의 광고 간판

---

142) 위의 책, 121쪽.

〈그림 19〉는 〈친구여, 조용히 잠들라〉의 시작장면으로 도쿄(東京)에서 주인공이 오키나와로 들어오는 장면을 나타내고 있다. 이 첫 장면은 길게 주행하고 있는 미군 군용차량들과 주인공의 차가 교차되는 것을 볼 수 있다. 또한 〈그림 20〉은 〈돼지의 보은〉의 배경이 되는 오키나와의 작은 섬에 있는 '코카콜라'의 광고 간판을 담은 장면으로 오키나와 속의 미국 문화를 상징적으로 알리고 있다.

최양일의 이러한 공간적 재현은 오키나와인이 미군이라는 통치라는 폭력 하에서 마이너리티로 살아가는 삶을 어떻게 알리고자 하였는지를 살펴보고자 한다.

1) 미군기지로 창출된 'A'사인 클럽의 공간

현재까지도 오키나와에서는 미군기지 이전 문제나 미군 성폭행 사건과 같이 미군으로 인한 오키나와의 주민들의 피해는 끊임없이 일어나고 있다. 이러한 오키나와의 미군 주둔과 오키나와 주민들의 저항은 1940년대로 거슬러 올라가야 한다. 오키나와는 완전히 배제된 채 일본과 미국이라는 두 제국들의 침입으로 인한 오키나와의 피해는 현재도 미군기지를 통해서 계속 진행되고 있다.

오키나와에서 기지의 건설과 확장은 제2차 세계대전 말기에 일본군에 의해 일차적으로 이루어졌다. 이때 건설된 기지는 주로 항공기지와 임시로 건설된 진지가 중심이었다. 오키나와전과 '전시점령기'에 미군에 의해 이루어진 두 번째의 기지화 과정은 농민들의 토지에 대한 무차별적인 수탈의 과정이었다. 한국전쟁의 종전과 더불어 1950년대에 걸쳐 이루어진 세 번째의 기지화 과정은 '섬 전체 투쟁'이라는 오키나와 주민들의 강력한 저항에 직면하였다. 이후 미일 양국은

> 1960년의 안보개정과 오키나와 반환을 전후한 시기에 미군기지의 재편·합리화 정책을 통해 일본 본토의 미군기지를 축소하는 것과 동시에 오키나와 기지 기능의 강화를 도모한다. 즉, 대규모의 미군주둔으로 인해 본토에서 생길 수 있는 여러 정치적 문제들을 회피하기 위해 오키나와를 희생시킨 것이었다.[143]

위와 같이 전후 오키나와에서 구축된 미군 기지는 새로운 오키나와 문화를 창출해 나갔다. 오키나와는 중심부를 미군 기지로 빼앗기고 주변부에서 그들의 기득권을 잃어버린 채 미군과 공생하기 시작하였다.

미군에 의한 본격적인 지배 체제로 들어가면서 1950년, 오키나와 당국은 시민의 고용, 재정, 상업에 의한 지역진흥 측면에서 미군지기에 의존할 수밖에 없다는 것을 간파하고, 미군의 협력 하에 '비즈니스 센터'라고 칭하는 상업 지구를 세웠다.[144] 그리고 미군 측은 개별 병사의 위생과 건강이 군의 사기와 전략에 관련이 있다는 판단 하에 1962년경부터는 미군이나 군부대 소속을 상대로 영업하는 상가들은 위생 시설 기준에 준할 수 있도록 허가증을 발급받도록 하였다. 그 허가증이란 'A'사인을 일컬으며, 'APPROVED'(허가제)라는 머리글자인 'A'라는 마크로 표시되었다. 'A'사인은 법으로 공포되었으며 기준을 엄수하지 않으면 A사인을 회수하였다.[145] 따라서 'A'사인은 오키나와가 1972년 본토 복귀전까지 술집점포인 클럽, 라이브하우스 뿐만 아니라 모든 음식점에 그 효력을 과시했다. 이와 같이 오키나와에서 유흥업소는 미군의 주둔과 함께 미국의 통치를 받는 공간의 폭력성이 내재되어 있음을 알

---

143) 정영신, 「오키나와(沖繩)의 기지화·군사화에 관한 연구—기지 건설·확장과 반환의 역사적 과정을 중심으로」, 『사회와 역사』 제37집, 한국사회사학회, 2007, 184쪽.
144) 波平勇夫, 「戰後沖縄都市の形成と展開」, 『沖縄国際大学総合学術研究紀要』 9(2), 2006, 32쪽.
145) 전경수, 「오키나와 기지촌의 형성과 미군-주민 관계」, 『기지의 섬, 오키나와 : 현실과 운동』, 논형, 2008, 309~316쪽.

수 있다.

　최양일은 영화 시작부분에 당시 발급된 A사인 허가증을 클로즈업으로 설명된 자막과 함께 자세히 보여준다. 이 프레임은 서사구조의 핵심을 알려주는 창으로서 이야기 전개를 이끌어가는 상징적 역할을 하고 있다. 최양일의 〈A사인 데이즈〉는 제2차 세계대전 이후 현재의 오키나와에 이르기까지 '미군'이 문화의 한부분이 되어 버린 채 오키나와인과 공존하고 있다는 점에 초점을 맞추어 오키나와의 고단한 현대사를 생각하게 만든다. 이 영화는 1989년에 제작되었으나 이야기 배경은 1968년부터 1975년까지의 오키나와현의 고자시(コザ市)의 클럽으로 설정되어 있다. 그 당시는 베트남 전쟁이 한창이었고, 오키나와는 베트남 파병을 기다리는 미군기지의 역할을 하고 있었다. 전쟁이 점점 장기화 되고 그에 따른 희생자들이 계속 늘어나면서 미군은 쌓여 가는 공포와 불안의 압박을 술, 마약, 여자, 노래로 위로받았고 이러한 고자시의 환락가들은 우후죽순으로 늘어갔다. 따라서 지금 오키나와시의 옛 명칭인 고자시는 '기지촌(基地の町)'이라는 별칭으로 불려졌으며, 미군기지와는 불가분 관계로 발전해 갔다. 이로써 고자시는 기지촌 특유의 문화를 형성해 가기 시작하였으며 그 문화는 주로 미군을 위로하고 격려하는 록음악을 중심으로 발전하였다.

　최양일은 이러한 'A사인'이라는 상징을 통해서 오키나와에서의 미군과 관련된 문제를 풀어가기 시작하였다. 이 영화는 1960~1970년대 베트남 전쟁이 한창이었을 때, 미군 전용 클럽에서 연주를 하는 오키나와인 록 가수 기얀 사치오(喜屋武幸雄)와 마리(マリー) 부부를 모델로 한 실화소설인 『기얀 마리의 청춘(喜屋武マリーの青春)』(1986)을 원작으로 한 작품이다.

　최양일은 재일코리안에 대해서도 그러하듯 오키나와와 일본 본토와의 관계에 대한 이야기를 무겁게 다루거나 저항적으로 이야기하지 않는다. 다만, 그는 'A사인' 클럽이라는 공간적 재현을 오키나와임에도 불구하고 미군의 허가를 받아야 영업을 할 수 있다는 점에서 오키나와 현실에 대한 상징적 표상으로 이야기한다.

'A'사인 클럽은 오키나와인들이 미군을 위해 위로하는 유흥음식점이지만, 오키나와 밴드들에게는 미군을 상대로 돈을 벌 수 있는 곳이다. 그리고 록 가수라는 꿈을 키우는 발판이 되기도 한다. 최양일은 공간의 폭력성과 이러한 관점에서 재현된 헤테로토피아를 대조적으로 보여주었다.

'A'사인 클럽에서는 오키나와인이 미군을 위한 노래와 화려한 유흥을 즐기지만 서로에 대한 반감이 존재하는 긴장과 싸움이 끊이지 않고 일어난다. 'A'사인 클럽은 오키나와 밴드들에게는 노래를 부르고 돈을 버는 장소이지만, 미군주둔 자체에 대한 반감으로 인하여 미군들과의 시비와 싸움을 일삼는 공간이다. 반면에 'A'사인 클럽은 미군들에게는 베트남 전쟁의 파병이라는 불안감을 폭력으로 표출하는 공간이 되기도 한다. 최양일은 영화를 통하여 미군과 오키나와인의 감정을 표현하고자 했다. 그는 미군이 전쟁에 대한 불안한 마음을 오키나와인들에게 폭력을 행사하는 것으로 재현하였다. 그리고 미군의 이러한 폭력은 오키나와인들을 더 자극하면서 현재까지도 풀리지 않는 문제로 남아 있다. 최양일은 미군의 주관적 폭력은 미국의 베트남 파병이라는 전쟁 속에서 발생되는 것이며, 오키나와는 전장이 아님에도 불구하고 기지주둔의 이유로 이러한 피해들이 속출하고 있다는 구조적 폭력에 기인하고 있음을 보여주고자 하였다.

S# 60 라이브하우스『BASTARDS』, 점포 내
   중략
스티브 : 믿을 수 없어. 저 녀석마저 죽었단 말이야. 나의 전우가 똥을 지리면서 모두 죽었다구. 믿을 수가 없어……
사치오 : 그것이 전쟁이라는 것이야. 죽은 놈이 있으면 살아남는 놈도 있지.

스티브 : 그런가 …… 알았어.
사치오 : 정말?
스티브 : 난 괜찮아.
사치오 : OK, 잘 가.
스티브와 사치오는 웃고, 서로 악수.
스티브, 자리에 일어나, 바지 아래에서 군용 칼을 꺼내며 번쩍임.
스티브 : 모두 죽었어!
라고 칼을 휘두른다.146)

여기에서 'A'사인 클럽이라는 공간적 재현은 노래하고 위로하는 유흥의 공간이 아닌 미군의 예감할 수 없는 무모한 폭력으로 난무해간다. 이는 미군이 전쟁에 대한 두려움을 오키나와인들에게 분출하는 것으로 미국의 국가 폭력이 오키나와인에게 향한 것이라 볼 수 있다. 그러나 최양일은 'A'사인 클럽에서 미군을 위해 노래하는 오키나와 밴드들이 미군의 무모한 폭력과 맞서서 미군을 조롱하다가 싸우거나 같이 술 마시다 싸우는 폭력을 반복하여 보여준다. 그리고 그는 'A'사인 클럽에서 오키나와 밴드의 주관적 폭력은 미국의 구조적 폭력에 대한 저항으로 마이너리티의 폭력성이 발생하게 되는 원인들을 말하고자 한다. 최양일은 오키나와 밴드들과 미군들의 폭력성 뒤에는 미국의 구조적 폭력이 드리워져 있다는 것을 'A'사인 클럽이라는 공간을 통해 의미를 함축하고 있다.

2) 혼종된 새로운 문화

오키나와는 미군의 주둔으로 미국 통치하에 있으면서 다소 경제적 혜택

---

146) 齋藤博, 「Aサインデイズ」, 『'89年鑑代表シナリオ集』, 映人社, 1990, 206쪽. 이하 시나리오의 인용은 이 책에 의한다.

을 누릴 수 있었지만, 이러한 경제적 혜택은 미군을 상대로 하는 술집이나 유흥업소들이 대부분이라 할 수 있다. 이러한 곳에서 창출된 문화는 미군과 오키나와라는 혼종된 문화라 할 수 있다.

미군이라는 남성을 상징으로 지배와 정복의 의미로 본다면 오키나와는 여성을 상징으로 식민과 복종을 의미할 수도 있다. 이렇듯 미군의 병사 아버지와 오키나와인 어머니 사이에서 대부분 혼혈아가 태어났다. 혼혈아 역시 기지 문제의 범주에 속하는 것으로서 앞에서 언급한 오키나와, 일본본토, 미국의 복잡한 상관관계를 상징하는 경우라고 할 수 있다.[147] 이는 단적으로 말하면 혼혈은 오키나와가 미국에 의해 식민지화 되었다는 것을 상징적으로 의미한다.

혼종된 문화는 미군을 대상으로 하는 음식부터 오락시설, 유흥업소 등에 이르기까지 마치 혼혈아가 태어나듯이 미국적인 오키나와 문화가 새롭게 탄생되었다. 최양일은 대표적인 혼종적인 문화로서 오키나와 록을 주시한다. 미국에서는 사회의 저항으로 시작된 록음악이 오키나와에서는 오직 미군을 위한 쇼로서 행해지는 음악으로 발전한다. 최양일은 이러한 록음악의 본질이 사라진 채 미군을 위로하는 음악으로 전락하는 것에 대한 애한을 사치오라는 주인공을 통해 재현해 간다. 그는 등장인물들의 관계에서 내적으로는 혼혈인 에리와 오키나와인 엄마와의 관계, 에리와 오키나와인 남편 사치오와의 관계를, 외적으로는 변화해가는 오키나와에 대해 갈등하는 사치오를 통해서 오키나와인이 마이너리티로 어떻게 갈등하고 분열하며 진화해 가는지에 대해 말하고자 한다. 다음에서는 최양일은 이러한 혼혈 문화를 어떻게 재현해 가는지에 대해 구체적으로 살펴보겠다.

---

147) 조정민, 「로컬리티 기호로서 혼혈아-오키나와 아메라시안(Amerasian)의 경우-」, 『동북아문화연구』 제34집, 동북아시아문화학회, 2013, 366쪽.

(1) 혼혈아 '에리'의 상징

최양일은 'A'사인 클럽을 당시 오키나와의 함축적 문화코드로 잘 읽어냈다. 원작은 사치오와 에리의 삶을 각 장에 유년기부터 일대기로 회고록처럼 전개하며, 그들이 오키나와에서 살아가는 이유나 정체성에 대해 자세히 이야기하고 있다. 그에 반해 영화는 이미 성인이 된 후의 갈등에 초점을 맞추어 이야기 한다. 이 영화의 대부분이 'A'사인 클럽에서 이야기가 전개되는데 최양일의 이러한 설정은 그 당시 오키나와의 모습에 대한 축소판으로 해석되며, 'A'사인 허가는 오키나와의 미군통치를 의미한다고 볼 수 있다.

오키나와는 미군통치하에 베트남 전쟁의 군사기지로서 이용되면서 1975년 베트남 전쟁이 끝나기 전인 1972년에 일본으로 복귀를 하게 된다. 오키나와인이 짧지 않은 기간 동안에 겪어야 하는 혼란은 그들의 정체성에도 크게 영향을 주었다고 볼 수 있다. 왜냐하면 정체성은 혈통이나 문화, 귀속의식 등이 기반을 이루지만, 국가의 제도적 틀이 매우 중대한 조건으로 작용하기 때문이다.[148]

오키나와는 일본의 패전과 함께 미군(미국)이라는 새로운 변수가 개입되면서, 일본인이면서 일본인이 아닌 존재, 그렇디고 미국인도 아닌 그 어느 쪽에도 속하지 않은 '경계'의 위치에서 자신의 정체성을 확보해야 했던 시기에 특히 부각되어 나타난다.[149] 최양일은 이러한 시대적 재현을 위한 표상으로서 혼혈인 에리와 오키나와인 사치오를 통해 보여주고 있다.

요모타 이누히코는 "연출하는 최양일의 손놀림에는 가도카와(角川) 영화

---

148) 한영혜, 「다민족·다문화 일본과 정체성의 재구축」, 『다문화 사회 일본과 정체성 정치』, 서울대학교 출판문화원, 2010, 325쪽.
149) 손지연, 「오키나와 공동체 구상과 여성의 섹슈얼리티 : 일본'복귀' 전후 오시로 다쓰히로 텍스트를 중심으로」 耽羅文化 49호, 제주대 탐라문화연구소, 2015, 8쪽.

사 시절보다도 확신이 느껴지고, 그가 지향하는 바에 점점 접근해가고 있음을 보여준다. 그것은 단적으로 말해서, 어떠한 공동체에도 속할 수 없는 마이너리티의 행방이라는 주제이다."150)라고 하였다. 이는 마이너리티로서의 오키나와인들에 대해 최양일이 구체적인 과거의 역사를 환기시키면서 탐구하고 있다는 것을 알 수 있다.

주인공 에리가 혼혈이라는 점은 오키나와인의 혼성적인 문화 위치의 표상이라 볼 수 있다. 즉 오키나와인들은 미군통치로 인해 미국문화가 침투되었고 그들과 함께 공존해야 했다. 이는 전후 오키나와에서 미국문화의 침투는 토지접수와 폭력, 매춘, 기지운동이라는 강제적 관계에서 시작되었기 때문에 이러한 조건에서 출발한 혼성적인 문화위치151)는 에리가 오키나와인 엄마와 미군 사이에서 태어난 혼혈아라는 사회적 위치를 가늠하게 한다.

원작에서 에리는 어렸을 때부터 "태어나지 말았어야 했는데"라는 할머니의 이야기나 "미국으로 돌아가"라는 동네 아이들의 놀림을 들어왔고, 그 말들이 항상 에리를 짓누르고 있었다. 에리의 부모에 대한 기억은 이탈리아계 미군이었던 아버지가 한국전쟁에서 전사했기에 한 번도 만나 본적이 없고, 가끔씩 진한 향수 냄새를 풍기며 집에 오는 엄마만을 바라보며 자랐다는 것뿐이다. 따라서 에리는 16세 때에 결혼하여 그 다음해에 아들을 낳고 호적등록을 할 때 "결혼해서 아이를 낳고서야 호적상으로 처음으로 자기가 정당한 위치에 있을 수 있다고 느꼈다."152)고 한다. 에리는 어디에도 속하지 못한 자신의 행방을 아직 성인이 되기도 전에 많은 그늘과 경험 속에서 느끼며 방황한 것이다.

영화에서는 이러한 유년 시절의 에리는 생략되고, 16세의 에리가 찻집에

---

150) 요모타 이누히코 저, 강태웅 역, 앞의 책, 2011, 201쪽.
151) 강상중・요시미 슌야 저, 임성모・김경원 역, 앞의 책, 2004, 215쪽.
152) 利根川裕, 『喜屋武マリーの靑春』, 南想社, 1986, 86쪽.

서 일을 하면서 록음악을 듣고 가수의 꿈을 키워가는 소녀의 모습으로 그려진다. 에리는 자신을 품어주지 못한 엄마에 대한 불만으로 가득하고, 엄마 다카코는 미국인과 재혼하여 에리의 혼혈에 대한 열등감을 극복하기 위해 에리도 같이 미국으로 가야한다고 생각한다. 하지만 에리는 엄마와 다르게 미국에 대한 동경도 없고 가려고 하지도 않는다. 다음의 장면에서 에리와 엄마는 모두 어느 나라에도 속하지 못한 채 마이너리티로 살아가고 있는 모습이 그려지고 있다.

S#5 에리의 아파트
중략
다카코 : 드디어 미국에 간다.
에 리 : 그래서?
다카코 : 그래서라니? 에리 네 것도 에어아메리카 표 끊었다니깐.
에 리 : 다카코 씨랑 리차드 씨 부부랑 나는 상관없잖아.
다카코 : 이런 곳에, 너만 혼자 두고 못 가.
에 리 : 이런 곳이라니, 다카코 씨는 어디사람이야?
다카코 : 너야말로, 어디사람이라고 생각하는데?
에 리 : ……
나카코 : 미국에 가면 니 같은 아이들이 많이 있단다.
에 리 : 미국, 미국, 미국, 어디가 좋아?[153]

엄마는 에리가 오키나와에서 혼혈인 마이너리티로 생각하지만, 에리는 스스로 마이너리티라 생각하며 갈등하지 않는다. 에리는 미국에 가고 싶어 하지 않고 아빠를 그리워하지도 않으며 오키나와에서 이대로 살고 싶어 한다.

---

153) 斎藤博, 앞의 책, 1990, 190쪽.

이러한 갈등의 구조는 전쟁 이전 세대인 엄마와 에리의 오키나와 사회의 체험이 달라졌다는 것을 말해 준다. 원작에서는 유년 시절의 심한 놀림이나 혼혈에 대한 부끄러움에 에리가 힘들어 하는 모습이 자세히 묘사되지만, 영화에서는 엄마가 생각한 만큼 자신이 혼혈아라는 것에 대한 이질감 없이 오키나와에서 살아가고 싶어 하는 것을 보여준다. 영화에 나타난 최양일의 시선은 일본이나 미국의 통치로 억압과 차별이 일상에 묻혀 있는 오키나와를 벗어나려는 엄마와, 나고 자란 오키나와에서 살아가려는 에리의 모습을 대조적으로 보여준다.

최양일은 에리와 다카코를 통하여 오키나와인의 정체성을 세대 간의 갈등으로 그려냈다. 일본사회에서 마이너리티로 살아가는 재일코리안 사회에서 고국으로 돌아가고자 하는 1세대와, 일본에서 정주하여 살아가고자 하는 2세대의 모습으로 그리는 것과 비슷한 관점이다. 이 영화에서 간접적으로 이미 혼혈아에 대한 오키나와인의 세대 인식의 변화가 받아들여지고 있으며, 이러한 변화는 국가나 인종에 의해 좌우되기보다는 개별적 사고의 차이가 존재하고 있음을 짐작할 수 있다.

다시 말해 마사오 미요시가 "국민국가와 사고와의 사이에는 일대일의 관계 같은 것은 존재할 리가 없다. 계급, 인종, 성별에 직면함과 동시에 초월해야 한다고 생각하지만, 국가, 문화 등도 인식함과 동시에 초월해야만 하지 않을까?"[154]라고 했듯이 오키나와인들의 정체성에 대한 생각은 하나가 아닌 각기 다른 다양성을 말하고자 하였다.

사치오는 미군을 상대로 노래를 하지만 자신이 오키나와인이라는 정체성 인식을 저버리지 않고 갈등을 하며, 이는 에리가 미국으로 가서 함께

---

154) 마사오 미요시, 「개인에도 국가에도 단수의 아이덴티티는 존재하지 않는다. 영화에서 보이는 오키나와」, 『오키나와 영화, 오키나와 아이덴티티』, 한국영상자료원, 2009, 29쪽.

살기를 바라는 엄마 다카코와는 대조를 이룬다. 오키나와가 지속되기를 바라는 오키나와인 사치오와 미국으로 가서 사는 것이 더 바람직하다고 생각하는 오키나와인 다카코는, 오히려 어디에도 속할 수 없는 마이너리티로서의 에리 모습을 더욱 부각시켜준다.

오키나와의 역사적 변천과 주변의 국가 정세의 변화에 따라 오키나와인들의 의식도 격렬하게 변화되어 가고 있다는 것을 말하고 있으며, 마이너리티의 모습들도 다양하다는 것을 각각의 삶들 속에서 보여주고 있다. 이는 오키나와인의 의식변화가 문화나 사상의 문제로 존재하는 것이 아니라 자기존재에 일상적이고 근원적으로 연관된 문제들과 씨름하여 얻어낸 삶이기 때문이다.[155]

위와 같은 발상은 최양일이 청소년시기부터 생각해 왔던 '재일문학의 개인적 욕망은 결여'에 대한 사유가 이 영화의 에리를 통해 반영되고 있음을 알 수 있다. 최양일은 마이너리티의 존재가 집단적 정체성으로서 인식해버린 주류 사회를 향해 마이너리티도 개개인의 꿈과 욕망을 위한 삶을 지향하고 있다는 것을 나타내고자 하였다.

(2) 오키나와의 '록'의 표상

미국에서 록 음악은 1950년대 초, 당시 젊은이들의 반사회적인 움직임과 함께 기존의 음악과 다른 시도로 탄생되었다. 제2차 세계대전 이전까지 미국 음악은 유럽식 음악 관습들에 의해 지배되었다가, 전후 미국사회가 문화적 공백, 사회적 경직성, 그리고 보수주의적 성향을 띠면서 미국적 삶의 방식을 위한 '미국적 가치'라는 무자비한 선전선동에 직면하게 되자 십대들을 비롯한 젊은이들이 사회와 '저항'으로 부딪히게 되었다.[156] 이러한 저

---

155) 강상중·요시미 슌야 저, 임성모·김경원 역, 앞의 책, 2004, 223쪽.

항은 '록'이라는 음악의 표출로 나타났으며, 미국의 젊은이들은 열광적인 리듬의 록 음악에서 자신들의 삶의 본질을 찾았다. 당시 이러한 록 음악의 구체적인 표현은 엘비스 프레슬리(Elvis Presly)와 같은 가수 등을 통해서 세계적으로 퍼져 나갔다. 그리고 미국의 록음악은 오키나와의 미군기지를 통하여 오키나와에 들어왔다.

다만 미국의 록음악은 사회에 저항하는 젊은이들이 대상이었다면, 오키나와의 록음악은 미군을 대상으로 하는 오키나와인들의 쇼였다는 점이다. 이에 대해 원작에서는 "오키나와 록음악은 기지를 모태로 탄생되어 기지를 양분으로 자랐다. 기지라고 하는 특수조건 안에서 키워 온 오키나와 록은 이러한 혼혈성을 지니고 있다."[157]라고 오키나와의 록의 특수성을 언급한다. 그리고 1960년대 말부터 1970년대 초에 걸친 오키나와 록의 발전은 동시대 베트남 전쟁의 확대와 연동되어 있었다고 볼 수 있으며, 'A'사인 클럽의 번창이 오키나와 록과 베트남 전쟁을 연결시켰던 셈이 된 것이다.[158]

에리의 실제모델인 기얀 마리는 이 영화를 보고 난 뒤 인터뷰에서 "오키나와 록은 원래 미국을 향하는 '무기'로서 탄생된 거죠. 그래서 이미 대결했지요. 무대도 전쟁터였지요."[159]라며 오키나와 록에 대해 단적으로 표현하였다. 이는 영화에서 지속적으로 보여주는 밴드들과 미군의 싸움장면에 어떠한 의미를 주는지에 대해 알 수 있다. 그리고 베트남 전쟁이 고조되면서 미군의 불안은 커지며 밴드도 이러한 긴장 속에서 새로운 음악을 요구받게 된다.

그러나 사치오는 록의 새로운 변화를 거부하며, 음악이 시대와 함께 변

---

156) 피터 비케 저, 남정우 역, 『록음악』, 예솔, 2010, 67~101쪽. 참조.
157) 利根川裕, 앞의 책, 1986, 141쪽.
158) 강상중·요시미 슌야 저, 임성모·김경원 역, 앞의 책, 2004, 215쪽.
159) 増沢一彦, 「沖縄ロックの女王, 喜屋武マリー」『読売新聞』, 1989. 8. 6.

해가는 데에 순응하지 못하고 음악을 그만 둔다. 다음 장면에서 영어와 일어가 섞여진 밴드 멤버들과 사치오는 일본에도 미국에도 귀속될 수 없는 모습을 보이지만, 밴드 멤버들과 사치오는 각자 자신들의 음악에 대한 갈등을 보이며 나름대로 변화를 위한 시도를 하고 있음을 보여준다.

S#55 클럽 『NEW STAR』
에 리 : 좋지 않아? 나는 좋았어.
사치오 : 어디가?
에 리 : 우리들에게 없는, 사운드.
사치오 : 우리들에게 없는 사운드? 10년 빠른 거 아냐? 입이.
에 리 : ……
미 키 : 10년 빨라도 좋지 않아?
사치오 : 뭐가?
   중략
사치오 : 나는 인정할 수 없어. 이 녀석. NO GOOD!
에 리 : 고리타분하네.
사치오 : 뭐가?
미 키 : 에리는 성장했는데. 스톱 더 뮤직, 사치오, 너는 정체상태야.160)

사치오는 밴드멤버들과 음악에 대한 갈등을 하다가 결국은 밴드를 그만 둔다. 사치오는 시간이 지난 뒤 에리와 동료들의 권유로 자신이 즐겼던 음악을 다시 시작하기로 하지만, 결국 이러한 흐름에 자신은 밴드의 리더 자리를 내려놓는다. 사치오는 급속하게 변해가는 오키나와의 정세변화에 대한 대립에 따른 마이너리티로서 모습을 보여준다. 최양일은 이렇게 변해가는 록뮤직에 대해 다음과 같이 말했다. "베트남으로 출병하는 미군 상대로

---

160) 斎藤博, 앞의 책, 1990, 204쪽.

하는 쇼는 돈만 된다면 결국 미국이라는 위대한 환영의 복사본이다. 능숙하면 능숙할수록 록은 록이 아니고 단지 구경거리가 되어간다."161) 최양일은 이러한 사치오의 음악에 대한 자세를 오키나와가 미군 통치하에서 일본으로 반환되면서 오키나와인들의 정체성을 유지하고 싶어 하는 마음과 본토 복귀에 대한 반감으로 이야기하고 싶어 한다.

영화의 마지막 장면에서 사치오는 거울에 비친 자신의 모습을 보고 "안녕! 재수 없는 로큰롤 맨"이라 말한다. 그동안 젊음을 록에 바친 사치오는 이러한 결론으로 음악을 이야기한다. 이에 대해 최양일의 이야기로 대신하면 "음악이 기술적으로 고도로 발전하면 할수록, 그 음악은 허무하고, 다만 소비된 후 사라져버린다. 밴드의 변천은 그 점을 말해준다. 없어졌다가 생기고, 또 없어졌다가 유행을 타고 끈질기게 되살아난다. 미국을 동경하고 미국 병사들이 던져주는 돈으로 살아가면서 감정의 역류로 미국을 미워한다."라는 감정이라 할 수 있다.

그리고 그는 "이러한 이중성은 일본, 도쿄에서는 이해할 수 없다. 멀리 떨어진 오키나와는 나에게는 '이국'이며, 해방감을 떠올리는 '공동체'이다."162)라고 덧붙였으며, 이러한 사고는 최양일 자신이 마이너리티로 살아가면서 영화를 통해 그러한 감성을 오키나와인들과 공유하는 이유로 해석될 수 있다. 또한 그는 "〈A사인 데이즈〉는 록 뮤지션의 청춘이야기를 가장한 내 인생에서의 의리와 인정에 관한 이야기이다."163)라고 했듯이, 사치오에게 자신을 반영했다고도 볼 수 있다. 따라서 최양일은 이 영화에서 오키나와의 록이라는 장치를 통하여 오키나와의 굴절된 현대사와 그것을 견디고 있는 오키나와인들의 애증을 표상함과 동시에 자신을 반영한 것으로 이해

---

161) 崔洋一 ほか, 『崔洋一の世界』, 日本テレビ, 1994, 24쪽.
162) 위와 같음.
163) 위의 책, 25쪽.

할 수 있을 것이다.

3) 카타르시스로서 재현된 폭력

이 영화에서 재현된 미군기지촌의 클럽이라는 공간은 앞에서 살펴본 바와 같이 오키나와인에게는 투쟁의 공간이라는 헤테로토피아를 생성시켰다. 최양일은 사치오가 행하는 주관적 폭력은 오키나와에 주둔하는 미군기지에 대한 부당함이라는 구조적 폭력에 기인하고 있음을 나타내고자 하였을 것이다. 오키나와 밴드는 미군을 대상으로 '록'을 노래하지만, 이는 미국을 향하는 '무기'라고 기야 마리가 앞 절에서 언급하듯이 무대는 저항의 공간이었다고 볼 수 있다. 미군을 향하여 오키나와 밴드가 강력한 맞대응을 하는 것은 폭력을 통한 카타르시스로 보이기도 하다.

영화에서는 시대적 배경을 처음과 마지막 장면에 연도를 알리는 자막으로 처리하는 것 외에도 '아폴로 11호 달 착륙', '일본복귀', '베트남 전쟁 종결' 등의 표현으로 시대와 사회적 배경을 나타낸다. 그리고 이러한 오키나와의 정세가 변화될 때마다 사치오는 음악을 하던 중에 미군 또는 같은 밴드 멤버들과 폭력을 휘두르는 장면이 나온다. A사인 클럽에서 미군들은 오키나와 밴드들이 연주하는 음악이나 춤이 그들의 마음에 안 들면 무대를 향해 닥치는 대로 폭력을 휘두른다. 그러나 사치오를 비롯한 오키나와 밴드는 이에 철저히 저항하여 같이 싸운다. 이러한 반복된 주관적 폭력은 사치오의 마음에 점점 커다란 반미의 감정으로 자리 잡게 하였다. 이를 통해 미군 통치라는 구조적 폭력은 오키나와인의 주관적 폭력을 낳는 원인이라는 것을 이해할 수 있다.

원작에서는 사치오가 오키나와인으로 살아가는 고뇌와 일본본토에 취직 후 다시 음악을 위해 오키나와로 돌아올 때의 심경, 그리고 미국에 대한 증오가 잘 묘사되어 있다. 영화에서는 이러한 자세한 내용은 거두절미하고 최양일 식 표현법으로 역사적 사건이 있는 순간마다 무대에서 미국을 욕하다가 싸우고 분노하는 사치오로 묘사된다. 사치오의 폭력이 오키나와에 대한 애정임과 동시에 전쟁에 대한 혐오라는 것을 실제 인물이었던 사치오의 일화로 설명할 수 있다. 전쟁을 경험한 사치오는 "베트남에 가면 고액을 주겠다는 제안이 있었지만 거절했다."164)고 하였다. 그 이유에 대해서는 "오키나와인은 제2차 세계대전 말기의 오키나와 혈전을 알고 있다. 그리고 베트남전이 그 몇 배나 되는 주민희생자가 나온다는 사실도 알고 있다. 구실도 아니다. 정치적 이념도 아니다. 우선은 삶과 죽음이 의문이다. 그리고 이는 오키나와전을 경험한 오키나와인의 리얼리즘이다."165)라고 하였다.

이렇듯 최양일은 사치오를 계속 주관적 폭력적으로 재현하는 것은 사치오가 생각하는 오키나와에 대한 애정과 미국과 일본의 침입을 강력하게 거부하고 평화롭고 살고 싶어 하는 마음을 이루지 못한 분노의 표현으로 이해할 수 있다. 사치오는 에리뿐만 아니라 밴드, 미군 관계에서 외적인 갈등으로 폭력이 표현된다. 그러나 에리는 엄마, 남편 사치오와의 관계에서 개인 대 개인의 내적인 갈등으로 표현되었다. 그러나 에리가 사치오와의 갈등이 생겼을 때 강력한 폭력을 취한다. 이러한 에리의 폭력은 남편인 사치오에게 정면으로 저항함으로서 자신의 능력을 획득하는 카타르시스로서의 폭력이 재현되었다고 볼 수 있다.

에리는 16세의 어린 나이에 록밴드 리더인 사치오와 결혼을 하게 되었다. 원작에서는 사치오에게 혼혈의 동생이 있었기 때문에 에리와 같은 혼혈에 대한 거부감이 없다는 것을 알 수 있지만, 영화에서는 에리가 자연스

---

164) 利根川裕, 앞의 책, 1986, 110쪽.
165) 위의 책, 110~111쪽.

럽게 호감 가는 상대로 그려진다. 사치오는 에리와 가정을 꾸렸지만 가정을 보살피지 않고 자신이 하고 싶은 대로 살아간다. 그러던 어느 날, 에리와 사치오가 양배추를 던지면서 아주 과격하게 싸우던 중 사치오가 에리에게 혼혈아라고 비난한다. 사치오의 분노는 상징적 폭력인 언어폭력의 형태로 S#36과 같이 표출된다.

S#36 집의 앞마당
　중략
사치오 : 내가, 내가 오키나와 사람이라면, 넌 뭐야, 이 더러운
　　　　미국 년아
에리, 굴욕적으로 운다.
에　리 : 정말 그렇게 생각해 왔어? 그렇게 생각했냐구?
사치오 : (순간 말문이 막혔으나) 그렇다면, 어쩔 건데? 그렇다면 어쩔
　　　　건데?
에　리 : 죽어버리겠어, 가즈오랑 죽어버리겠어[166]

사치오의 이러한 말에 놀란 에리는 죽겠다고 칼을 들이대자, 사치오는 에리의 폭력에 갑자기 수그러지면서 반성한다. 그 때 에리는 사치오에게 노래가 하고 싶다고 말한다. 에리는 어렸을 직부터 가수가 되고 싶었던 꿈을 엄마에게도 남편에게도 인정받지 못한 채 주변에서 맴돌며 살아왔다. 마침내 에리는 남편에게 자신이 죽어버리겠다는 싸움 끝에 노래할 수 있는 기회를 얻어낸다.

최양일은 하드보일드의 대가답게 극단적인 표현인 죽음이라는 문구를 사용하며 칼부림하는 사치오와 에리의 싸움을 오히려 새로운 방향으로 소통하는 데에 필요한 장치로 작용시켜 사건의 전환점을 만들었다. 또한 사

---
166) 斎藤博, 앞의 책, 1990, 199쪽.

치오가 에리에게 "더러운 미국년"이라 했던 것은 사치오 스스로가 'A'사인 클럽에서 록을 노래하면서 미군과의 갈등을 혼혈인 에리와 미군을 동일시 하여, 그들에게 마이너리티성을 부여함으로써 카타르시스로서 언어폭력인 상징적 폭력을 보여주고 있다.

오키나와인들은 평온했던 섬 오키나와가 언제부터인가 세계 전쟁에 헌신하는 섬으로 활약하게 되면서 그들의 정체성 혼란과 함께 혼성 문화를 탄생시켰다. 이에 관하여 최양일은 오키나와의 미군기지촌의 이야기를 혼혈아 '에리'와 '오키나와 록'이라는 표상으로 나타냈다. 그리고 이 혼성 문화는 제국주의 역학관계에서 비롯된 폭력으로 오키나와의 희생이라 볼 수 있으며, 이 희생 속에서 탄생된 혼혈아와 오키나와 록은 또 하나의 오키나와 문화로서 자리 잡게 됨을 알 수 있다.

4. 마이너리티의 주체적 의지 – 〈돼지의 보은〉

현대 오키나와 사회, 특히 1970년대 후반부터 1980년대 초반에 급속하게 진행된 일본화와 도시화는 오키나와 사회에 두 가지 다른 현상을 초래하였다. 하나는 급격한 경제개발에 따른 자연환경의 변화와 사회구조적 변화에 적응하는 일, 즉 일본식 생활과 문화를 적극적으로 흡수하려는 현상을 들 수 있고, 다른 하나는 이에 대한 반작용으로 오키나와(류큐) 전통(토착) 문화에 대한 애착과 자부심이 강화되는 현상을 지적할 수 있다.[167]

1972년 5월 15일 오키나와가 일본 본토로 복귀한 이래, 오키나와인들은 일본정부에 대한 실망으로 인해 민족 정체성에 대한 갈등을 문학을 통해

---

167) 손지연, 「유동하는 현대 오키나와 사회와 여성의 '내면'」, 『비교문학』 제61집, 한국비교문학회, 2013, 213쪽.

서도 나타내고 있음을 알 수 있다. 일본 본토에서도 이러한 오키나와 문제에 대해 오에 겐자부로(大江健三郎)를 비롯한 많은 문학가들에 의해 다루어졌다. 또한 오키나와 지식인들은 스스로 자신의 정체성을 찾기 위한 자각의 모습으로 토착주의의 문화를 발현시켰다.

이에 따라 주로 문학에서 보여주는 오키나와의 이야기는 정치와 전쟁을 비롯한 미군기지, 오키나와의 언어, 오키나와의 문화, 그리고 오키나와의 민속, 정신에 초점을 맞추었다. 일본사회에서 오키나와 작가 출신의 문학이 아쿠다가와(芥川) 문학상을 받았던 경우는 4명 정도가 있는데, 이 작품들의 주제들을 살펴보면 대부분 오키나와의 정신세계를 잘 보여주고 있음을 알 수 있다. 이러한 맥락에서『돼지의 보은』의 작가 마타요시 에이키는 오시로 다쓰히로(大城立裕), 히가시 미네오(東峰夫)에 이어 세 번째로 오키나와 출신 아쿠타가와 문학상을 수상한 작가이며, 그 이후 네 번째로는 메도루마 슌(目取真俊)이 수상하였다.

이러한 오키나와 출신의 마이너리티 문학에 대하여 임성모는 "소수자의 역사는 다수자에 의해 구성된 기존 역사의 틀이 내포한 문제점을 드러내고, 강요된 시선을 뒤집는 새로운 상상력을 촉발시킴으로써, 소수자가 역사의 절망과 희망이 교차하는 칼날 위의 존재임을 일깨워 준다. 소수 민족의 시선으로 소수민족의 역사를 재조명하는 작업은 다수자의 시선으로 재단된 국가사의 틀을 다시 짜는 작업인 동시에 국가의 틀을 뛰어 넘는 지역사적 연계망 가운데 소수민족의 위상을 새롭게 자리매김하는 작업인 것이다."라고 언급하듯이 원작자인 마타요시 에이키의 오키나와를 바라보는 시선이 무엇인가의 중요성을 시사한다. 이러한 연장선상에서 최양일이라는 일본사회에서 또 다른 마이너리티인 재일코리안의 시선으로 오키나와를 어떻게 바라보는가에 대한 연구는 재일코리안과 오키나와가 가지고 있는 당대의 시사점이 무엇인가를 고찰할 수 있다고 여겨진다.

마타요시 에이키는 『돼지의 보은』에서 오키나와의 샤머니즘적인 세계관을 통해서 오키나와의 근원적인 정신세계를 이야기하고자 하였다. 시오쓰키 료코(2002)는 이러한 오키나와의 샤머니즘적 세계관은 최근 오키나와의 영화나 문학에서 '오키나와스러운', '오키나와적인 것'을 표상으로서 유타(ユタ : 민간영매사, 무녀)라는 샤먼이나 이것을 둘러싼 샤머니즘 문화를 취하고 있다고 하였다. 시오쓰키 료코는 이에 대한 사회적 배경을 다음과 같이 설명하고 있다.

이러한 샤머니즘 문화가 오키나와의 정신세계를 나타내는 것 또는 에스닉 아이덴티티를 표상하는 것으로 재평가되는 움직임은 「샤머니즘 부흥」 현상과 밀접한 관련이 있다고 생각한다. 이 현상의 배경으로는 촌락공동체의 붕괴에 따라 촌락제사를 모시는 신인(神人)의 감소로 박차가 가해졌으며, 사적인 상담이나 점 등을 담당하는 유타(ユタ)의 세력이 증가한다는 것과 정신의학·심리학 방면에서 카운슬러로서 유타를 재평가하였다. 또한 특히 1990년대 이후, 오키나와는 정신세계에 있어서 '낙원' 즉 '치유'의 섬이었으며, 본토가 잃어버린 기원하는 마음이나 자연과의 조화가 샤머니즘을 통해서 남아 있다는 생각이 뉴에이지 운동의 영향 등으로 보급되었을 것이다. 또한 이 '샤머니즘의 부흥'은 1990년에 일어났던 반근대, 반서구의 움직임으로서 '종교부흥' 현상의 일부로서 파악될 수 있다.[168]

마타요시 에이키는 이러한 사회적 분위기 속에서 주인공인 쇼기치를 통해서 샤먼이라 할 수 있는 유타의 역할을 부여하였으며 오키나와의 토착문화를 돼지와 접목시켜서 보여주고자 하였다.

원작 『돼지의 보은』의 작품 마지막에 최양일 감독이 이 작품에 대하여 해설하였다. 최양일은 이 작품에서 그가 나고 자란 일본에서 재일코리안 2

---

168) 塩月亮子, 「表象としてシャーマニズム —沖縄の映画と文学にみるアイデンテイテイ·ポリテイックス—」, 『哲学』 第107集, 慶応大学出版社, 2002, 2~3쪽.

세로 살아가는 자신에게 모국은 무엇이며 이 작품은 어떠한 의미를 갖는지에 대해 이야기한다.[169]

그는 한국 유학 중이었을 때 서울에서 느끼는 한국의 비근대적인 모습과 오키나와의 비근대적 모습을 연상하면서 이 작품을 영화화하기로 결심했다고 한다.[170] 이러한 그의 구상은 일본사회에서 마이너리티 공동체를 형성하면서 살아온 민족들이 일본이라는 국가 속에서 그들의 문화가 상대적으로 차별과 억압을 받았음을 의미하기도 한다. 최양일은 〈돼지의 보은〉을 통해 국가폭력에 대척점에 위치하는 마이너리티 오키나와인의 존재를 되살리는 의미로서, 궁극적으로는 오키나와 삶의 원형을 찾아가면서 어떠한 시선으로 영화를 제작하였는가에 대해 살펴보도록 하겠다.

1) 전통적인 '섬'의 공간

〈돼지의 보은〉에서 공간의 배경은 마샤지마(真謝島)라는 실제로는 존재하지 않는 가상의 섬으로, 오키나와섬 남부 앞바다에 떠 있는 구다카지마(久高島)를 모델로 하고 있다.

---

169) "내가 그린 이야기는 일본어를 모어로 한 일본에서 생산된 일본영화임과 동시에, 아시아 한편에 있는 나라의 이야기이기도 하다. 내가 생각하는 이야기에서 「아시아 관념」이란, 개인의 자아의 집약으로서 사회=시민사회의 서구적 내향내성의 표절이나 유행인 취미적 영상의 나열과는 관계가 없으며, 정반대의 것이다. 이것은, 애정과 증오로 채색된 혈맥과 혈족이 얽힌 비극과 희극 그 자체인 것이다. 바로 '모국'한국은 그 문이었다고 생각한다. 일본에서 태어나고 자란 소위 '재일한국인 2세'인 나는 조국감도 모국감도 아버지 세대인 올드 커머의 올드 컨트리론과는 다르다. 정직하게 말하면, 이미 내 안에서 소실되어가는 것으로 존재한다. 이는 앞서 배반하는 에어리언과 네이티브의 혼재라고 바꿔 말해도 좋다. 뿌리 없는 풀도 아니고, 무지를 전제로 한 급진적인 그리고 괴상한 내셔널리즘과도 다른 것이다."
又吉栄喜, 『豚の報い』, 文春文庫, 1999, 229쪽.

170) 위의 책, 230쪽.

영화를 제작할 때, 현지 촬영도 마쟈지마의 부분은 모두 이 섬에서 행했다. 오키나와에서 최초로 신이 강림했다는 섬이라고 전해진다. 섬에는 구다카둔(久高殿), 호카마둔(外間殿)이라는 두 배소 외에 수많은 성지가 있다. 영화는 이러한 성지들을 무대로 가공의 섬 "마쟈지마"의 일상과 비일상을 픽션으로 그리고 있다.[171]

'마쟈지마 섬'이라는 공간은 오키나와 본토에서 떨어진 또 다른 섬이다. 이 영화의 배경인 '마쟈지마 섬'은 원작 그대로 지명이 사용되고 있다. 이곳에 주인공과 세 명의 여자들이 머물렀던 '마쟈장(まじゃ莊)' 민박집은 실제로 '니라이장(ニライ莊)'이라는 민박집을 모델로 하였다.[172] 영화는 인물들이 이 섬으로 들어가는 모습을 시작으로 관객들을 오키나와의 정신세계로 이끈다. 최양일은 영화가 시작할 때 외길이 쭉 뻗어있는 섬의 모습을 보여준다. 오키나와의 이러한 외길로 쭉 뻗어있는 장면은 최양일의 오키나와 영화에서 많이 사용되고 있으며, 이러한 시각적 효과를 통해 관객들이 오키나와의 세계로 몰입하게 한다고 할 수 있다.

〈그림 21〉은 안정적인 구도로 프레임 속에 길을 보여준다. 영화의 시작 장면으로 영화에서 이러한 외길을 여러 번 반복하면서 보여준다. 〈그림 22〉의 경우는 주인공 쇼키치가 아버지의 유골을 발견하기 위해 풍장이 되어 있는 곳을 향해 달려가는 모습이다. 쇼키치가 이 길을 통하여 또한 새로운 정신세계를 향해 가고 있다는 것을 암시한다.

---

171) 氏家英樹, 「撮影日記」, 『豚の報い』, ビターズ・エンド, 株式会社印刷, 1999, 18쪽.
172) 小川芳正, 앞의 책, 1999, 9쪽.

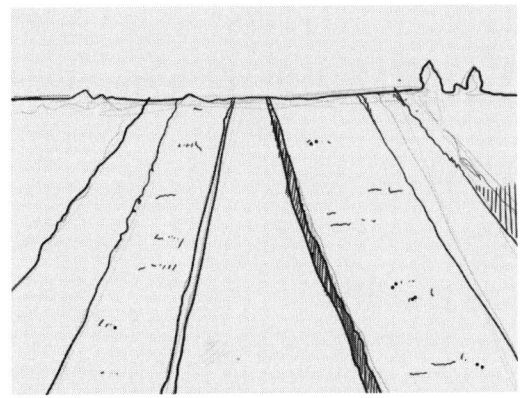

〈그림 21〉 영화의 시작에 나타난 길

〈그림 22〉 아버지의 유골을 찾으러 가는 길

 이러한 섬의 공간 이해는 영화의 전개와 함께 풀어지기 시작한다. 이 영화는 오키나와의 '달의 바닷가(月の浜)'라는 술집에 돼지 한 마리가 들어오는 소동으로 이야기가 시작된다. 어느 양돈업자가 트럭에 싣고 가던 돼지들이 쏟아지면서 일어난 일이었다. 술집에서는 아주 큰 소동이 일어났으며 그곳에서 일하는 한 호스티스는 돼지를 피하다가 돼지가 호스티스의 등에 업히는 바람에 넋이 나가 버리게 된다. 그리고 이를 지켜본 주인공은 그녀

의 잃어버린 넋을 찾기 위해서는 오키나와의 전통적인 성역이라 할 수 있는 우타키[173]에 가서 빌어야 한다고 이야기한다.

S# 13 『달의 해변』· 안
중략
미　요 : 돼지가 집에 들어오면 안 된데.
와가코 : 누가 죽어?
미　요 : 돼지는 알고 있다고 하던데.
와가코 : 어떡해, 쇼키치 씨……
쇼키치 : 우타키(御嶽, 신들이 내려오는 성역)에 가서 우간(御願, 기도)하면 떨어질걸요……
미　요 : 떨어진다고?
쇼키치 : 신에게 참배해서 어깨너머 통과하듯이, 정면으로 부딪히지 말고 슬쩍 스치게 아슬아슬하게 지나가면.……
　　　　 구원 받는 거지요.[174]

위와 같이 영화는 특유의 민속적인 정신세계가 가능한 공간으로 마쟈지마 섬을 설정하여 이야기를 펼친다. 최양일은 이러한 정신세계를 지닌 오키나와인을 도쿄에서는 이해할 수 없었지만, 서울생활을 체험하며 한국의 모습이 오키나와에 비슷하게 공존하고 있음을 발견하고 이 영화를 제작하였다고 하였다.

---

173) 오키나와에는 우타키(ウタキ, 御嶽)라 총칭하는 성역(聖域)이 존재한다. 우타키라는 용어는 오키나와에서도 지역에 따라서 그 명칭이 다르다. 오키나와의 민속종교에서 매우 중요한 위치를 차지하며 특히 마을 공동체 제사의 핵심을 이루고 있다. 김용의, 「오키나와 다케토미지마(竹富島)지역의 우타키(御嶽)신앙」, 『일본어문학』 제20집, 한국일본어문학회, 2004, 212쪽.
174) 鄭義信・崔洋一, 『豚の報い』(シナリオ), 1999, 11쪽. 최양일 감독에게 시나리오를 직접 부탁하여 영화 대본 원본으로 작성하였다. 따라서 출판된 간행물이 아니기 때문에 출판사는 생략한다.

한국은 샤머니즘의 국가이며 유교국가라는 점이 깊게 남아 있지요. 도시화가 진행되어도 신이 특별한 가치관이 아니라 보통 생활 안에서 인간과 동거하고 있는 것이지요. 오키나와도 그렇다고 생각합니다. 일상생활 안에서 손을 뻗으면 신들이 존재하지요. 우타키가 있어서, 우간(御願-오키나와 기도)을 하기도 하지요. 그리고 거기에는 어떤 모순도 없지요. 정말로 이것이 아시아 특히 동남아시아의 일반적인 것이지요. 도쿄(東京)는 신이 일상생활 안에 있다는 것은 사라져버렸지만요. 나는 한국에서 있는 동안, 이는 현재 아시아에 공통적인 보편성이라는 것을 강하게 느꼈던 것이죠.[175]

최양일은 한국생활을 하면서 오키나와와 공통된 모습들을 발견하고, 각 민족들이 지닌 일상생활 속의 정신세계가 아시아에서는 보편적인 것이라고 인식하게 되었다. 따라서 그는 영화에서 섬의 공간이 아시아의 한 공간이라 여겼으며, 동시에 오키나와는 일본의 마이너리티가 아닌 아시아의 한 민족으로서 정체성을 가진 보편적인 인간으로서 이야기하고자 하였을 것이다.

3장에서 다룬 〈꽃의 아스카 조직!(花のあすか組!)〉(1988)에서는 미래 가상의 공간을 아시아 여러 민족들이 공존하는 세계로 그리며, 그 공간을 어린 소녀가 장악한다는 가상의 시공간이 설정되었다. 이러한 가상공간의 의미는 최양일이 스스로 몸과 마음으로 체득하여 재현하는 마이너리티의 삶을 영화 속에서 보편성을 가진 인간으로서 새로운 삶을 지향하고 있음을 알 수 있다. 최양일 영화에서 가상의 공간은 일본사회에서 마이너리티의 삶으로부터 자신의 탈출을 꿈꾸는 모습뿐만 아니라 더 높은 아시아적 가치의 실현을 꿈꾸는 소망을 나타내고자 한다고 여겨진다.

---

175) 小川芳正, 『豚の報い』, ビターズ・エンド, 株式会社印刷, 1999, 9쪽.

2) 장치로서의 돼지

이 영화에서는 돼지의 등장은 처음 술집에 침입하는 것으로 시작하지만, 계속해서 돼지를 통하여 본질적인 오키나와인의 모습에 대하여 그려 나간다. 오키나와에서의 돼지는 어떠한 상징과 의미가 있는지에 대해서는 다음과 같은 글로 이해할 수 있다.

> 오키나와 돼지는 악마를 쫓기도 하고, 재앙을 예언하기도 한다. 또 오키나와의 사람도 오키나와의 신들도 돼지고기를 아주 좋아한다. 돼지고기는 신들이 내려오는 전통행사나 제사에는 빠져서는 안 되는 음식이다. 돼지는 이렇게 몇 백년간이나 오키나와의 사람들과 신들의 상징으로 되어 있다. 오키나와의 기저에 크게 깔려서 단단하게 있는 힘에 돼지의 존재가 들어 있는 기분이 든다. 또 오키나와의 기층 그 자체가 돼지로 더욱 상징되었다.176)

돼지는 오키나와의 정신적인 세계를 나타내는 상징적인 동물로 이해할 수 있으며, 영화에서 돼지는 사건을 계속적으로 이어가게 하면서 오키나와의 정신세계를 보여 주는 장치로서 다루어지고 있다. 예를 들면 주인공 쇼키치가 태어날 때 그의 엄마가 돼지우리에서 그를 낳은 장면이 나온다. 그리고 쇼키치의 할아버지가 돼지와 함께 배를 타고 떠나서 돌아오시지 않고, 결정적으로 쇼키치가 술집의 호스티스와 마쟈지마 섬에 갔을 때 그들이 돼지고기를 먹고 모두 배탈이 나는 장면이 나오는데, 이러한 돼지와 관련된 이야기와 사건은 돼지와 밀접한 오키나와인의 정신적인 세계를 엿볼

---

176) 追立祐嗣,「ラルフ・エリソン"Flying Home"と又吉栄喜『豚の報い』に見られる土着性のシンボルに関する比較考察」,『沖縄国際大学外国語研究』6(2), 沖縄国際大学, 2003, 150쪽.

수 있는 단초라는 의미를 부여하고 있음을 알 수 있다.

오키나와 문화에서 돼지가 차지하는 비중이 큰 만큼, 돼지와 관련한 속신이 많이 전해진다. 시마부쿠로 겐시치(島袋源七)가 조사한 민속보고서 『얀바루의 토속(山原の土俗)』(1929)에 보고된 속신을 몇 가지 소개하면 다음과 같다. 돼지가 부엌 또는 집안으로 들어오면 재액이 생긴다.(하마오리[浜降り]를 해야만 한다), 돼지우리에 침을 뱉어서는 안 된다.(돼지는 장님신[盲神]이라 하므로 만약 침을 뱉으면 가난뱅이 신[貧乏神]이 되고 만다), 재채기를 했을 때에 '똥 먹어라'라고 말해야만 한다.(둔갑한 돼지가 대나무로 코를 건드린다), 돼지우리에 떨어져서는 안 된다.(반드시 소인이 된다. 아니면 석녀 또는 석남이 된다), 물에 빠져죽은 사람의 시체가 떠오르지 않을 때에는 돼지머리를 바다에 집어던진다.(돼지 대신 시체가 떠오른다)[177]

영화에서 계속되는 돼지와 관련된 사건들의 의미를 파악하기 위해서는 위와 같은 오키나와의 속신에 대한 이해가 필요하다. 또한 오키나와인과 돼지와 관련된 영화 속 장면을 선명히 들여다 볼 수 있다. 예를 들면, 영화에서 제시하는 주인공이 돼지가 술집으로 들어오자 넋이 빠진 호스티스에게 우타키에 가서 빌어야 한다는 이야기는 "돼지가 부엌 또는 집안으로 들어오면 재액이 생긴다"는 속신을 통하여 이해할 수 있다. 또한 주인공이 돼지우리에서 태어난 장면은 "돼지우리에 떨어져서는 안 된다"는 속신과 관련하여 엄마의 계속되는 출산으로 더 이상 출산을 하지 못하게 하는 기원으로도 볼 수 있다. 그리고 할아버지가 배에 돼지와 함께 타고 가는 장면은 "물에 빠져죽은 사람의 시체가 떠오르지 않을 때에는 돼지 머리를 바다에 집어 던지다"는 속신과 의미지어 보면 할아버지가 긴 여행에서 사고

---

177) 사키마 고에이 저, 김용의 역, 『오키나와 구전설화』, 전남대학교출판부, 2015, 42쪽.

를 대비하여 돼지를 데리고 갔다는 것을 짐작하게 한다.

　영화에서 돼지의 침입은 폭력이었지만, 돼지의 폭력 속에 '의미'를 부여하고 이를 극복하기 위해 등장인물들이 여행을 떠난다는 설정은 오키나와의 민속적 관점에서 본다면 설득력을 가지고 있다. 최양일은 기존의 오키나와 영화에서 다루는 관광이나 미군기지가 아닌 돼지를 통하여 오키나와의 오래되고 특유한 문화가 존재하고 있음을 보여준다. 이 영화 이후, 최양일은 〈피와 뼈(血と骨)〉(2004)라는 재일코리안 영화에서 돼지를 잡는 장면이나 주인공 김준평이 돼지고기 삭힌 음식을 강장제로 먹는 장면을 재현하였다. 그가 앞서 언급한 한국과 오키나와의 비슷한 문화적 양상을 돼지와 관련된 문화를 재현하기 위하여 〈돼지의 보은〉을 의식하여 반영하였을 것이다. 그리고 그는 이러한 장면들을 통하여 자신들의 문화의 기억을 몸으로 체현하고자 함을 알 수 있으며, 영화에서 돼지는 정신세계의 원형을 관찰하는 장치로 사용되었다고 할 수 있다.

3) 오키나와의 여성성

　최양일 작품들에서는 항상 술집과 술집에서 일하는 여성 공동체가 이야기의 축을 이루는 영화가 상당하다. 특히 오키나와 영화들만 보더라도 미군기지촌의 클럽이나 호텔의 접대 여성 이야기들이 등장한다. 이러한 공동체는 일반적으로 기존사회에서 하류여성의 모습이라는 인식을 통해 마이너리티의 삶을 가장 쉽게 설득할 수 있는 설정이라 보여진다. 그러나 이 작품에서는 오키나와 술집 여성들은 일반적으로 유흥업소가 미군을 상대로 발달이 되었기 때문에 미군을 상대한다고 인식될 수 있으나, 특이하게 미군은 등장하지 않고 오키나와인만 등장한다.

　〈돼지의 보은〉에서의 술집 여성들은 최양일의 기존 영화에서 등장한 여

성들과도 또 다른 양상을 보인다. 그는 미국과 일본이 엉켜 놓은 오키나와의 문화 속에서도 예전부터 전해져온 오키나와의 여성성이 존재한다는 것을 보여주고자 하였다. 최양일은 그러한 오키나와 여성성을 술집 여성들을 통해 삶을 그리면서 그들의 모습에서 끌어내고자 했다. 오키나와는 예전부터 여성이 제사 의례를 담당하는 역할을 해 왔다. 따라서 최인택의 연구에서 보여주듯 "남/여의 성차(性差) 축에서, 흔히 일상에서의 남성우위에 대해 비일상에서의 여성우위라고 하는 이원론적 접근이 유효한 모델로 정착된 후, 한 동안 비일상적인 제의영역에서의 여성우위가 오키나와 민속 문화의 가장 특징적인 요소로 부각되기도 했다. 이 점은 오키나와 지역에서 여성의 영적우위가 '오나리 가미(オナリ神)' 신앙을 근간으로 하는 '형제에 대한 자매의 영적우월'이라는 관념에 근거하고 있지만, 집안 차원을 넘어 마을의 제의 차원에서는 '남성에 대한 여성의 영적우월'로 확대 적용되어, 특히 비일상적인 제의 장면에서 여성이 주도적인 위치를 점하게 된다."[178]는 것은 오키나와의 특유한 여성의 위치를 보여준다.

오키나와의 전통적이고 토착적인 문화로서 여성의 존재는 특별하다고 할 수 있다. 지금까지 남이 있는 오키나와의 전통문화와 민속 신앙 가운데 위에서 언급한 '오나리 신앙'이라든지, '노로(神女 : 공적인 제식을 담당하는 여사제)', '유타'와 같이 여성(성)이 부각되어 나타나는 문화적 특성[179]을 영화에서 은유적인 방법으로 도출해 낼 수 있다.

주인공 쇼키치는 실은 오키나와 전통문화 중에 제의 영역에서의 여성의 영적우위를 이용하기 위하여 술집 여성들에게 거짓말을 하였다. 바다에서

---

178) 최인택, 「오키나와의 민속공간과 女性原理」, 『日本文化研究』 제24집, 동아시아일본학회, 2007, 295쪽.
179) 손지연, 「오키나와 공동체 구상과 여성의 섹슈얼리티 : 일본 '복귀' 전후 오시로 다쓰히로 텍스트를 중심으로」, 『耽羅文化』 제49호, 제주대 탐라문화연구소, 2015, 15~16쪽.

돌아가신 쇼키치의 아버지 시신은 문중180)의 묘로 들어가지 못하고 12년째 풍장181)을 하고 있다. 이것은 마쟈지마 섬의 풍속으로 갑자기 재난으로 죽은 사람은 12년간 납골을 할 수 없기 때문이다. 쇼키치는 올해가 아버지가 돌아가신지 12년이 되어서 아버지의 시신을 찾아서 문중의 묘에 모셔야 한다. 모든 친척들이 쇼키치가 그렇게 해야 한다고 생각하고 있기 때문에 아직 스물에 머물러 있는 쇼키치는 마음이 무겁다. 그래서 쇼키치는 술집에 돼지가 들어왔을 때 아버지의 유골을 찾기 위한 생각에 마쟈지마로 가면 소원을 잘 들어주는 우타키가 있다고 거짓말을 하고 같이 마쟈지마로 떠나기로 한 것이다.

영화의 이러한 세 명의 여성들이 마쟈지마에 같이 가는 모습은 "오키나와 지역에서는 촌락제사, 조상제사를 막론하고 제사를 주도하는 사제는 전통적으로 여성의 역할이었다. 따라서 제사를 담당하는 고데 역시 부친혈통의 여성 중에서 선발되며, 이 여성이 결혼하여 남편의 거주지에 살게 되어도 이 지위는 유지된다. 이것은 토착적인 오나리 신앙에서 여성이 가지는 종교적 권위의 영향으로 해석될 수 있을 것이다."182)는 전통적인 여성의

---

180) 부계혈통(patrilineal descent)의 원리를 따르는 친척집단인 문중(門中, 문추)는 오키나와 주민의 생활과 실천 속에서 빈번하게 관찰된다. 문추는 혈통 관념이 상대적으로 엄격하지 않은 일본 본토의 사례와 좋은 대비를 이루며, 한국(혹은 조선)과 중국의 친척집단과 형태적인 유사성을 띤다. 조수미, 「오키나와의 문추화(門中化) 현상」, 『비교문화연구』 제7집 2호, 서울대학교 비교문화연구소, 2001, 108쪽.
181) 오키나와에는 세골장과 풍장의 전통이 강하게 남아 있다. 류코쿠에서 풍장을 하는 방법은 시신을 동굴이나 바위 그늘 등에 두어 부패시키는 것이다. 풍장은 흔히 동혈장(洞穴葬)이라고도 하며 석회암으로 이루어진 절벽에 생긴 자연적인 동혈이나 인공으로 만든 수평의 공간에 다수의 시신을 반복적으로 안치하는 방법으로 장례를 치르는 것을 말한다. 김창민, 「오키나와의 문화적 정체성과 세골장」, 『동아시아문화연구』 제60집. 동아시아문화연구소, 2015, 56쪽.
182) 여기의 '오나리 신앙'이란 오나리(여자형제)가 영력을 가지고 에케리(남자형제)를 보호하며 영적으로 우월한 위치에 선다는 내용으로, 그 기원은 고대로 거슬러 올라간다. 현대에 와서도 남자들이 먼 길을 떠나거나 위험한 일을 앞두고 여자 형제(혹은 여자 구성원)에게 안전을 기원하거나 부적을 만들어 주도록 부탁하는 경우를 볼 수

제례의식과 맥락을 같이 하는 것임을 알 수 있다.

마침내, 세 명의 여성들과 쇼키치는 넋이 나갔던 여성 와카코의 아파트에서 우타키를 찾아 나서기로 결정하였다. 그런데 그 결정을 하면서부터, 한 명씩 쇼키치에게 세 명의 여성들은 서로 다른 사람들의 과거에 대해 이야기한다.

S# 22 와카코의 아파트 · 부엌

 중략

와카코 : 마담은, 남편을 자살하게 했다.
쇼키치 : 왜 자살했어?
와카코 : 몰라.
미요가 들어왔다.
 중략
미 요 : 요코는 지금 남편에게 버림받았다고 하는데, 또 다시 돌아갔데. 버림받다가 다시 살다가 버림받다가 다시 살다가 …… 어쩔 수가 없네.
요코가 들어와서 일부러 그릇을 찾는다.
 중략
요 코 : 와기고는 아이를 중절했데. 쇼키치 씨.
쇼키치 : ……
요 코 : 아무렇지 않은 얼굴을 하고, 몇 사람이나 되는 남자를 속였어. 쇼키치 씨.[183]

 세 명의 여성들은 한 명씩 서로의 사생활을 쇼키치에게 이야기하다 마쟈지마 섬에 들어간 순간부터는 여성들은 자신들의 과거 이야기를 스스로

있다. 조수미, 앞의 책, 2001, 114~115쪽.
183) 鄭義信 · 崔洋一, 앞의 책, 1999, 20쪽.

계속 풀어나기 시작한다. 마치 쇼키치는 역설적으로 노로나 유타와 같은 여성 역할을 하면서 그들의 이야기를 들어주는 것처럼 보이기도 한다.

쇼키치는 소란스러운 여성들 사이에서 풍장된 아버지를 어떻게 찾아야 하는지에 대해 끊임없이 고민한다. 쇼키치가 여성들에게 말할 수 없는 고민으로 힘들어 할 때, 돼지고기를 먹고 세 명의 여성들이 배탈이 난다. 배탈이 난 여성들이 아프게 되자 쇼키치는 생각보다 쉽게 혼자 아버지를 찾아 아버지의 우타키를 만들 수 있었다. 쇼키치는 이런 일들이 세 명의 여성이 돼지고기로 인해 배탈로 아프게 되어 누워 있었던 것이 오히려 도움이 되었다고 생각하고 돼지에게 고마워한다.

다시 말해 제례의 주체가 여성인 오키나와에서 쇼키치는 아버지의 묘를 잘 모실 수 있도록 여성들이 도와주었다고 생각한다. 즉 돼지고기를 먹고 세 명의 여자들이 배탈을 겪는 것은 전통적인 관념에 대입을 해서 본다면 쇼키치가 의례를 잘 행할 수 있도록 하는 '오나리 신앙'과 연결되어 현대적으로 재해석할 수 있다.

4) 폭력의 극복

최양일은 한번 영혼이 빠져나갔다가 들어왔다는 미신적인 행위를 통해서 근대 이전의 근원적인 정신문화의 사유세계로 유도한다. 이는 근대화로 잃어버린 이전의 정신세계를 다시 회복하고자 하는 것으로도 해석된다. 이러한 점은 영화에서 주인공 쇼키치가 먀쟈지마 섬에 가야하는 이유로 나타낸다. 쇼키치가 먀쟈지마 섬에 가야하는 큰 이유는 12년째 풍장으로 계신 아버지를 문중의 묘로 모셔야하기 때문이다.

사건의 시작을 위해 자연스러운 계기로서 돼지의 침입을 설정하였다. 그리고 영화의 마지막에서 쇼키치는 이렇게 먀쟈지마 섬을 오게 된 동기

제4장 마이너리티로서의 '오키나와인' 173

는 오히려 바로 술집에 돼지가 들어왔기 때문이라 생각한다. 또한 쇼키치는 세 명의 여성들에게 아버지의 시신을 찾으러 가는 것을 어떻게 말해야 할지 몰랐지만, 돼지고기를 먹고 배탈이 난 바람에 조용히 혼자 아버지의 시신을 찾을 수 있었다고 생각한다. 이러한 쇼키치의 생각은 돼지의 침입이나 돼지고기로 인한 배탈을 돼지의 폭력으로 볼 수도 있지만, 쇼키치가 이러한 돼지 덕분에 자신의 일이 잘 되었다고 생각하며 돼지의 보은이라 생각하는 것은 폭력의 극복이라고도 해석되어진다.

오키나와는 근대를 통과해서 현재에 이르기까지 고단한 역사의 고통이 있었다. 돼지의 침입은 어느 날 오키나와에 침입해 들어온 일본과 미국 등 제국주의 국가들의 모습과도 비슷하다고 볼 수 있다. 〈돼지의 보은〉에서의 오키나와인들은 이러한 폭력에 대항하기보다는 평화적인 방법의 모색을 하고자 하였으며 그 중 하나로서 그들의 전통적인 원형모습을 인식하며 찾아가는 것을 보여준 것이라 할 수 있다.

이 영화에서는 오래전부터 풍장이 사라졌음에도 불구하고 쇼키치의 아버지가 풍장 되었다는 것을 볼 수 있다. 아들인 쇼키치가 아버지의 유골을 납골하기 위해 마쟈지마 섬에 왔다. 그런데 막상 아버지의 유골을 찾은 쇼키치는 아버지의 유골을 문중의 묘에 납골하지 않기로 결심을 한다. 아버지의 유골을 발견한 쇼키치는 뼈가 아름답다고 생각한다. 그리고 아버지의 유골은 12년 동안 비바람을 맞으면서 힘들게 견뎌왔기 때문에 아버지는 신에 가까워졌을 거라고 생각한다. 이렇게 문중의 묘에 아버지를 납골하지 않겠다고 생각한 쇼키치는 아버지의 유골이 있었던 장소를 새롭게 기도드리는 우타키로 만들겠다고 결심한다.

위와 같은 장면은 오키나와의 전통적인 풍습만을 보여준다는 데에만 초점을 맞추지 않았다. 여기에서는 오히려 전통적인 공동체의 습관을 비난하는 시선이 있으며, 오키나와의 전통적인 문화장치를 이용하면서 오키나와 공동체의 아이덴티티로부터 일탈하려고 하는 발상이라고도 볼 수 있다.184) 또한 오키나와 문화에서 공동체의 제사를 올리는 노로의 역할을 쇼키치인 아들이 담당하게 되면서 그들의 전통적인 모습에 대하여 역발상으로 표현 하였음을 알 수 있다.

쇼키치는 풍장된 아버지를 발견하면서 생각의 변화가 왔다. 김창민은 무덤의 의미를 "무덤은 시신을 보관하는 장소이기도 하지만 죽은 자에 대한 기억의 공간이기도 하고 죽음과 사후 세계에 대한 인식이 나타나는 상징적 공간이기도 하다. 또한 장례방법은 시신을 처리하는 절차이기도 하지만 사망한 사람과 죽음에 대한 인식이 나타나는 장이기도 하다."185)라고 언급하였다. 쇼키치는 무덤의 상징성을 주체적으로 이끌어 나가기 시작한다. 이는 최양일의 마이너리티의 영화에 나타난 양상 중의 하나로서 자체적인 진화와 변이가 발생할 수 있다는 것을 암시한다. 또한 최양일은 섬이라는 공간에서 비근대적인 체험을 통해서 아시아의 다양한 문화 중의 한 공간이라는 것을 보여준다. 그리고 그는 일본사회에서 다양한 마이너리티의 하나로서 오키나와인들이 존재하지만, 이들은 부당한 폭력 속에서 규정되어진 마이너리티였으며, 그들의 삶 속에는 아시아의 보편적인 삶과 그들의 주체적 삶들이 있음을 재현하였다.

5. 오키나와인의 마이너리티의 공간

제 4장에서는 최양일이 일본사회에서 자신 또한 재일코리안이라는 마이

---

184) 与那覇恵子,「〈マブイ小説〉にみる琉球弧の世界」,『現代研究』8, 東洋英和学院現代史研究所, 2012, 53~54쪽.
185) 김창민, 앞의 책, 2015, 52쪽.

너리티로 살아가면서 오키나와인이라는 또 다른 마이너리티에 대해 제작한 영화를 살펴보았다. 최양일은 오키나와라는 공간을 관광개발, 미군기지, 전통적인 섬이라는 세 가지로 구분하여 보여주었다. 그리고 최양일이 영화들을 제작할 때 당시 사회적 배경과 관객들의 이해에 맞추어 영화적 재현을 하였다.

첫 번째 작품인 〈친구여, 조용히 잠들라〉는 오키나와가 일본으로 복귀가 되어 관광개발이 성행했을 무렵의 이야기이다. 이 작품은 오키나와의 관광개발에 맞서서 오키나와를 보존하려는 지역민의 투쟁을 그린 영화이다. 오키나와의 어느 마을에 재개발을 위해 본토의 자본이 유입되면서 마을 공간은 권력의 폭력에서 그늘지어져 가는 공간으로 변해 갔다. 이 작품에서는 메이저리티에 대한 저항 담론으로 이야기할 수 있는 권력의 폭력을 그대로 드러내고 있다고 볼 수 있다.

그러나 재개발 공간으로서 오키나와 주민은 오히려 발전의 가능성에 대해 찬성하지만 이 지역의 호텔 사장은 개발에 반대하여 마을을 지키려고 한다. 최양일은 자본의 폭력에 순응하는 것과 대조적으로 이곳을 지키려는 호텔 사장을 통하여 헤테로토피아를 보여준다. 그리고 호텔 사장은 이러한 권력의 폭력 앞에서 저항하다가 죽어 가지만 그에게는 오키나와의 공간에 대한 메시지가 무엇인가를 시사해 준다.

주관적인 폭력은 구조적 폭력에 의해 완전히 제압되어 버린다는 것을 단적으로 드러낸 작품이다. 이 영화 제작 이후 20년이 지난 후에도 재개발을 반대하는 〈사우스 바운드〉와 같은 영화가 나왔다. 현재에도 해결되지 않는 오키나와의 재개발은 일본의 자본과 권력의 폭력이 여전히 작동되고 있음을 확인할 수 있다.

두 번째 작품 〈A사인 데이즈〉는 오키나와 기지촌에서 'A'사인 허가를 받은 클럽의 록밴드들이 미군을 상대로 공연하는 나날들 속에서 오키나와인의 삶을 이야기한다. A사인 클럽이라는 공간은 미군을 상대로 밴드가 공연을 하는 유흥업소이지만, 한편으로는 미군과 오키나와인이 매일같이 싸우는 폭력의 장이 되는 공간이다. 이 작품은 미군의 불안감을 위로하기 위한 A사인 클럽이라는 구조적 폭력의 공간에서 록 가수의 꿈을 펼치는 공간으로 헤테로토피아를 생성시킨다. 최양일은 궁극적으로 A사인 클럽에서 행사하는 주관적인 폭력은 미국의 구조적 폭력에 기인되었다는 것을 암시한다.

베트남 전쟁에 미군이 본격적으로 참전을 한 1964년을 기점으로 오키나와 록은 2014년에 50주년을 맞이하였다. 72세가 된 실제 인물 기얀 사치오는 50주년 기념사 인터뷰에서 "사회저변이라고 할 수 있는 'A'사인 클럽에서도 힘들어했던 우리 젊은이들에게 음악은 미군지배와 차별과 싸우는 무기였다. 당시는 '불량음악'이라고 했지만, 오키나와록이 지금은 오키나와의 문화가 되었다."라고 말하였다.[186] A사인 클럽이라는 공간에서 록은 미군을 향한 폭력이었으며 이를 카타르시스로서 표출하였음을 알 수 있다. 현재도 지속되고 있는 오키나와의 미군 주둔과 기얀 사치오의 오키나와 록 50주년 기념사는 이 영화의 현대적 의미를 되살리게 한다.[187] 최양일이 오키나와 영화에서 재현한 문제의식은 현재까지도 관광개발과 미군기지의 문제 등으로 풀리지 않는 과제로 남아 있다. 그가 제시한 오키나와의 문제는 마지막 작품인 〈돼지의 보은〉에서는 오키나와의 정신세계를 보여줌으로써 마이너리티로서의 오키나와가 일본사회와 어떻게 공존하며 살아가야 하는지에 대해 탐색으로 극복하고자 함을 알 수 있다.

이를 통해 최양일은 일본사회의 근대화 또는 자본주의의 발달로 잃어버

---

186) 佐藤敬一, 「オキナワロック：音楽武器に支配や差別と闘い…50年史」, 『毎日新聞』, 2014. 7. 5.
187) 기얀 사치오의 록 밴드 '위스퍼즈'가 결성된 50주년을 기념하여 『오키나와록 50주년 기념사』를 발간했다. 「'オキナワロック'誕生50年 縣協會が初の記念史」, 『琉球新報』, 2014. 5. 18.

린 정신세계가 오히려 마이너리티라고 규정지었던 오키나와인에게 발견할 수 있다는 점을 통하여 마이너리티가 메이저리티와의 공존을 구상하였다는 것을 알 수 있다. 그는 일본사회에서 마이너리티라고 규정되어진 공동체가 원형에만 그대로 머물러 있지 않고 사회와 역사와 함께 마이너리티도 변화하고 발전하여 공생하는 길을 모색하고 있다고 여겨진다. 최양일은 〈돼지의 보은〉을 통해 한국과 오키나와의 비슷한 점과 아시아 국가들의 비슷한 점을 오키나와의 민속 속에서 공통된 정신세계의 보편성을 표현하였다. 그리고 그는 마이너리티란 메이저리티와 상대적인 존재라는 것으로 인식하면서 일본사회에서 에스닉 마이너리티는 단지 일본 국가가 규정했을 뿐이고, 정신적이고 보편적인 가치에 의해 규정되지 않았음을 암시하고 있음을 알 수 있다.

　이상과 같이 최양일은 오키나와 이야기를 이미지나 배경으로서 단계적으로 관중들에게 보여주었다. 이는 그가 오키나와인 뿐만 아니라 재일코리안 영화에서도 마이너리티의 본질에 관한 이야기를 하기 위해서 단계적인 영화 재현을 하였음을 알 수 있다. 일본사회에서 마이너리티 재일코리안 최양일은 또 다른 마이너리티 오키나와인을 바라보면서 그들의 삶을 긍정도 부정도 아닌 그 삶 자체로 받아들이려 하다. 그리고 마이너리티의 삶 또한 자체적 변이와 굴절을 시도한다는 것과 그러한 삶을 인정하고자 한다.

제5장
마이너리티로서의
'재일코리안'

제5장 마이너리티로서의 '재일코리안'

1. 영화에 나타난 재일코리안 양상

해방 후 70여 년이 지난 현재까지도 일본에서의 재일코리안에 대한 호칭은 통일되어 있지 않고 불분명하다. 또한 재일코리안의 삶도 마찬가지로 정체성에 대한 갈등과 혼돈 속에 있으며, 이는 일본영화 속에서 끊임없이 반영되면서 제작되어 왔다.

재일코리안의 시대적 상황을 살펴보면 다음과 같다. 해방 이전의 재일코리안은 식민지인으로서 억압받은 상태에 있었으며, 해방 후에도 재일코리안은 전후처리문제에서 제외되어져 일본에 남게 되면서 국적을 잃어버리는 상황 속에 있었다. 이렇게 일본 제국주의의 폭력에 의하여 마이너리티로서 강제된 재일코리안은 조국의 해방에도 불구하고 일본사회와 고국의 무관심과 차별 속에서 자신들의 삶을 이어나갔다.[188] 1950년대 말부터

---

[188] 지젝에 의하면, '주체적 폭력과 구조적 폭력 사이의 복잡한 관계가 말해주는 교훈은 폭력이 어떤 행위의 직접적인 속성이 아니라는 점이다. 폭력은 행위가 그 행위가 이루어진 맥락 사이에서도 퍼져 있다. 동일한 행위일지라도 그 맥락에 따라 폭력으로 간주될 수도 있고 비폭력으로 간주될 수도 있다. 때로는 공손한 미소도 야수적인 감정의 폭발보다 더 폭발적일 수 있다.'라고 한다. 이렇듯 재일코리안은 일본사회 속에서 제도적인 폭력에 의하여 마이너리티로 계속 생산되어질 수밖에 없었다. 슬라예보 지젝 저, 이현우·김희진·정일권 역, 앞의 책, 2011, 284쪽.

시작된 일본의 고도경제성장을 계기로 일부 일본인들은 재일코리안에 대한 노골적인 반감의 표출이 줄어들기도 하였으며, 이러한 경향은 재일코리안을 다루는 영화에서도 반감보다는 어떤 동정이나 연민으로 표출되기도 하였다.189) 그 예로서 1959년 이마무라 쇼헤이(今村昌平)의 〈작은오빠(にあんちゃん)〉를 비롯하여 우라야마 기리오(浦山桐郎)의 〈용선로가 있는 동네(キューポラのある街)〉(1962)라는 작품들을 들 수 있다. 이마무라의 작품은 재일코리안이 탄광촌에서 빈곤하게 살아가는 실화를 바탕으로 만들어졌다. 우라야마의 작품은 이마무라가 직접 각본을 썼는데 차별 속에서 저항하는 가난한 재일코리안 아이들의 이야기를 다루고 있다. 이 작품들은 당시의 사회상과 연관되어 '키네마 준포(キネマ旬報) 베스트 10'에서 높은 순위를 보였다.

1960년대에 들어서면서 영화감독 오시마 나기사(大島渚)는 재일코리안 문제를 일관되게 다루는데, 항상 일본과 천황제를 상대화하는 타자로서 한국을 끊임없이 거론하였다.190) 그는 1964년 한국을 체험하면서 재일코리안에 대한 인식의 변화가 있었으며, 재일코리안을 통해 일본을 바라보고자 하였다. 그리고 오시마의 이러한 인식 속에서 만들어진 영화는 오늘날까지도 역사 문제들에 대해서 우리들에게 시사하는 바가 크다고 하겠다.191) 오시마의 재일코리안에 대한 경험과 인식을 통해 제작된 작품들은 〈잊혀진 황군(忘れられた皇軍)〉(1963), 〈윤복이의 일기(ユンボギの日記)〉(1965), 〈일본춘가고(日本春歌考)〉(1967), 〈교사형(絞死刑)〉(1968), 〈돌아온 주정뱅이(帰ってきたヨッパライ)〉(1968) 등이 있다. 최양일

---

189) 外村大,「日本人は「在日朝鮮人問題」をどう考えてきたか」,『일본학』제38집, 동국대학교 문화학술원 일본학연구소, 2014, 54쪽.
190) 요모타 이누히코 저, 강태웅 역,『일본영화와 래디컬한 의지』, 소명출판, 2011, 190쪽.
191) 신하경,「1960년대 오시마 나기사(大島渚) 영화 속의 재일조선인 표상」,『日本文化學報』제45집, 한국일본문화학회, 2010, 참조.

은 감독 입문 이전에 오시마에게 가르침을 받았으며, 조감독으로서 오시마와 함께 영화를 제작하기도 하였다. 최양일은 영화제작에 있어서 오시마의 영향은 간과할 수 없을 것이다.

1965년 한일국교정상화 이후, 일본 내 재일코리안 사회에서도 스스로에 대한 인식이 변화되기 시작한다. 조국과 귀국에서 정주와 공생이라는 주제로 민족교육의 방향성이 바뀌면서, 재일코리안의 인식이 변화되기 시작하였다.[192] 이러한 인식의 변화에 맞추어 이학인 감독의 〈이방인의 강(異邦人の川, 1975)〉[193]을 시작으로 재일코리안에 관한 영화들이 다양하게 만들어지기 시작한다. 이후 1980년대에 오구리 고헤이(小栗康平)의 〈진흙강(泥の河)〉(1981)과, 제주도 4·3 민중항쟁의 이야기를 등장시키며 재일코리안의 이야기를 역사적 사실에서 그려 낸 〈가야코를 위하여(伽倻子のために)〉(1986)가 제작되었다.

1980년대는 글로벌리제이션(세계화) 영향으로 '다문화주의' 및 '다문화공생'이라는 사회적 분위기가 확산되는 시기였다. 이러한 시대적 상황은 '재일코리안'을 부정적으로 바라보는 기존의 시각에서 공생하며 살아가야 하는 존재로 바라보는 시각으로 바꾸는 인식의 변환을 만들어 갔다.[194] 이와 관련하여 김우선의 〈윤의 거리(潤の街)〉(1990)는 당시 사회적 시대적 상황을 잘 노출시킨 대표적 작품이라 할 수 있다. 이 작품은 재일코리안 소녀와 일본인 청년과의 사랑을 다룬 내용으로 재일코리안 감독, 각본, 촬영, 주연이라는 점에서 의미가 있는 작품이다. 그 뿐만 아니라 재일코리안의 내부적 갈등을 스스로 그려냈다는 점에서 기존의 영화와 차이점을 보여준

---

[192] 손미경, 「한·일간 문화컨텐츠 영화교류와 재일코리언」, 『재외한인연구제』 20호, 재외한인학회, 2009, 110쪽.
[193] 이 작품은 일본인에 의해 그려진 재일코리안 이야기에서 벗어나 재일코리안이 자신들의 이야기를 한 첫 작품으로서 의미가 있다.
[194] 손미경, 앞의 책, 110쪽.

다. 구견서에 의하면 1980년 후반부터 급격하게 증가한 재일외국인의 존재에 대한 관심이 높아지면서 재일코리안에 대한 차별이나 편견을 다루는 것이 아니라, 국적은 다르지만 같은 공간에서 같은 인식과 의식, 생활양식을 갖고 같은 가치로 살아가는 존재라는 시각으로 재일코리안을 다루고 있음을 의미하는 것으로 분석하였다.[195]

　최양일은 1993년 바로 이러한 국제화사회와 맞물려가는 일본사회의 시대적 흐름 속에서 재일코리안의 문제를 다루었던 것이다. 그는 〈달은 어디에 떠 있는가〉에서 재일코리안과 일본인이라는 기존의 재일코리안 영화 구도와는 달리 택시회사에서 일하는 재일코리안과 이라크인, 술집을 운영하는 재일코리안과 필리핀인 호스티스 등과 같은 등장인물의 구도로 제작하였다. 또한 이 영화는 최양일 감독을 비롯하여 원작자인 양석일, 각본의 정의신, 제작자 이봉우 모두 재일코리안 특히 재일코리안 2세라는 점에서도 주목할 만하다. 특히 1990년대 씨네카논(cinequanon)의 이봉우와 같은 제작자가 있었다는 점은 재일코리안 영화제작에 힘을 실을 수 있는 큰 의미를 주었다. 따라서 〈달은 어디에 떠 있는가〉의 흥행 성공[196]은 2000년대 재일코리안 영화에 활기를 불어넣는 핵심적 역할을 하였다고 할 수 있겠다.

　최양일은 이 작품 이후 재일코리안 영화를 두 편을 더 제작하였다. 먼저 1998년 〈개, 달리다〉는 신주쿠의 환락가 뒤에 펼쳐지는 다문화적인 공간 속에서 야쿠자와 경찰관의 타락한 모습을 그린다. 이 작품에서는 재일코리안의 이야기를 본격으로 다루지는 않았지만, 재일코리안 출신의 야쿠자를 축으로 그 조직 안에서 우두머리와 변절자와의 갈등을 보여준다. 그리고 〈개 달리다〉 이후, 2004년 〈피와 뼈〉로 재일코리안 이야기를 한 번 더 다루었다. 이 작품은 앞의 두 작품과는 달리, 재일코리안 1세대를 중심으로

---

195) 구견서, 『일본영화와 시대성』, 제이엔씨, 2006, 729쪽.
196) 이 영화는 일본의 여러 영화제에서 53개 부문의 상을 휩쓸고 흥행에 성공하였다.

이야기를 펼쳐나간다. 최양일은 이 작품에서 일본에서 정착하면서 살아가는 재일코리안의 본질적인 모습을 드러내고자 하였다.

이상으로 살펴 본 최양일의 재일코리안 영화작품들은 4장에서 언급한 오키나와 영화와 마찬가지로 그의 사상적 궤적을 엿볼 수 있다. 그는 재일코리안 영화의 첫 작품 〈달은 어디에 떠 있는가〉에서 작품 제작 당시의 현재 시점으로 코믹하게 이야기를 풀어나간다. 그 다음 작품에서 그는 재일코리안이 이전보다 더 권력과 폭력 사이에서 방황하고 교묘한 모습으로 보여준다. 그러나 마지막 작품에서는 일본사회에서 재일코리안의 모습을 과거로 돌려 재일코리안의 역사를 환기시키면서 그들의 삶의 본질을 탐구하고자 하였다.

그의 이러한 사상적 궤적과 민족 정체성에 대한 이해를 다음의 작품분석을 통하여 고찰하고자 한다. 구체적으로는 최양일 영화에서 재현된 일본사회 속의 재일코리안의 모습이 어떠한 공간 속에서 구축되었으며, 이러한 공간 속에서 의미를 가지는 폭력은 무엇인가를 밝혀내는 것이다.

2. 다민족·다문화 사회 속에서 재일코리안 2세
  −〈달은 어디에 떠 있는가〉, 〈개 달리다〉

최양일 이전의 재일코리안을 다룬 일본영화에서는 그들을 소수자, 경계인, 이방인, 하층민과 같이 끊임없이 사회에 반항하거나 체념하는 모습으로 주로 묘사되었으며, 영화의 이야기 전개도 재일코리안의 차별이나 억압을 호소하는 내용들이었다. 최양일은 이러한 고정된 틀 속에 한정되어진 재일코리안의 이야기를 〈달은 어디에 떠 있는가〉라는 작품을 통해 새로운 시선으로 모색하였다. 최양일은 양석일의 원작인 『택시 광조곡(タクシー狂

躁曲)』(1987)을 각색하여 이 영화를 제작하였다.197) 원작은 작가 양석일이 택시기사 생활을 하면서 체험한 자서전적인 소설이다. 앞서 2장에서 언급하였듯이 최양일은 고교 시절부터 재일코리안을 집단적 정체성으로 규정한 '재일문학'에 대하여 많은 생각을 하였다. 최양일은 재일코리안의 삶 속에서도 각자의 다양한 개인의 행방과 존재가 있음을 인식하였다. 최양일에게 있어서 양석일의 소설은 재일코리안의 존재에 대한 인식을 같은 맥락에서 볼 수 있었다.

다음으로 〈개, 달리다〉에서는 〈달은 어디에 떠 있는가〉보다는 훨씬 외설적이고 폭력적으로 다루고 있지만, 일본에서의 재일코리안의 위치가 어디쯤인가를 가늠하게 해준다. 이 작품은 사랑의 이야기가 한 축을 이루고 있지만, 권력과 폭력 속에서 재일코리안이 일본인 경찰관과 재일코리안 야쿠자 그리고 중국인 등과 복잡한 관계를 그리다가 결국 배신을 통해 죽는 이야기를 다루고 있다. 최양일은 일본에서 재일코리안이 다른 민족보다는 마이너리티로서 오랜 기간을 살아왔으며, 그 오랜 세월을 거쳐서 획득한 기득권을 폭력을 통해 보여주었다. 그는 재일코리안이 다문화적인 공간, 특히 신주쿠 환락가에서 행사되는 폭력이 계속적으로 다른 민족에게 이행된다는 것을 나타내고자 하였다.

1) 일본 '다민족·다문화 사회'의 공간

1980년대 후반부터 한국, 중국, 동남아시아, 중남미 등지에서 취업목적으로 일본에 들어오는 재일외국인의 정주가 늘어났다. 이에 따라 지금껏

---

197) 원작에서는 택시기사의 시선에서 본 다양한 승객들, 재일코리안의 내부적 분열과 갈등을 「미주(迷走)」, 「신주쿠에서」, 「공동생활」, 「제사」, 「운하」, 「크레이지 호스Ⅰ」, 「크레이지 호스Ⅱ」등으로 나누어 이야기하고 있다.

단일민족으로 일관되어 온 일본사회에서 다문화·다민족에 대한 의식의 변화의 초래는 필연적인 사항이었다.

요모타 이누히코는 일본영화가 이러한 시대적 배경을 어떻게 반영하였는가에 대하여 다음과 같이 언급하였다. "1980년대 후반부터 일본사회의 에스닉 문제가 일본 영화의 소재로 등장했다. 1993년 8월 22일자의 일본 국내 주요 신문은 외국인 비율이 국내 인구의 1%를 차지하게 되었음을 보도하면서 바야흐로 '국제화'사회를 맞이했다고 보도했다. 일본사회의 '국제화'에서 문제가 된 것은 외국인 문제였고, 예전부터 일본사회 속에서 마이너리티로서 살던 재일코리안 문제에도 관심을 기울이게 되었다. 이런 사회적 경향을 일본 영화는 충실하게 반영하려고 했다. 1992년 다시로 히로타카(田代廣孝)의 〈넘치는 뜨거운 눈물(あふれる熱い涙)〉, 1996년 이와이 슌지(岩井俊二)의 〈스와로우 테일(スワロウテイル)〉은 이런 사정을 반영한다. 그리고 오키나와 문제를 다룬 오키나와 출신의 다카미네 고(高峰剛) 감독도 이러한 사회적·문화적 배경에 맞추어 등장했다. 그리고 재일코리안 출신인 최양일은 1980년대 이후 급속히 다언어·다국적화 되어가는 일본사회에 대하여, 그 외잡하고 혼돈된 현실을 적극적으로 체현하는 영화를 제작했으며 이는 일본 영화계에서 주목받는 이유가 되기도 하였다."[198]고 설명한다.

그러나 1990년대 이후의 다문화적인 시각으로만 보기에는 재일코리안의 영화는 일본사회 속에서 다소 긴 역사를 가지고 있다고 할 수 있다. 나카무라 히로시의 연구에 의하면, "전후 일본 정부는 단일민족 환상을 기반으로 한 자국중심의 외국인 정책을 펼쳐왔다. 이것은 국제연합에서 마이너리티와 관련된 국제적 합의와 정합성을 지닌 서구의 '다문화주의 시책'과는 거리가 먼 것이었다. 그 이유는 전후의 일본에서 외국인이라고 하면 행정

---

198) 요모타 이누히코 저, 강태웅 역, 앞의 책, 2011, 191쪽.

적으로는 재일코리안을 의미하고 일본 정부는 그들을 일본으로 '동화'시키는 의도를 가진 정책을 펼쳤던 역사가 있기 때문이다."199)라고 언설하였다. 재일코리안이 겪은 일본 속의 다문화 정책은 1990년 이후 상당수의 외국인 노동자 유입으로 인한 다문화 정책과 차이가 있음을 지적하고 있다. 따라서 이러한 역사들을 경험한 최양일은 전후 재일코리안의 차별적 동화 정책에 고단하게 살아 온 이야기를 오히려 1990년대 이후 '다문화 시대'라는 국제화와 연결시켰다. 그는 재일코리안의 이야기를 새롭게 끌어내어 일본사회에서 마이너리티인 일본인들이 훨씬 편하게 소비할 수 있는 재일코리안 영화를 제작하였다. 최양일은 그의 재일코리안 영화에서 재현한 공간은 차별에 저항하거나 조국지향적인 모습으로서가 아닌 일본사회 속에서 정주해가는 재일코리안의 일상생활을 보여주고자 하였다. 또한 그는 영화에서 그러한 일상을 그리는 공간을 재일코리안의 공동체로서 다루기보다는 다문화적인 공간으로 다루었다.

그의 재일코리안 영화 〈달은 어디에 떠 있는가〉의 원작은 1970년대를 배경으로 이야기가 전개되어 가는 반면, 영화에서는 각색을 통해서 1990년대 상영된 시점과 동일선상에서 이야기를 전개한다. 최양일은 택시운전사 재일코리안 2세 강충남을 주인공으로, 원작에서는 없었던 그의 필리핀 여자 친구 코니를 등장시키면서 영화의 배경인 신주쿠를 다문화적인 공간으로 구축하였다. 이러한 다문화적 공간의 구축은 1990년대 시대적 배경과 함께 재일코리안에 대한 새로운 시선을 제공해 줄 수 있었다. 그는 〈달은 어디에 떠 있는가〉이후, 두 번째로 재일코리안 영화 〈개, 달리다〉를 통해 신주쿠를 더욱 더 다원화된 공간으로 구축하여 또 한 번 재일코리안을 등장시킨다.

---

199) 中村廣司,「日本の'多文化共生'概念の非判的考察」,『日語日文學研究』第91集, 韓國日語日文學学会, 2014, 369쪽.

먼저 〈달은 어디에 떠 있는가〉를 살펴보겠다. 이야기 구성은 크게 주인공 재일코리안 강충남과 코니의 사랑 이야기가 한축을 이룬다. 이 작품에서는 한국과 일본이라는 종래의 대립 축으로 끝내지 않기 위해서 필리핀인 호스티스와의 연애라는 제3항을 설정하고, 1990년대 도쿄라는 도시가 안고 있는 다원적·다민족적 상황에 대응시킨다.[200] 따라서 주인공의 사랑이야기도 기존의 재일코리안 영화들이 재일코리안과 일본인과의 사랑을 다루었던 것과는 차이를 보인다. 또한 기존의 재일코리안 영화들에서 다루었던 일본과의 대립구조와는 다르게 외국인들의 차별문제를 지속적으로 이야기한다.

여기에서 신주쿠의 환락가는 다문화가 공존하는 공간이지만, 재일코리안이 살아가는 공동체로서 또 다른 외국인에게 폭력을 휘두르는 헤테로토피아가 되는 공간이다. 최양일의 공간적 재현은 다문화가 되어 가는 일본 사회와 재일코리안에 대한 일본의 인식 변화를 인지한 것이라 볼 수 있다. 이미 앞에서도 언급하였듯이 일본 주류 사회를 대상으로 마이너리티의 문화를 메이저리티의 문화로의 접근을 위한 방법의 강구라고도 여겨진다. 최양일은 일본인 메이저리티가 이러한 마이너리티의 갈등과 폭력 등 다양한 삶을 보면서 자신들도 똑같은 모습으로 살아가고 있다는 것을 보여준다. 그리고 그는 메이저리티든 마이너리티든 본질적인 인간성은 동일하다는 것을 반추하게 하는 것이라 할 수 있다.

덧붙여 말하자면, 최양일은 "소위 메이저 안으로 들어가지 않으면 의미가 없다는 것이 매우 감각적으로 있었죠. 자주제작이라든지 자주배급으로 취급하는 문제이지 않을까. 그것은 나도 일본 영화계도 그렇겠지요. 순수한 연예가 아니더라도 오락적인 감각을 지닌 통쾌함이 있는 원작이었기 때문에, 이것은 보통의 상업 작품으로서 세상에 내보내고 싶었지요. 이점

---

200) 요모타 이누히코 저, 강태웅 역, 앞의 책, 2011, 203쪽.

이 큰 벽이 되었지요."201)라는 인터뷰를 통해 확인할 수 있다. 그는 제목에서 원작『택시 광조곡』과 달리 〈달은 어디에 떠 있는가〉라는 추상적인 제목을 제시하여 '달과 주인공의 본질에 대해서 고찰하게 만든다.

최양일은 〈개, 달리다〉에서는 신주쿠에서 펼쳐지는 야쿠자와 경찰관의 타락된 모습을 통해 다문화적인 공간을 사회적 문제로 제기하여 공간 속의 폭력이 적나라하게 재현되는 영화로 볼 수 있다. 최양일의 권력의 폭력에 대한 고발은 경찰관뿐만 아니라, 재일코리안이 일본사회 속의 다원화된 공간 속에서 마이너리티 속의 또 다른 권력의 폭력이 있음을 보여주었다. 그는 재일코리안이 다른 민족에게 폭력을 휘두르는 것을 통해 재현하였다.

최양일의 영화에서 다문화적 공간적 배경으로 제작되어진 작품들에 등장하는 인물들은 비단 재일코리안에 한하지 않는다. 이 책에서는 앞의 각 장에서 다문화적 공간을 배경으로 마이너리티가 등장하는 최양일의 작품을 다루어왔다. 제3장의 〈꽃의 아스카 조직〉에서 재현된 뉴카부키 타운이라는 가상의 공간도 아시아의 다양한 민족과 음식들이 등장하며, 제4장의 오키나와 영화에서도 미군과 오키나와인들의 혼종된 모습들이 오키나와의 미군기지라는 공간에서 어떻게 보이는가를 재현하였다. 이 장에서도 재일코리안의 영화중에서도 신주쿠라는 일본에서 가장 복잡하고 번화한 거리에서 재일코리안이 어떻게 살아가고 있는지에 대한 공간이 재현된다. 그가 구축한 다문화적인 공간을 어떻게 재현하였는지에 대하여 다음 장면들을 통해 살펴보겠다.

---

201) 崔洋一, 앞의 책, 1994, 50쪽.
　　"いわゆるメジャーの中に出なければこの映画は意味がないというのが感覚的にすごくあった. 自主製作とか自由配給で扱い問題ではないだろう. それは俺にとっても日本の映画界にとってもそうじゃないかな. ピュア-なエンターテインメントではないけれども娯楽的感覚を持つ, 痛快さを持つ原作だったから, これは普通の商業作品として商品として世の中に出したかった. それが大きな壁になったんだ."

3장의 〈꽃의 아스카 조직〉에서 재현된 다문화적인 공간으로 가상의 뉴 카부키 타운을 보여준다. 이 장면에서는 카메라가 의도적으로 다문화적인 배경들을 주위를 돌면서 비춰준다. 공간 배경은 일본적인 요소보다는 무국적인 상태의 도시를 재현하고 있다. 〈달을 어디에 떠 있는가〉에서는 신주쿠 가부키에 있는 재일코리안이 운영하는 술집의 필리핀 여종업원들의 모습을 보여준다. 카메라가 그들을 포착하여 일련의 모습을 보여준다. 술집여종업원들은 서로 종속관계에 있는 여주인과 함께 있으면서도 독립적인 자아들을 숨기지 않는 모습이다. 최양일의 위와 같은 다문화적인 공간의 창출은 아시아적 사유와 연관하여 생각할 수 있다. 그의 아시아적 사유는 1994년에 '원코리아페스티벌'에 참가한 양석일의 이야기와도 공감된다. "원코리아페스티벌에 참가한 많은 사람들이 함께 살아갈 길을 탐구해 왔다. 재일을 살아가는 우리들과 일본인과 아시아 사람들이 함께 살아가는 길이기도 하다. 〈원〉이란 〈하나〉이고, 〈하나〉란 단순히 조국 통일만을 의미하는 것이 아니라, 차이를 차이로서 서로 인정하고, 함께 살아가기 위한 내재된 긍정의 힘이라고 나는 이해하고 있다."[202] 최양일의 다문화적 공간재현은 양석일의 언급을 통해 재일코리안으로서 일본에서 살아가기 위한 모색을 아시아적인 관점에서 다양한 모습 속의 하나로서 차별이 아닌 차이로 인정하고 나아가기를 바라고 있음을 알 수 있다.

최양일 영화의 공간적 재현은 다민족·다인종의 사람들의 혼재된 모습을 통해 일상에서 그들과 공존하고 있음을 헤테로토피아로서 구축하여 보여준다.

---

[202] 梁石日,「共に生きる」,『ONE KOREA－ワンコリアンフェスティバル10周年記念出版－』, 東方出版, 1994, 63쪽.
"ワンコリアンフェスティバルに参加してきた多くの人々が共に生きる道を探求してきたのである。それは在日を生きるわたしたちと日本人とアジアの人々が共に生きる道でもある。〈ワン〉とは一つであり、〈一つ〉とは〈ハナ〉であり、〈ハナ〉とは単に祖国統一だけを意味するのではなく、ちがいをちがいとして認め合い、共に生きるための内在肯定力であるとわたしは理解している。"

2) 재일코리안 2세와 일본사회

오늘날 재일코리안 사회는 5세에까지 이르렀으며, 주축이 되고 있는 것은 2세, 3세이다. 이들에게는 일본어가 모어이며, 일본문화가 자연스럽고, 일본사회 안에서 다양한 사회적 관계와 인간관계망을 형성하고 있다.[203]

작품 〈달은 어디에 떠 있는가〉에서 살펴보면, 재일코리안 특히 재일코리안 2세로서 살아가는 강충남의 삶이 주축으로 조국과 귀국 또는 통일을 염원하는 1세대인 어머니와는 사고가 다르다. 강충남의 어머니는 제주도 4·3 민중 항쟁 때 어린 나이에 일본으로 건너와 지금은 술집을 경영하고 살아가고 있지만, 조국에 대한 염원은 여전히 간절하다. 그리고 그러한 조국애를 지닌 어머니는 강충남의 두 명의 형들을 북한으로 보냈으며, 형들에게는 정기적으로 생활물품과 생활비를 보낸다. 그리고 강충남에게 형을 위해서라도 일본인, 외국인, 민단과의 결혼은 피해야 한다고 말한다.

S#48 영순의 아파트
    중략
    영순 : 코니와 노는 것은 괜찮아. 하지만 결혼하고 싶다고 하면 모자
          지간의 정을 끊을 거니깐.
    충남 : 일본인은 안 돼, 필리핀인도 안 돼, 제주도도 안 돼, 민단도 안
          돼. 도대체 나는 누구랑 결혼해야 되냐고.
    영순 : 한심하네.[204]

---

203) 한영혜, 「'다민족·다문화'일본과 정체성의 재구축」, 『다문화 사회일본과 정체성 정치』, 서울대학교출판문화원, 2010, 324쪽.
204) 鄭義信, 앞의 책, 2000, 40쪽.

재일코리안 2세로서 살아가는 강충남은 자신이 돌아가야 할 조국에 대한 생각은 물론, 일본사회에서 확고한 정체성을 가지고 살아가려는 의지도 없다. 다만, 자기가 사랑하는 여자와 현재를 살아가고 싶어 할 뿐이다. 술집을 경영하는 어머니는 조국과 민족을 위해 살아야 한다고 필리핀 호스티스들에게 늘 말하면서 1세대의 전형적인 모습을 보인다. 그러나 재일코리안 2세인 아들 택시 운전수 강충남은 재일코리안, 일본인, 이라크인 등 다국적 택시 기사들과 공생적인 관계에서 자신을 극복하자고 하는 모습을 보여준다.

재일코리안 2세인 강충남이 가지고 있는 조국에 대한 의식은 최양일의 이야기에서도 잘 드러난다. 그는 한국에서 '차별에 굴하지 않고 일본에서 성공한 한국계 일본인 영화감독'이라는 평을 받고 있는 데에 불편함을 느낀다.[205] 그는 단지 "재일 한인사회는 충분한 예술적 소재를 제공하는 곳일 뿐"[206]이라고 말한다. 이는 원작자인 양석일도 마찬가지여서 민족의식만을 이야기하는 재일코리안의 문학과는 다른 양상으로 자신의 문학세계를 보이고 있다. 최양일과 양석일과 같은 재일코리안 2세는 일본사회 안에서 살아가면서 그들의 바람직한 지향점을 고뇌하는 것은 막연한 조국과 귀국을 위한 1세대와는 다름을 이야기하고 있음을 알 수 있다.

이는 재일코리안뿐만 아니라 각 에스닉 집단을 경계 짓고 차별화함으로서 일본사회에서 '일본'을 상대화하고 일본사회의 다양성, 다문화성을 드러내는 방식을 위함과 동시에 에스닉 마이너리티 자체는 동질성을 강조하고 경계 내부의 차이를 억압하는 결과를 낳기도 한다.[207] 이러한 점을 직시한 최양일은 2세대로 살아가는 자신의 시각으로 재일코리안 공동체 내에서

---

205) 요모타 이누히코 저, 강태웅 역, 앞의 책, 2011, 191쪽.
206) 정승욱, 「재일한국인 삶을 통해 화해·평화를 모색」, 『세계일보』, 2008. 5. 9.
207) 한영혜, 앞의 책, 2010, 302쪽.

지니고 있는 갈등과 앞으로 지향해 나가야 할 점을 숙지하였을 것이다.

최양일이 달에 착안하여 붙인 〈달은 어디에 떠 있는가〉라는 제목은 자위대 대원이었던 신참 택시기사가 방향을 잃고 회사에 전화를 걸어 "달이 어디에 떠 있는가"를 물어 보는 장면에서 기인한다. 이러한 장면은 세 번 등장한다. 그 질문에 대한 답으로 처음에는 "달을 향해 달려오세요",[208] 두 번째에는 "똥을 기준으로 오른쪽으로 꺾어서 바로 가세요",[209] 세 번째에는 알려준 대신에 전화를 끊어 버린다. 이는 재일코리안의 1세대, 2세대, 3세대가 겪고 있는 조국에 대한 인식의 변화라고도 볼 수 있을 것이다. 최양일은 조국에 대한 그리움에 귀국을 꿈꾸었던 1세대는 늘 조국을 위해 달렸다고 보고 있으며, 2세대는 귀국이 아닌 정주의 삶 속에서 국적의 선택이라는 기준점을 강요받았다고 보고 있다. 3세, 4세대들은 앞으로 자신들의 조국에 대해 자유롭게 조국을 선택할 수 있는 기로에 서 있다고 보고 있다.[210]

이와 같은 발언은 최양일이 '달은 어디에 떠 있는가'라는 제목을 어떤 의미로 붙였는지에 대한 연구의 단서로 삼을 수 있었다. 최양일은 재일코리안으로서 살아가는 자신의 모습, 한국 또는 일본이라는 공간으로부터 자신이 받는 영향, 자신이 한국 또는 일본에 미치는 영향 등을 생각하면서 '달은 어디에 떠 있는가'에 대해 고찰했을 것이다. 아울러 이 영화를 통해 재일코리안 이야기를 다루는 영화들의 방향성도 제시하고자 하였다. 요컨대 최양일은 이 영화 속에서 재일코리안의 본질을 '달'이라는 표상으로 정체성과 조국에 대한 생각을 간접적으로 나타내고자 하였다.

---

[208] 鄭義信, 앞의 책, 2000, 17쪽.
[209] 위의 책, 37쪽. 영화에서 운전기사 안보(安保)가 아사히맥주 광고 조형물을 금색의 똥과 같다고 했다.
[210] 崔洋一, 앞의 책, 1994, 69쪽.

최양일은 현재 일본사회에서 재일코리안 2세로 살아가고 있는 자신의 경험을 토대로 지향할 점을 다음과 같이 나타내었다. "현재 재일동포 사회의 주류를 이루고 있는 동포 3세 이후로는 지역이나 국적을 신경 쓰지 않는다. 이는 바람직한 현상이다."[211] 이와 같은 그의 언급은 재일코리안의 사회가 지역과 국적에 얽매이지 않고 일본 사회에서 서로 공존하는 삶을 지향하고자 함을 알 수 있다.

3) 정체성과 폭력

이름은 호칭임과 동시에 정체성을 나타낸다. 특히 다문화 사회에서 나타나는 다민족의 사람들에 대한 이름들은 마이너리티로서 자신을 나타내는 정체성 중에서도 국적과 민족을 상징하는 것이라고 할 수 있다. 최양일은 이러한 정체성을 재일코리안 영화에서 특히 재일코리안의 정체성을 공간, 시간, 호칭, 상징을 통해서 어떻게 재현해야 하는지에 관해 많은 고민들을 한 것으로 보인다.

물론, 그는 재일코리안의 정체성에 대한 문제를 일본사회에 묻지 않는다. 일본사회 속의 제도적 문제보다는 일본사회의 제도적 틀 안에서 살아가는 재일코리안들의 모습을 그대로 드러낸다. 그는 국가의 제도적 폭력에 의해 양산된 재일코리안의 마이너리티 삶을 그다지 비관하지도 절망하지도 않으며, 오히려 다문화 속에서 또 다른 폭력을 행사하는 주체로서 재일코리안을 그렸다.

그리고 그는 재일코리안의 모습을 기존의 재일코리안 영화들과는 달리 주로 일상을 통해서 가볍게 웃음으로 보여준다. 예를 들면 〈달은 어디에

---

211) 백승찬, 「삶의 변두리를 껴안는 남자 최양일」, 『경향신문』, 2004. 2. 11.

떠 있는가〉에서 차별에 순응하고 익숙해진 주인공인 충남은 동료인 일본인에게 조선인이라는 놀림에도 아랑곳하지 않는다.

S# 22 가네타택시 · 휴면실
호소 : 조선인은 약삭빠르고, 불결하고 교양이 없어.
충남 : 그럼, 호소가 딱 조선인이네.
호소 : (진지한 표정으로), 농담 아니야! 나는 버젓한 일본인이야.212)

최양일은 위의 대화처럼 충남의 정체성에 대하여 스스로 내재된 갈등보다는 상황에 따라 대처하는 유머러스한 모습으로 재현하였다. 영화 속에서 주인공은 자신의 호칭이 다양하게 불러지고 있음에도 구체적으로 정체성에 대한 혼란을 고뇌하는 장면은 없다. 그러나 최양일은 호칭의 다양함에 따라 정체성 혼란이 익숙해져 있는 재일코리안의 모습이라고 생각했을 것이다. 그는 이러한 재일코리안의 모습을 있는 그대로 보여주고 인정받고자 하였음이라 여겨진다. 따라서 그는 이러한 다양한 정체성의 혼란에 대해 '달'이라는 소재를 통해 은유적으로 표현하였음을 알 수 있다.

제목에서 보여주듯 〈달은 어디에 떠 있는가〉는 재일코리안이 스스로에게 묻는 말일 수도 있다. 달이 시간의 변화에 따라 그 모습과 이름이 달라지듯, 영화 속에서 주인공 강충남은 여러 상황에 따라서 '강', '다다오', '가', '추상' 등 여러 가지 이름으로 불리어진다. 이는 즉 시간의 흐름에 따라 달의 모양이 달라져도 그 본질은 그대로이듯이, 강충남이라는 재일코리안의 본질 또한 재일코리안이라는 것을 보여준다.

이 작품 속에서 재일코리안 강충남(姜忠男)의 호칭만으로 살펴보아도 다

---

212) 鄭義信, 『シナリオ100, 14 TSUKI HA DOTCHI NI DETEIRU / 月はどっちに出ている』, 演劇ぶつく社, 2000, 19쪽.

양하게 불리고 있다는 것을 알 수 있다. 그의 어머니와 친구가 부를 때는 일본식으로 '다다오(忠男)'로, 택시기사 동료가 부를 때는 가운데 글자를 따서 '추상(忠さん)'이라고 한다. 또한 강충남이 택시에 탄 손님이 면허증에 적혀 있는 '강충남(姜忠男)'이라는 이름의 '강(姜)'이라는 글자를 보고서 일본식으로 '가(ガー)'씨라고 읽는 것을 두고 '강(姜)'이라고 교정해 주면서 충남은 자신이 재일코리안이라는 것을 밝힌다. 그러나 이 영화의 마지막 장면에서는 주인공이 코니와의 대화에서 자신의 성씨인 '강'을 일본식 발음 '가'로 밝히면서 끝을 맺는다.

충남은 다원화되어진 일본 사회 속에서 자신의 정체성을 확고하게 보여주기도 하지만 선택적인 정체성을 보이기도 한다. 충남의 택시에 탄 일본인 손님이 '재일한국·조선인'이라는 호칭을 사용하는 점과 '한국·조선인 위안문제'까지 언급을 하면서 대화를 하는 장면은 재일코리안의 정체성에 대해 감독이 재일코리안 문제점에 대해 의도적으로 시사하는 바를 알 수 있다. 그러나 그는 코미디 영화라는 장르의 특성에 맞추어 심각하게 다루지 않는다. 다음은 택시에 탄 손님이 목적지에서 돈이 부족하다는 이유로 내려서 도망가다가 충남에게 잡힌 장면이다.

S# 81 시장
중략
남자 : 죄송합니다. 죄송합니다. 용서해주세요. 때리지 말아주
　　　세요, 가 씨.
충남 : 강이다.
남자 : 이제 안하겠습니다. 가 씨.
충남, 주위의 물건을 발로 차며,
충남 : 강이라고 했잖아.
남자 : (힘없이)…죄송합니다. 강 씨.[213]

이처럼 충남은 일본인에게 자신의 정체성을 확실하게 밝힌 장면이다.

아마르티아 센에 의하면, "불가피하게 다원적인 정체성이 주어진 상황에서, 우리는 우리가 맺고 있는 다양한 교제관계와 소속관계 중 어떤 특정 맥락에서는 어느 것이 상대적으로 더 중요한지 결정해야 한다. 그러므로 이러한 선택(choice)과 이성적 추론(reasoning)의 부담을 지는 것이 인간의 삶을 잘 영위하기 위한 핵심이 되는 것이다. 이와 대조적으로 우리가 이른바 독보적인 정체성(대개는 호전적이다)을 갖게 되는 것이 불가피하다는 의식이 길러지면 폭력은 더욱 조장된다. 이는 분명 우리에게 (때로는 가장 불쾌한 종류의) 광범위한 압력을 가한다. 이른바 독보적 정체성을 강요하는 것은 흔히 분파적 대결을 조장하는 '격투기'의 결정적 요소다. 그러한 폭력을 중단시키려는 선의에서 수많은 시도가 있지만, 불행히도 우리에게 정체성에 대한 선택권이 없다고 느끼게 되면 그러한 시도들이 곤란을 겪게 된다."[214]라고 다원화되어진 사회에서 정체성을 선택의 문제로 볼 수 있는가에 대한 논의를 볼 수 있다.

그러나 마지막으로 코니와 함께 대화하는 장면은 앞의 장면과는 대조를 이룬다.

S#109 스낵바 앞(시간경과)
    중략
  충남 : 어디까지
  코니 : 필리핀 마닐라까지
  충남 : 항상 이용해 주셔서 감사합니다. 저는 택시 운전사 가입니다.[215]

---

213) 鄭義信, 앞의 책, 2000, 63쪽.
214) 아마르티아 센, 『정체성과 폭력』, 바이북스, 2010, 17쪽.
215) 鄭義信, 앞의 책, 2000, 77쪽.

여기에서는 충남이 메이저리티 일본인에게 강력하게 재일코리안 성인 '강'을 강조한 것과 달리 일본사회에서 같은 마이너리티인 필리핀 애인 코니에게는 일본식으로 '가'라고 자신의 이름을 소개한다. 주인공의 이러한 일본식 호칭은 앞으로 일본사회에서 재일코리안으로서 살아가는 방법을 나름대로 암시하는 장면이라고도 볼 수 있다. 강충남의 정체성에 대한 선택들은 그의 사회적 출신과 배경에서 영향을 받은 것이 틀림없겠지만, 그는 스스로 결정했으며 자신의 우선순위도 스스로 택했다216)고 볼 수 있겠다. 재일코리안 스스로가 마이너리티 사회 안에서 기득권을 획득하여 또 다른 민족 마이너리티에게 폭력을 행사하는 것으로 보여진다. 최양일은 정체성과 폭력성을 연동시켜 재일코리안을 이야기하고 있다.

그의 작품에서 재일코리안이 등장하는 두 번째 작품 〈개, 달리다〉에 대해서 살펴보겠다. 이 영화에서는 일본인 경찰관, 재일코리안 야쿠자, 중국인 불법체류자들이 신주쿠 가부키초라는 공간 안에서 어떻게 공생하며 살아가는지에 대하여 보여준다. 최양일은 이 세 조직의 관계를 권력의 타락과 마이너리티의 폭력적 모습과 연결시켜 다루고 있다.

재일코리안 정보원 수길(秀吉)은 신주쿠 경찰서 생활안전과 형사 나카야마(中山)와 손을 잡고 야쿠자 조직에게 경찰단속 정보를 제공하며 돈을 받는다. 수길의 애매한 정체성은 수길이 선배라고 부르는 야쿠자 조직의 보스인 재일코리안 곤다(權田)와 경찰 나카야마와 식사하는 장면에서 단적으로 드러난다.

S#15 AM8:00 24시간영업 고기집
중략
수길, 김치를 컵의 물에 씻는다.

---

216) 아마르티아 센, 앞의 책, 2010, 255쪽.

곤다 : (수길을 보며)…
수길 : 아, 매운 걸 잘 못 먹어서…
곤다 : (경멸의 눈빛)… 217)

수길의 위와 같은 모습은 재일코리안에 대한 스스로의 정체성을 부정하고 있다고도 할 수 있겠다. 제3장에서 〈꽃의 아스카 조직〉에서 요코라는 인물과도 비슷한 양상으로 마이너리티의 굴절된 모습을 정체성의 갈등을 통해 표현하였다. 이러한 굴절된 마이너리티의 유일한 선택은 개인이 열정과 존엄성을 지닌 채 갈등을 건설적으로 겪어내느냐, 아니면 자신의 기호에 따라 조직되지 않은 세계에 저항하면서 에너지와 자산을 낭비하느냐 하는 것이 될 것이다.218)

수길의 정체성은 재일코리안 곤도를 배신하고 그 후, 또한 일본 경찰관 나카야마를 배신하면서 점점 묘연해진다. 수길은 자신의 조직 보스인 재일코리안 곤다의 정부인 중국인 모모와의 사랑과 일본 경찰 나카야마의 우정 속에서 방황하는 모습을 통하여 수길이 정체성의 혼란을 겪는 것을 표현하고 있다. 수길은 앞에서 언급했듯이 재일코리안이라는 마이너리티로서 열정과 존엄성을 지닌 채 갈등을 건설적으로 극복해내는 것이 아니라, 자신의 기호에 따라 조직을 배신하기도 하고 보스의 애인을 사랑하기도 하는 선택을 하는 모습으로 보인다. 최양일은 재일코리안 사회의 내부적 고발을 하면서도 재일코리안의 정체성이 권력을 어떻게 포섭하여 폭력성을 띠게 되는지를 이야기하고자 하였다.

---

217) 鄭義信, 『犬, 走る』(シナリオ), 1997, 18쪽. 최양일 감독의 영화 대본.
218) 롤로메이 저, 신장근 역, 『권력과 거짓순수』, 문예출판사, 2013, 281쪽.

4) 폭력 이동

오늘날 일본사회에서 사실상 에스닉 마이너리티 집단으로 존재하는 '중국귀국자', '일계인(日系人)', '재일코리안' 등은 종래의 민족, 에스니시티, 국민과 같은 단일한 개념에 의해 규정할 수 없는 범주를 이루고 있다. 이들은 근현대사에서 거듭되는 국경을 넘는 이동에 의해 형성되었으며, '귀국', '일계', '재일' 등의 단어에 함축된 바와 같이 일본과의 정체성의 한 축으로 하고 있다.[219]

제4장에서 다루었듯이 오키나와인은 역사적으로 재일코리안처럼 식민지 경험을 가지고 있다. 하지만 오키나와인은 일본인으로 귀속되어 있는 반면, 재일코리안은 외국인으로서 존재하고 있다는 점이 다르다. 재일코리안은 일본에서 외국인으로서는 상당히 오랜 역사를 가지고 있으면서 자신들의 공동체 문화를 형성해 왔다고 할 수 있다. 1980년대부터 일본의 외국인 증가로 인한 다문화 사회는 1990년대에 들어와서 더욱 활발해져 갔다. 다문화 사회에서 재일코리안은 기득권을 가질 수 있는 세력이 될 수 있었다고 볼 수 있다. 전후 재일코리안은 일본사회의 고도성장과 함께 차별과 고통 속에서도 경제력을 이룰 수 있었으며 1980년대 이후 새롭게 유입된 외국인에게는 기득권을 행사할 수 있었다.

제4장에서 다루었던 오키나와 영화에서의 길은 롱 숏으로 객관적인 관점으로 외길로 재현되었다면, 재일코리안 영화를 다룰 때는 도심을 질주하는 주인공의 차에 카메라를 싣고 차 안에서 거리를 보여주면서 이동한다. 이는 재일코리안이 일본사회에서 살아가는 주체적인 모습을 상징하면서, 최양일 자신의 이야기로서 투시되기도 한다. 이는 영화의 재현에 있어서

---

219) 한영혜, 앞의 책, 2010, 302쪽.

폭력의 주체가 되어가는 재일코리안의 모습을 상징한다고 할 수 있다. 최양일의 재일코리안 재현은 폭력성을 다루는 데 있어서, 주로 외국인에게 주관적 폭력을 행사한다. 그러나 재일코리안의 폭력은 단순한 주관적 폭력으로만 규정짓기에는 어렵다. 그들은 일본사회에서 오랫동안 살아오면서 제도적인 구조적 폭력에 항상 노출되었으며, 불합리 속에서 견디며 지냈다. 그들의 주관적 폭력이 다른 민족들에게 이행되는 것은 그들이 경험했던 일본 사회 속의 구조적 모습을 상기시킨다.

그의 작품 〈달은 어디에 떠 있는가〉에서 재일코리안의 폭력은 강충남의 재일코리안 친구가 운영하는 택시회사에서 이라크인을 고용하거나 해고할 때, 또는 강충만의 어머니가 운영하는 술집에 필리핀 종업원들을 고용하고 해고할 때 행사된다.

재일코리안 택시회사 사장이 이라크인의 실수를 용서하지 않고 이라크인의 짐을 모두 밖으로 던지면서 바로 자기 나라로 돌아가라고 난동을 부리는 장면이 나온다. 또한, 재일코리안이 운영하는 술집 주인인 강충만의 어머니는 필리핀 호스티스들을 고용하면서 나라를 위해 일해야 하는 이유를 설명한다. 이와 같은 재일코리안의 재현은 그들이 일본사회에서 받았던 구조적 폭력을 그대로 다른 민족들에게 답습하고 있음을 알 수 있다.

최양일은 마이너리티 속에서 또 다른 마이너리티의 차별이 존재하는 것도 폭력의 한 수단으로 이야기한다. 식민지에서 같은 식민지인을 서로 감시하는 것과 같이 교묘한 제국주의 내지 국가폭력이 식민지인에게 작동되었다고 볼 수 있다. 메이저리티를 향한 저항이 아니라 같은 마이너리티에서 서로 견제하고 서로 분열하게 만들어 저항하지 못하게 하는 것도 은닉된 국가의 폭력이다. 3장에서 다루었던 〈형무소 안에서〉가 이러한 폭력을 잘 드러내고 있는 작품이다. 여기에서는 수형자들 중의 한 명이 항상 모범을 보이면서 규율에 어긋나는 사람을 교도관에게 고발하는 장면들로 재현되었다.

〈개, 달리다〉에서는 폭력의 이동을 재일코리안의 야쿠자 조직 아래에 있는 불법체류자 중국인들의 밀입국 알선과 신분증 위조를 하는 장면 등을 통해서 재현하였다. 재일코리안 조직이 불법체류자를 위장 취업시키기 위하여 감금한 채로 폭력을 행사하는 장면이다. 경찰이 재일코리안 야쿠자 조직을 찾기 위해 행사하는 폭력의 장면이다. 여기서 재현된 경찰은 사회 제도적인 권력을 악용하여 자본과 부조리에 타락되어 있는 존재이다. 이 두 장면은 야쿠자와 경찰의 조직은 완전히 다른 성격을 지니고 있지만 결국은 그들의 주관적 폭력들은 조직의 유지와 개인적 이익을 추구하기 위함이라는 것을 의미한다고 해석할 수 있다.

영화에서 재현된 재일코리안은 그들이 일본사회에서 살아가면서 받아온 부당함을 다문화 사회라는 공간에서 그대로 이행한다. 최양일은 이러한 다문화 사회 속에서 또 다른 사회적 서열을 통해서 실행되는 폭력은 인간의 본질적인 문제로서 나타내고자 하였다. 그는 폭력이 이러한 사회 구조 속에서 끊임없이 이동해 나간다는 것을 보여줌으로써 이러한 마이너리티로서의 삶이 계속 확산되지 않도록 서로 나아갈 길을 구상할 필요가 있다는 점을 표현하였다.

3. 재일코리안과 제국-〈피와 뼈〉

최양일은 재일코리안 영화를 〈달은 어디에 떠 있는가〉와 〈개, 달리다〉에 이어 2000년대에 들어서면서 〈피와 뼈〉를 제작하였다. 앞의 두 작품은 현재의 재일코리안의 모습을 재현한 반면, 〈피와 뼈〉는 1923년 재일코리안의 일본 이주를 배경으로 시작한다.

최양일은 이 작품도 〈달은 어디에 떠 있는가〉와 같이 양석일의 작품『피와 뼈』를 원작으로 각색하였다. 그는 이 소설의 재일코리안 이야기를 영화화하는데 공감하였다. 그는 원작의 주요 내용들을 선택하면서 생략되어진 부분과 등장인물의 심리 상태를 나타내기 위해서 주인공 마사오가 1인칭 관찰자 시점으로 내레이션을 하는 방식을 통해 작품의 이해도를 높였다.

1) 제국의 공간

최양일은 〈달은 어디에 떠 있는가〉 이후 본격적인 재일코리안의 이야기는 다루지 않았으나, 1998년 〈개 달리다(犬, 走る)〉에서 신주쿠의 하층민들 중의 일부분으로 재일코리안이 등장한 이후, 2004년에 〈피와 뼈〉를 통하여 적극적으로 다루기 시작하였다. 그는 시대를 거슬러 올라가 재일코리안에 대한 원류적인 이야기로서 재일코리안의 1세대가 1920년대에 정착하기 시작한 시점부터 1970년대에 이르러 고국에 회귀하는 시점까지의 삶을 통해서 접근했다. 앞서 언급하듯이 최양일이 오키나와 영화를 다루었을 때와 비슷한 양상으로 보여 진다. 그는 현재의 이야기와 소재를 통해서 오키나와의 이야기를 다루었다가 차기 작품들이 점점 시대를 거슬러 그들의 원류적인 모습을 하나씩 꺼내듯이 재일코리안 이야기에서도 비슷한 패턴을 발견할 수 있었다.

이 작품은 1923년 주인공 김준평이 제주도에서 올라 탄 배의 배경으로부터 시작된다. 여기에서 보여주는 '배'라는 공간은 경계를 나타내며, 제주도에서 오사카로 이동되는 공간을 이어주는 매개이자, 미지의 세계에 대한 동경과 희망을 보여주기도 한다.[220] 이 영화의 시작은 어두운 자막과 함께

---

[220] 푸코는 "식민지는 어떤 환상을 실현하려 들기에는 어딘가 좀 순진한 헤테로토피아이다. 반면 매음굴은 환상의 힘만으로 현실을 흩뜨리려고 들 만큼 충분히 미묘한 혹은 교활한 헤테로 피아이다. 만일 자급자족적이고 자기 폐쇄적이며, 어떤 의미에서는 자유롭지만 바다의 무한성에 숙명적으로 내맡겨져 있는, 장소 없는 장소이

〈그림 23〉 오사카로 향하는 배   〈그림 24〉 배에서 바라보는 오사카

소리만 들려온다. 그 소리는 시끌벅적한 한국말과 사물놀이의 소리로 제주도에서 떠나 오사카로 향해 가고 있는 배 위에서 들리는 소리이다. 배 위에 있는 조선인들은 모두 흥분되어 오사카를 바라본다.

〈그림 23〉은 1923년 제주도에서 오사카로 향하는 조선 사람들을 태운 배의 모습이다. 이 배를 탄 조선인들은 북과 장구에 맞춰 노래를 하다가 '대판(大阪)이다'라는 함성을 듣고 다들 흥에 겨워한다. 카메라는 하이앵글로 바다에 떠 있는 큰 배를 비추다가 위의 그림처럼 로우앵글로 내려와 배의 이름을 보여준다. 그리고 카메라는 배 안으로 들어가 김준평을 찾아간다. 〈그림 24〉은 배에서 보이는 오사카의 모습이다. 이미 공장이 들어선 오사

자 떠다니는 공간의 조각인 배, 19세기의 거대한 배가 이 항구에서 저 항구로, 이 홍등가에서 저 홍등가로, 이 항로에서 저 항로로 전전하면서 우리가 조금 전에 이야기했던 동방의 정원 안에 아주 소중하게 간직되어 있는 것을 찾으러 식민지까지 갔다는 점을 고려하면, 우리는 배가 왜 우리 문명에서 -적어도 16세기 이래로는 - 가장 거대한 경제적 수단인 동시에 가장 거대한 상상력의 보고였는지를 이해하게 된다. 배, 그것은 특출한 헤테로토피아이다. 배 없는 문명이란 자녀들이 뛰놀 만한 커다란 침대를 갖고 있지 않은 부모를 둔 아이들과도 같다 그리하여 그들의 꿈은 고갈되고, 정탐질이 모험을 대신하며, 경찰의 추악함이 해적의 눈부시게 빛나는 아름다움을 대체하고 마는 것이다."라고 식민지에서 바라보는 배라는 공간은 환상과 모험을 의미하였고, 경제적 수단으로 중요한 역할을 하였다고 말하였다. 미셸푸코 저, 이상길 역, 『헤테로토피아』, 문학과 지성사, 2014, 26쪽.

카는 제국의 상징으로 보여지며 조선인들에게는 식민지에서 종주국으로 옮기면서 새로운 희망을 찾아가는 공간으로 재현된다.

　위의 장면은 제주도에서 오사카로 건너간 조선인들의 역사적인 특별한 설명은 없다. 1923년이라는 연대를 통해서 이미 일본의 식민지 지배가 시작된 지 13년이 지났음을 알 수 있다. 당시 조선에서는 1910년부터 시작된 일본의 토지조사사업으로 토지를 수탈당한 사람들이 늘어났다. 조선인들은 가난을 벗어나기 위해서 일본이라는 새로운 세계를 향해 많이 건너갔다.

　각색가 정의신은 이러한 배라는 공간의 장면에 대해 "최양일 감독은 일본으로 오는 장면을 보여줘야 한다고 했습니다. 당시의 오사카는 동양의 맨체스터라고 말할 정도로 도쿄보다 인구가 많은 곳이며, 재일의 역사, 식민지의 사람들에게는 일본은 엘도라도였다고 생각했기 때문에 돈도 벌고, 여자도 얻을 수 있다는 성공을 꿈꾸며, 일본을 향해 왔다고 생각했습니다. 김준평도"[221]라고 설명하였다. 최양일은 영화에서 이러한 역사적 서술을 거두절미하고 배에서 오사카를 바라보며 환호하는 사람들로 보여주며, 그 후 '오사카'를 거점으로 하여 김준평과 그의 가족 이야기를 펼쳐 나간다. 영화의 시작은 이미 김준평이 중년이 된 모습부터 본격적으로 전개된다.

　재일코리안에게는 오사카라는 공간은 조선인이 식민지 시대에 가장 많이 정착했던 도시이며, 현재도 일본에서 가장 많이 거주하고 있는 도시이다. 이 영화에서 제주도에서 오사카로 이동되어 간 공간은 나라와 민족이 다른 국가로의 이동이었으며, 식민지국에서 종주국으로의 이동이었다. 최양일은 그 당시 오사카라는 공간에서 조선인으로서 살아가야 한다는 것에 대한 언급을 뛰어 넘어 어떠한 상황 속에도 김준평은 살아가는 방식이 시종일관 폭력성을 띠고 있음을 보여준다. 또한 최양일은 오사카의 재일코리

---

[221] 崔洋一・鄭義信・梁石日, 『映画「血と骨」の世界』, 新潮社, 2004, 48쪽.

안 공동체에서 보여주는 문화는 제주도에서 오사카로 그대로 이동되어 그들만의 공간속에서 구축한 문화의 모습을 보여준다. 예를 들어 재일코리안이 돼지를 잡는 모습이나 돼지의 간을 삭혀서 강장제로 먹는 모습 등을 구체적으로 보여주고 있다.

　최양일의 작품 속에서 오키나와 영화와 재일코리안 영화의 공간들을 통해서 알 수 있듯이 오키나와인은 오키나와라는 공간 속 자체의 영토 안에서 일어난 전쟁, 분열, 통치 등의 갈등이다. 그리고 '본토복귀'를 통해서 일본이라는 영토에서 살아가는 오키나와 출신 일본인 이야기이다. 그러나 이와 달리 재일코리안은 조국 조선을 떠나 타국인 일본으로 이주한 사람들이다. 식민지 국가 출신이었던 재일코리안은 종주국이었던 일본의 국적을 그대로 사용하다가 일본 패전 후, 어느 날 갑자기 외국인이 되었다. 재일코리안은 지금까지 일본에서 거주하던 가장 오랜 역사를 지닌 외국인이다.

　따라서 공간적 차원에서 이야기를 하자면, 오키나와인과 달리 재일코리안은 그들이 있어야 할 공간을 갈망하는 것이다. 오키나와의 경우는 오키나와인이 자신들의 공간에서 당연히 가져야 할 기득권을 획득하지 못한 마이너리티이다. 반면, 재일코리안은 그들이 살고 있는 일본이라는 공간에서 이방인으로서 살아가야 하는 마이너리티이다. 이러한 관점에서 재일코리안 1세대는 조국 즉 다시 조선의 땅으로 돌아가는 것을 지향해야만 했다. 그러나 해방 후 그들이 가고자 하는 조국은 남한과 북한으로 분단되어 국적이 나누어지게 되었다. 재일코리안 사회에서도 국적에 따라 분열을 초래하게 되었다.

　이러한 상황 속에서 재일코리안의 끊임없는 정체성의 선택은 어디에도 갈 수 없는 상황에서 조선에서 일본으로 이주해왔던 공간 그대로 머물 수밖에 없었던 것이다. 최양일은 재일코리안 2세로서 태어나고 자라온 일본은 조국보다 더욱 익숙한 곳이다. 그에게 있어서 일본사회에서 재일코리안

이야기를 어떻게 풀어야 할지에 대한 고민은 오키나와 영화보다는 훨씬 어려운 문제였을 것이다.

이 영화는 시작과는 다르게 제주도에서 희망을 품고 오사카에 건너온 김준평이 점점 폭력적으로 변해가는 모습을 보여준다. 영화는 시대적 상황이나 일본 사회도 언급하지 않고 있다. 단지 김준평이라는 인간을 오사카에 정착한 이래 논리적 사고가 통하지 않는 채 폭력적인 괴물과 같은 모습으로 보여준다. 최양일은 오사카의 재일코리안 공동체 마을을 김준평에 의해 마을 속의 작은 제국으로 구축하는 헤테로토피아를 생성시킨다. 그리고 그는 관객들에게 김준평이 일본으로 건너와 어떠한 생활 속에서 왜 그토록 폭력적으로 되었는가에 대해 유추하게 만든다. 그는 김준평이 일본제국으로 건너와서 마이너리티로서 살아가야 하는 사회 구조 속에서 정착하여 살기 위한 삶의 방식이 폭력이었다는 점을 유추하게 한다. 다시 말하자면 최양일은 일본에서 살아가는 동안 김준평의 주관적 폭력은 제국주의의 구조적 폭력에 기인되었다는 것을 암시하고자 하였다.

2) 재일코리안의 1세와 조국

최양일의 영화에서 재현된 재일코리안의 폭력은 조국을 떠나 일본 종주국에서 살아남기 위한 수단 중 하나로서 고찰하였다. 특히 재일코리안 1세는 고국으로의 회귀에 대한 갈망으로 폭력이 표출되기도 한다. 최양일은 〈피와 뼈〉를 통해 재일코리안에 대한 폭력적 이미지를 더욱 부각하여 접근하였다고 볼 수 있다. 그리고 그는 재일코리안이 폭력성을 지닐 수밖에 없었던 이유에 대해 역사를 되짚어 가면서 적극적으로 이야기해 간다. 그는 2000년대에 들어서서 '피와 뼈'라는 표상을 통해 '달'보다는 훨씬 선명한 본질의 코드를 등장시킨다. 따라서 그는 이전의 코미디 장르와는 달리 그

의 전형적인 유형의 영화로서 하드보일드 경향의 필름 느와르 장르를 통해 재일코리안을 표현하였다.[222)]

  최양일은 '피와 뼈'라는 영화의 제목을 통해 알 수 있듯이 1세대들의 역경의 삶을 적극적으로 어필하고 있다. 그는 재일코리안이라는 본질의 문제를 일본사회 안에서 영화라는 매개를 통해 소통하고자 하였다. 그가 이 작품을 제작한 시대적 배경은 1990년대 중반부터 이루어진 한일문화개방과 2000년대 초 일본사회에서 일었던 한류 붐이 재일코리안에 대한 재인식의 계기를 마련해 주기도 하였다.

  최양일의 재일코리안 이야기는 요모타 이누히코에 의한 일본 영화 흐름 속에서 찾아본다면 "2000년대에 들어오면 일본인이란 무엇인가라는 주제에 정면으로 마주하는 것을 회피하고 쓸데없이 감상에 호소할 뿐이다. 이 점에서 동시대의 한국영화와는 대조적이었다. 한국의 뉴웨이브는 언뜻 예능을 장식하고 있는 것 같지만, 한국이란 무엇인가, 한국인이란 무엇인가라는 물음에 신중하게 이야기하고 있다"[223)]고 언급하였다. 요모타는 이러한 일본 영화의 역사적 인식에 대한 봉인과 은폐를 극복하고 소수이기는 하지만 과거를 현재의 연결선상의 문제로 파악한 시도로서 다음의 두 영화를 제시하고 있다. 즉 요모타는 재일코리안 2세 이봉우가 제작한 〈박치기!〉(2004), 〈박치기! LOVE & PEACE〉(2007)와 재일코리안 3세 이상일이 제작한 〈훌라걸(フラガール)〉(2006)이라는 영화가 비교적 역사인식을 반영한 작품이라고 평하고 있다. 또한 이 두 작품에 앞서 제작된 〈피와 뼈〉라는 작품은 당시 일본영화사에서 봉인되었던 역사인식을 해제하려는 시도로 보았다.[224)]

---

222) 최양일의 하드보일드한 작품들은 데뷔작 〈10층의 모기〉를 비롯하여 〈친구여, 조용히 잠들라(友よ 靜かに瞑れ)〉(1985), 〈막스의 산(マークスの山)〉(1995) 등이 있다.
223) 四方田犬彦, 『日本映畵史110年』集英社親書, 2014, 242쪽.

이를 통해 일본사회에서는 2000년도 이후 일본인 감독들의 역사인식에 대한 희박함을 확인할 수 있으며, 상대적으로 재일코리안 감독들이 역사인식을 반영한 영화를 제작했다고 볼 수 있다. 이러한 관점에서 볼 때 〈피와 뼈〉는 재일코리안에 대한 역사의식이 재인식된 작품이다. 그리고 이는 최양일이 일본에서 재일코리안 영화를 흥행시킬 수 있었던 이유일 것이다.

이 영화는 "피는 어머니에게 뼈는 아버지에게 물려받는다(血は母より骨は父より受け継ぐ)"는 자막과 함께 시작한다. 원작은 이에 대해 조선무속에서 유래된 이야기라 설명하지만, 영화는 아무 설명이 없다.

피는 혈육을 의미하는 반면에 폭력과 잔인성 및 저항을 상징하기도 한다. 뼈는 고향이자 조국이면서 죽어도 변질되지 않는 것을 상징한다. 최양일은 '피와 뼈'를 통해 그것이 우리 몸에서 뗄 수 없는 것처럼, '일본과 재일코리안'의 관계, '한국과 재일코리안'과의 관계, '재일코리안 1세대와 2세대'와의 상생관계를 보여주고자 하였을 것이다.

영화의 시작에서 제주도에서 오사카로 가는 배에서 김준평의 야심찬 미소를 볼 수 있다. 그리고 이 영화는 김준평이라는 재일코리안 1세의 일대기의 이야기로 1920년대부터 1970년대까지의 이야기가 나온다. 영화의 마지막 부분에서는 주인공 김준평은 아들 류이치와 함께 북한으로 돌아가서 살다가 죽는 장면으로 끝낸다. 그리고 청년 김준평이 처음으로 일본으로 건너올 때 배를 탔던 자신을 회상한다. 김준평을 통해 '재일코리안 1세'들의 지향점은 조국이라 말할 수 있으며, 김준평도 결국 조국으로 돌아간다는 귀결은 이를 증명해 준다.

최양일은 기존의 재일코리안 영화와는 다르게 재일코리안 1세의 모습들을 일본을 상대화 하여 투쟁이나 차별과 억압에 대한 반발을 주로 다루지

---

224) 四方田犬彦, 앞의 책, 2014, 251쪽.

않았다. 김준평이 재일코리안으로서 일본인 첩을 두고 살아간다거나, 김준평이 재일코리안의 공동체 속에서 혹독하게 차별과 억압을 하는 가해자라는 것을 보여준다. 최양일의 영화적 재현은 그의 모든 작품들에서 보여주듯이 주류사회에서 소외된 약자 마이너리티에게도 그들만의 삶 속에서 변이와 진화를 계속 이루고 있다는 인간의 본질을 보여준다.

3) '괴물'의 제국

이 작품의 김준평이 휘두르는 폭력은 사람만이 대상이 아니라, 모든 물건을 부수어 버리는 엄청난 파괴력을 보여준다. 김준평은 자신이 시키는 일을 제대로 하지 않거나 자기 뜻을 거역하는 자에게 행하는 육체의 폭력은 잔인하다. 육체는 폭력의 도구로 사용되기도 하지만 역으로 폭력이 가해지는 목표지점이기도 하다.[225] 이렇듯 김준평이 괴물처럼 변해가는 모습

〈그림 25〉 자살한 딸의 장례식장에서 폭력적인 괴물이 된 김준평

---

225) 볼프강 조프스키 저, 이한우 역, 『폭력사회』, 푸른숲, 2010, 44쪽.

은 비단 개인적인 문제에만 기인한다고 보기는 어렵다.

최양일은 청년 김준평이 제주도에서 일본으로 건너간 후, 제국주의의 역사 안에서 괴물화 되어 버린 중년 김준평만을 그려 나간다. 김준평은 오사카의 조선인 부락에 부인 영희와 아이들만 둔 채 밖으로 돌아다니다 불현듯 나타난다. 김준평의 가족들 중 그를 반기는 사람은 없다. 김준평의 등장은 가족과 그 주위 사람들 모두를 긴장시킨다.

김준평의 일본생활은 한일 간의 식민지 역사 속에서 마이너리티로 살아가고 있는 재일코리안의 한 부분이다. 일본에서 재일코리안이 살아온 삶들은 "문제는 이 마이너리티 재일코리안은 일본의 정세 변화에 가장 민감하게 피해를 받아왔다는 사실이다. 그것은 역사적으로 추적이 가능하고 재일코리안은 이른바 제노사이드적 피해와 트라우마적 상황에 처해왔던 것이다"226)고 볼 수 있다. 재일코리안은 이러한 상처로 인한 분노가 폭력으로 표출되기도 하였다. 재일코리안 영화가 폭력을 배제할 수 없는 것은 이러한 이유이기도 하다.

식민지의 피해자였던 우리들의 시선에서는 괴물이 되어가는 김준평을 막연히 바라보기에는 그가 통과해 온 역사를 저버릴 수는 없다. 김준평이 괴물이 되어 가는 과정은 마치 일본 제국이 식민지인 조선을 막무가내로 침입하여 갖은 수탈과 폭력을 휘둘렸던 것과 비슷하다. 이러한 재현은 다음과 같은 장면에서 살펴볼 수 있다.

S# 17 영희의 집 앞
준평은 목수 후지타에게 큰 소리로 일을 시키면서 큰 망치를 휘두르며, 대각선 맞은편에 공습으로 절반이 탄 빈집을 부수고 있다.

---

226) 김인덕, 「일본우익과 재일코리안의 역사」, 『일본학』 제36집, 동국대학교 문화학술원 일본학연구소, 2013, 6쪽.

후지타 : (중얼중얼) 집주인한테 말도 없이 무단으로… 이래도 돼…
       안 돼지…
영희와 신의, 춘미, 연립주택의 주인들이 걱정스럽게 보고 있다.
준평 : 당신, 돈, 4만 엔 준비해 놔.
영희 : (쭈뼛쭈뼛) 뭐 하려구요?…
준평 : 여기서 어묵공장 한다.
영희 : …!?
신의 : (놀라며)…
춘미 : (더 놀라며)
신의 : 당치도 않습니다…
준평 : 한다.227)

김준평은 주인에게 허락도 받지 않은 빈집을 고쳐서 자신 마음대로 어묵공장을 지으려고 한다. 김준평은 어묵공장을 위한 자금도 부인인 영희에게 무조건 준비하라고 한다. 김준평의 폭력은 식민지 경험에서 있었던 제국의 폭력과 닮아 있음을 확인할 수 있다. 또한 영화 속에서 노골적으로 다음과 같이 김준평의 공장을 제국이라고 표현하고 있다.

S#23 아사히 산업 · 안
중략
신의 : 처음부터 말해 두겠는데, 여기는 공장 주인의 대일본제국이야.
      친척이고 뭐고 없어. 귀찮게 굴면 바로 모가지야. 알았어?228)

여기에서 대일본제국은 김준평의 어묵공장을 의미하며 찬명은 김준평 공장에 직원으로 등장한다. 신의가 찬명에게 김준평을 "여기는 공장 주인

---

227) 崔洋一 · 鄭義信 · 梁石日, 앞의 책, 2004, 111~112쪽.
228) 위의 책, 115쪽.

의 대일본제국이야"라고 말하는 부분은 최양일이 일본사회에서 재일코리안 모습을 종주국에서 겪는 억압과 차별에 대한 대항이 아닌 제국의 폭력을 그대로 답습하여 개인의 모습에 투영시키고자 한 것이다. 따라서 그는 이를 통해 제국이 빚어낸 폭력은 한 개인을 거대한 괴물로 양성하였으며, 결코 주관적인 개인의 폭력이 아닌 사회 구조적 폭력에 기인하고 있음을 보여주었다고 할 수 있겠다.

4) 폭력의 증후

증후란 사전적 의미로는 병이나 상처 때문에 나타나는 현상이나 상태를 말한다. 폭력의 증후란 폭력으로 상처가 난 사람들에게 나타나는 현상이나 상태를 말할 수 있겠다. 김준평의 폭력이 날로 심각해지면서 모든 가족들은 마음의 상처를 치유할 수 없이 병들어 간다. 김준평의 폭력은 계속적으로 작동되면서 가족 개인이 받아들이는 폭력은 그보다 증폭되거나 스스로 파괴되어 간다. 다시 말해 이러한 폭력의 증후는 가족의 구성원에 따라 각기 다른 양상으로 폭력의 증후가 나타났다. 특히 김준평의 가족들 중에서 남성인 아들과 여성인 부인과 딸은 확연히 다른 양상으로 폭력의 증후가 나타난다.

어느 날, 김준평의 아들이라고 찾아온 다케시는 부인 영희를 만나기 전에 다른 여자 사이에서 낳은 아들이다. 다케시는 아버지에게 버림받았다고 생각하며 아버지에 대한 원망이 마음 속 크게 자리 잡고 있다. 이를 무서울 것 없이 폭력으로 분출한다. 다케시는 무작정 아버지를 찾아와 돈을 요구하지만 아버지가 이를 받아들이지 않자 아버지랑 마침내 결투를 벌인다. 결국 큰 아들은 멀리 떠나고 얼마 되지 않아 죽었다는 소식을 듣는다.

둘째 아들 주인공 마사오는 아버지의 폭력을 항상 지켜보았다. 그러나

제5장 마이너리티로서의 '재일코리안' 215

마사오는 어머니가 아플 때마저도 어머니를 돌보지 않는 아버지에 대한 분노가 쌓이기 시작한다. 마침내 마사오는 누나 하나코가 자살을 하게 되자 분노를 참지 못한다. 마사오는 김준평의 거처를 마구 부수어 버리고 어느 날은 중풍으로 몸이 불편한 아버지를 때리기까지 한다. 김준평의 두 아들의 폭력은 아버지의 폭력을 그대로 답습한 상태로 표출된다. 최양일은 일본을 상대화하지 않았지만, 재일코리안의 주관적 폭력은 불합리한 구조적 폭력에 의해 발생된다는 것을 암시한다. 최양일은 재일코리안이 일본사회로부터 겪었던 폭력들을 그대로 그들의 공동체나 다른 민족에게 답습하는 형태를 통해서 간파하도록 유도하였을 것이다.

〈그림 26〉의 장면은 김준평의 아내 영희가 결국 암으로 죽게 되자 장례식에 찾아 온 김준평의 모습이다. 김준평이 장례식장에서 아들 마사오를 비롯하여 모두가 외면하자 다시 돌아간다. 프레임에 나타난 김준평의 모습은 폭력이 아닌 가장 힘없는 모습으로 보여준다. 〈그림 27〉은 막내아들을 데리고 북한으로 떠난 김준평은 그곳에서 결국 죽음을 맞이하면서 젊은 시절 제주도에서 오사카로 건너오던 날을 회상하는 장면이다.

〈그림 26〉 김준평이 아내 장례식장에서 돌아가는 모습

셋째 아들 류이치는 김준평과 함께 북한으로 가서 빈곤하게 살아간다. 김준평과 일본인 첩 사이에서 태어난 류이치는 어느 날 김준평에 의해 북한으로 끌려갔다. 그곳에서 어떠한 삶이었는지 영화에서는 보여주지 않았지만, 류이치는 노환으로 누워있는 김준평과 함께 생활하고 있다. 류이치는 아픈 아버지를 보면서 아버지의 무덤을 덤덤하게 파다가 집에 들어온다. 김준평은 자신의 핏줄인 류이치와 자신의 뼈를 묻을 조국을 선택하여 마지막 생을 마감한다. 그러나 류이치는 아버지 병환에 대한 염려도 죽음에 대한 두려움도 없이 그저 바라보고만 있을 뿐이다. 이는 이미 죽음 앞에서 폭력이 무의미함을 암시한다.

〈그림 27〉 마지막 고국이라 여겼던 북한에서 김준평의
죽어가는 모습

김준평의 아들들은 아버지의 폭력을 저항하기 위해 폭력을 작동시켰다. 이러한 아들들에게 보여주는 폭력의 증후는 각각 자신들이 체득한 아버지의 폭력적인 모습을 그대로 받아들이면서 나타내고 있다.

한편, 아들에 비해서 힘없고 저항할 수 없었던 부인과 딸은 다르다. 부인 영희는 암에 걸려 투병을 하면서 김준평의 무심함과 서러움을 겪다 결국 죽게 된다. 김준평은 영희의 장례식에 조용히 나타나지만, 모두들 그를 외면하자 장례식에 들어오지 못한다. 김준평의 폭력에 대한 증후를 영희의 병과 죽음으로 보여준다. 이는 딸인 하나코의 자살도 비슷한 양상으로 보여 진다. 하나코는 아버지의 폭력에 이어 남편의 폭력에 견디지 못하고 자살을 선택한다.

위와 같이 아버지의 폭력은 가족들에게 깊은 상처로 남아 있다. 이러한 폭력의 증후는 미움과 증오로 걷잡을 수 없는 폭력 또는 자기 파멸로 몰아간다. 폭력의 관행은 다양한 (살인)형태들을 알고 있지만, 늘 그런 관행을 각인시키는 것은 다름 아닌 문화이다. 본성(자연)이 아니라 문화가 인간을 그렇게 만들었고 지금도 그렇게 만들고 있다.[229] 따라서 이러한 아버지의 폭력은 아버지 안에 있는 또 다른 폭력의 증후가 존재한다는 것을 알 수 있다. 이는 제국이라는 구조적 폭력을 경험한 김준평이 주관적 폭력으로 그대로 드러내고 있는 것이라 여겨진다. 김준평에 의한 폭력의 증후는 폭력으로 맞서거나 아니면 견디지 못하고 죽음에 이르게 되었다.

최양일은 제주에서 올 때의 청년 김준평, 일본생활에서 폭력적인 괴물로 변한 김준평, 북한에서 힘없이 죽어가는 김준평을 지극히 개인적인 문제로만 다루고 있다. 이러한 방식은 오히려 그는 정치나 이데올로기를 직접적으로 언급하지 않으면서도 사회적 문제를 관객들이 충분히 생각할 수 있게 했다. 이에 대해서 최양일은 "한국과 일본의 근현대사에 가해자와 피해자의 입장을 엄정하게 파악하는 것은 반드시 거쳐야 할 통과의례이지만 그것은 일면에 불과하다. 재일한국인 1세들이 처한 희망과 절망 속에서도 다양한 인간관계들이 존재했고 정치와 역사를 초월한 삶의 형태들과 각기

---

[229] 볼프강 조프스키 저, 이한우 역, 앞의 책, 2010, 322쪽.

다른 생의 욕망들이 있었다."230)고 하였다.

위와 같은 언급은 폭력의 증후로서 나타난 현상을 각각 개인적인 차이에 의해 나타나고 있음을 보여준다. 청소년 시절의 최양일이 조선학교를 다니면서 '재일문학'을 읽으면서 느꼈던 '개인 욕망의 부재'에 대한 고민을 이 영화를 통해 발현하였다고 추측된다. 그는 일본의 저항 담론으로서가 아닌 인간으로서 삶의 본질을 생각하면서 재일코리안과 일본 사이에 내재된 폭력성을 재일코리안 사회에서 폭력의 증후들을 통해 음미하게 해 준다.

4. 재일코리안의 마이너리티 공간

최양일에게 재일코리안 영화 제작은 다른 영화들에 비해 많은 고민과 신중함을 요하는 일임을 알 수 있다. 〈달은 어디에 떠 있는가〉의 경우는 제작을 시도한 지 10여년 만에 영화로 완성되었으며, 〈피와 뼈〉의 경우도 거의 6년 정도 시간이 걸려서 제작되었다.

최양일은 "나와 주인공이 재일교포여서 어떤 선입견을 가지고 볼지 모르지만 그런 사회적 메시지는 의도적으로 배제했다. 인간의 피 속에는 무엇이 흐르고 뼈 안에는 무엇이 있는지를 물었다."231)고 말한다. 사회적 메시지의 의도적인 배제는 여러 시각들로 해석될 수 있다. 양인실은 "재일조선인 영화는 세대 간의 갈등, 이데올로기의 대립, 여성에 대한 억압 등의 문제를 일본사회 안에서 찾기보다 자신의 내부에서 찾고 있기 때문에 '일본인'들은 재일조선인 영화가 제시하는 문제에 자신들의 문제를 중첩시키

---

230) 김은형, 「재일한국인 1세 담은 '피와 뼈' 들고 온 최양일」, 『씨네21』, 2005. 2. 18.
231) 배장수, 「그는 괴물이었다」, 『경향신문』, 2005. 2. 24.

지 않는 것이다. 즉 재일조선인 영화들이 재일조선인 1세와 여성을, 그리고 외국인 노동자를 타자화하면서도 일본사회를 타자로 만들지 않았기 때문에 '일본인'들은 마음껏 이들 영화를 소비할 수 있게 되는 것이다."232)라고 언급하면서 〈피와 뼈〉라는 작품을 예를 들었다. 양인실의 언급처럼 최양일이 상업영화로서 성공을 지향하는 이유는 규명해야 할 필요가 있다.

원작자인 양석일은 최양일의 영화에 대한 평가에서 그 답을 얻고자 한다. "최양일은 옛날부터 '나는 마이너 영화는 만들지 않겠다'라고, '나는 메이저에서 하겠다'라고 이야기했다. 기본적으로 재일이란 원래 마이너 존재이기 때문에, 그 마이너 존재를 마이너 영화로 만들어 버리면 하찮은 마이너가 되고 만다. 그래서 마이너를 부정하는 것은 아니고, 그 자체로도 좋지만 자신은 메이저로 간다. 즉 일본의 영화계, 일본사회에 대해 메이저에서 정면 돌파해 간다는 의지가 매우 강한 것이지요."233) 이와 같이 최양일의 '사회적 의미 배제' 발언은 메이저리티와의 소통을 위한 방법이기도 하였을 것이라 이해할 수 있다.

양석일의 최양일에 대한 언급은 마이너리티가 지향하는 삶으로서 재일코리안의 본질에 대한 사유이기도 하다. 최양일은 일본사회에 대한 노골적인 대항구조는 대중들에게 설득력을 잃어간다는 것도 알고 있었을 것이다. 그는 이미 소외된 마이너리티를 다룬 작품들을 통해서 대중과의 소통법을 터득하였다고 할 수 있겠다. 따라서 그는 재일코리안으로서 살아왔던 1세대 사람들에게 역경과 고뇌가 존재했음을 〈피와 뼈〉를 통해 일본사회에 적극적으로 알리고자 했을 것이다.

최양일의 작품에 대한 의도는 이진경이 언급한 재일코리안의 존재의 의

---

232) 양인실, 「해방 후 일본의 재일조선인 영화에 대한 고찰」, 『사회와 역사』 vol. 66, 한국사회사학회, 2005, 287쪽.
233) 崔洋一·鄭義信·梁石日, 앞의 책, 2004, 63-64쪽.

미와도 연결된다. "원래의 '조국'과 자신이 현재 살고 있는 '일본(혹은 다른 나라)'과의 사이, 그 틈새에서 '재일'을 살며 어디로도 회수 될 수 없는 고유한 삶의 방식을 창안하려 한다면, 상이한 삶이 섞이는 혼성의 지대를 창안하고자 한다면, 더 나아가 그것을 통해 일본인이라는 다수자의 삶에 대해서도 무언가를 주고자 하는 존재, 그것이 '자이니치 인'인 것이다."[234]라는 언급처럼 최양일은 일본사회를 향해 재일코리안의 이야기뿐만 아니라 인간의 본질로서 이야기하고자 하였을 것이다.

　최양일은 1993년에 〈달은 어디에 떠 있는가〉에서 재일코리안의 모습을 2세대 중심으로 재일외국인과 결부시켜 일본사회에 대한 풍자와 해학으로 재일코리안의 본질에 대해서 보여주었다. 그는 1997년 〈개, 달리다〉에서도 다문화 사회 속 공간에서 살아가는 재일코리안을 일본의 폭력을 그대로 다른 외국인에게 이행하는 폭력성을 재현하였다. 그리고 2000년대로 들어와서 그는 시대를 거슬러 올라가 〈피와 뼈〉에서 재일코리안 1세대가 그 당시의 일본에서 조선부락을 형성하며 힘겹게 살아가는 생존 방식을 보여주었다. 이 작품에서는 1920년대에 김준평이라는 재일코리안이 배를 타고 건너 와 재일코리안 공동체에서 자신만의 제국을 구축한다.

　위와 같이 최양일은 재일코리안이 차별과 소외로 살아가는 공간이 아닌 가해자로서 살아가는 공간으로 재현함으로써 헤테로토피아를 생성시켰다. 또한 최양일이 재일코리안의 의미를 시대와 조우하면서 일본에서 변화되는 재일코리안의 인식과 한국의 인식에 반응하듯이, '달', '개', '피와 뼈'라는 이미지로 재일코리안의 본질에 대해 관객에게 의미해석을 맡겼다고 할 수 있다.

　따라서 최양일은 재일코리안의 민족정체성 즉, 그들의 본질을 한일관계

---

[234] 이진경, 『역사의 공간』, 휴머니스트, 2010, 94쪽.

가 재일코리안 사회에 어떻게 미치는가에 따라 영화를 통해서 장르와 시대를 달리 하면서 일본관객들과 소통하고자 하였다. 그는 재일코리안의 영화에서 재현된 재일코리안의 폭력성은 구조적 모순에 기인된 폭력이라는 것을 암시하였다. 또한, 마이너리티가 살아가는 모습을 재일코리안의 폭력성으로 재현함으로서 인간의 본성으로 내재되어 있는 폭력성이 외부적 폭력에 의해 다시 이행되지 않기 위한 성찰이라고도 하겠다. 최양일은 공간재현을 통하여 마이너리티들이 살아가는 이러한 공간들이 폭력이라는 의미를 가지기도 하지만 헤테로토피아적인 공간으로 의미를 가지면서 메이저리티가 마이너리티의 삶을 이해하고 인정하는 공존이 필요하다는 점을 알리고자 하였다.

제6장
결 론

제6장 결 론

　최양일은 일본사회의 마이너리티에 주목하여 현실적인 삶의 재현과 지향점을 영화를 통해서 지속적으로 제시한 재일코리안 영화감독이다. 본 책은 최양일 영화의 다양한 마이너리티를 사회문화적 맥락과 그의 영화에 재현된 공간의 폭력성이라는 관점에서 분석한 연구이다. 최양일의 영화에서 다양한 마이너리티의 재현방식은 그들이 살아가는 공간 속에서 끊임없는 폭력성의 반복이었다. 최양일이 마이너리티를 왜 폭력성을 통해 반복적으로 그렸는가에 대한 원인을 규명하는 일은 마이너리티가 발생하게 된 공간과 그들의 존재방식을 밝혀내는 작업이었다.

　최양일의 영화를 분석하기 위해 그가 재현한 마이너리티를 일본인'약자', '오키나와인', '재일코리안'이라는 세 가지 범주로 나누었다. 그리고 그가 재현한 각 작품의 마이너리티를 공간의 폭력성이라는 관점으로 고찰하기 위해서 푸코의 공간이론 '헤테로토피아'와 지젝의 폭력이론을 이론적인 출발점으로 삼았다. 이 이론들을 바탕으로 최양일의 영화를 분석하여 사회문화적 배경과 그의 사상과의 관계를 이해하였다. 이러한 작업을 통해 그의 영화 속 마이너리티가 왜 재현된 공간에서 폭력성을 나타내는지에 대해 규명할 수 있었다. 이하 본 연구에서 도출한 결론을 다음과 같이 종합적으로 정리한다.

제2장에서는 최양일의 성장배경을 통한 그의 가치관과 영화감독 데뷔 이전의 활동들을 고찰하였다. 영화감독으로서 그의 가치관 및 사상과, 예술적 표현을 통해 발신하고자 했던 메시지를 작품을 통해 이해할 수 있었다. 그의 재일코리안이라는 정체성과 일본사회에서 단카이 세대로서의 성장은 그의 가치관 확립 및 주체적인 삶을 살아가는 데에 큰 영향을 주었다.

그는 영화감독으로 데뷔하기 이전에 조감독과 TV드라마 감독으로 활동하였다. 그 당시 그는 미국의 하드보일드 소설에서 영화적 감성을 키워나갔다. 그의 영화감독 데뷔 후 마이너리티를 표현한 작품들은 하드보일드 소설에 기인한 필름느와르 장르로 제작되었다. 그러나 이와 정반대의 코미디 장르로서 풍자와 해학으로서 마이너리티를 재현하기도 하였다.

그는 각기 다른 영화 속에서 마이너리티의 이야기를 공통된 프레임의 고안을 통해 영상화하였다. 첫째는 주인공들이 질주하는 프레임이다. 둘째는 교통수단을 통해 나타내는 마이너리티의 표상이다. 셋째는 이야기 주체가 되는 술집여성의 등장이다. 넷째는 권력의 상징인 경찰이 타락한 모습으로의 재현이다. 이러한 공통된 프레임의 고찰을 통해 최양일이 탐구한 마이너리티의 본질을 알 수 있었다.

제3장에서는 마이너리티로서의 일본인'약자'에 관한 분석이다. 〈10층의 모기〉에서는 경찰서라는 공간이 중요한 의미를 가졌다. 경찰로 등장한 주인공은 경찰서라는 권력의 공간 안에서 승진 시험과 실적 등으로 인한 경쟁으로 점점 소외되어 가면서 마이너리티로 추락하게 된다. 최양일은 경찰서가 인간소외를 일으키는 공간, 다시 말하자면 헤테로토피아로서 구축하였다. 주류에서 추락하는 마이너리티의 양상은 자본주의의 구조적 폭력이 인간의 소외로 인한 주관적인 폭력을 일으키는 원인이 된다는 사회 구조적 모순에 대한 고발이었다.

〈꽃의 아스카 조직〉은 영화의 가상적 시공간으로 설정이 되었다. 신주쿠라는 일본의 도시의 한 복판이 가까운 미래에는 마약과 폭력으로 난무한 거리가 되었다. 그러나 어느 날 이 공간은 10대 소녀에 의해 장악된다. 최양일은 10대 소녀의 마이너리티 삶에 대한 희망적 미래의 가능성을 헤테로토피아에서 구현하고자 하였다. 이 작품에서는 마이너리티가 메이저리티로 부상하는 양상을 보여주었다.

〈형무소 안에서〉는 마이너리티의 공존을 보여준다. 최양일은 형무소라는 공간에서 권력의 폭력에 의해 수형자들이 우둔하고 단순하게 적응하는 모습을 코믹으로 표현하였다. 최양일은 형무소를 수형자들에게 매일 먹는 식사에 대한 행복감이나 노동을 통한 성취감을 느끼는 헤테로토피아로 생성시켰다. 이는 마이너리티의 본질을 형무소라는 폭력 속에서도 행복을 지향하는 인간 보편적 삶으로 보여주고자 하였다.

위와 같이 마이너리티로서의 일본인'약자'의 범주에서 고찰한 세 작품은 각기 다른 마이너리티의 양상이었다. 최양일은 각각 서로 다른 공간이지만 마이너리티의 본질은 궁극적으로는 어떻게 귀결하고자 하는지를 보여주었다. 즉 그는 마이너리티가 탄생된 공간에서 마이너리티가 구조적 폭력을 극복하기 위한 방안으로 주관적 폭력을 행사한다는 것을 이야기한다. 그리고 그는 마이너리티가 존재하는 공간에서 평등과 공생이라는 보편적인 삶을 지향하고자 함을 밝힐 수 있었다.

제4장에서는 마이너리티로서의 '오키나와인'에 관한 분석이었다. 최양일의 오키나와 작품들은 첫 번째 작품은 현재적 관점에서 두 번째 작품은 과거로 거슬러 올라간 관점에서, 마지막 작품은 미래의 관점에서 지향점이 무엇인가에 대한 탐구였다.

〈친구여, 조용히 잠들라〉는 1980년대 초기에 오키나와가 일본으로 복귀된 뒤 관광개발이 활발하게 이루어진 시대를 배경으로 하고 있다. 최양일은 이 작품에서 국가 폭력에 저항하려는 주체적 의지나 미래의 가능성에 대하여 현실을 그대로 그린다. 그는 호텔 사장을 구하려고 온 친구의 설정이나 어렵게 석방시킨 친구가 총살을 당하는 결론을 통해서 자본주의 폭력의 현실을 보여주고 있다. 그렇지만 재개발지역이라는 공간은 개발자체에 저항을 하는 사장과 친구에게는 오키나와인의 본질을 찾고자 하는 오키나와인의 꿈이라는 헤테로토피아적 의미를 가지기도 한다.

〈A사인 데이즈〉에서는 미군기지의 유흥가 A사인 클럽에서 노래하는 오키나와 록 가수의 이야기이다. 최양일은 첫 작품보다 10여 년 이상 과거로 거슬러 올라가 오키나와에서 가장 큰 문제로 대두되는 미군기지를 이야기한다. A사인 클럽은 미군을 위한 술집으로 위생과 시설을 허가를 받아야 운영할 수 있는 제국주의 폭력이 미치는 공간이다. 또한 술집이라는 공간은 오키나와인이 록의 정신을 통해서 저항의 기초를 이해하게 하고 마이너리티로서 분노를 해소할 수 있는 헤테로토피아적 의미를 가지는 공간으로서 다가온다. 이 작품에서 그는 오키나와에서 탄생된 혼혈아와 오키나와 록이라는 문화표상을 통해 혼종성에 대해 말하고자 하였다.

〈돼지의 보은〉에서는 오키나와를 민속적 관점에서 이야기를 풀어나간다. 오키나와의 어느 술집에 돼지가 침입하여 호스티스가 넋을 잃게 되자 마쟈지마라는 섬에 있는 우타키에 가서 기도하기로 한다. 이 영화에서 등장한 사람들은 이러한 샤머니즘적인 관점에서 비근대적인 사유를 자연스럽게 받아들인다. 돼지가 침입한 술집이라는 공간은 폭력에 익숙한 공간이면서 오키나와의 상징적 의미로서 해석되었다. 최양일은 오키나와의 근본적인 정신세계를 전통이 그대로 있는 섬 공간에서 이야기하였다. 주인공은 섬에서 며칠 동안 여러 일들을 겪으면서 마침내 풍장된 아버지를 발견한다. 그리고 주인공은 문득 아버지가 신이 될 수 있는 가능성, 아버지를 문중으로 모시지 않고 독립적인 우타키로 모시겠다는 의지를 보인다. 이로써 전통의 섬은 과거의 의미를 가지는 망각의 섬이라는 공간이 아닌 오키나와인의 정신세계와 미래지향의 공간이라는 헤테로토피아를 구축하게 된다.

위와 같이 최양일은 오키나와인 영화에서 마이너리티의 현실적인 삶과 지향하는 바에 대하여 시간과 공간을 통하여 단계적인 시도를 하였다. 그는 오키나와라는 공간을 제국과 자본의 폭력이 침투되어 있다는 것을 밝혔다. 그러나 그는 오키나와인도 과거를 거슬러 올라가면 그들 또한 주체적인 메이저리티로서 존재하였을 거라는 것을 암시하며 미래를 위한 주체적 삶을 제시하였다.

제5장에서는 마이너리티로서의 '재일코리안'에 대한 분석이었다. 최양일은 세 범주 중에서 재일코리안 영화는 감독 데뷔 후 10여년이 지나 제작하였으나, 감독으로서의 명성을 가장 확고히 할 수 있는 계기가 되었다. 재일코리안 출신인 최양일은 세 범주 중에서도 고심을 많이 한 작품들이기도 한다. 〈달은 어디에 떠 있는가〉는 그의 출세작이다. 그는 역사 속에서 고정관념으로 굳어져 있는 재일코리안의 이미지를 깨고 다문화 속에서 재일코리안을 신선한 시각으로 접근하였다. 그리고 재일코리안의 사회에서 일어나는 내부적 갈등을 코믹하게 풀어나갔다. 영화에서 신주쿠 한 복판의 가부키초는 재일고리안과 여러 인종이 살아가는 다문화 거리로 재현되었다. 그 공간에서 재일코리안은 필리핀인이나 이란인으로 설정된 외국인들에게 폭력을 행사하는 폭력의 주체로서 의미를 가진다. 다문화 사회에서 마이너리티로서의 재일코리안이 폭력을 통해서 상대적으로 다른 민족들에 대해서는 메이저리티가 되는 공간이다. 이는 마이너리티로서 다른 마이너리티와 어떻게 살아가야 하는지에 대한 사유를 제공하여 마이너리티의 미래지향점을 나타내는 헤테로토피아적 공간으로서 작용하기도 한다. 일본에서는 가장 오래된 외국인으로 살아가는 재일코리안은 오키나와인과 비슷한 역사적 체험을 가지면서도 다른 정체성을 지닌다. 그는 이러한 공간

적 재현에서 발생된 재일코리안의 폭력은 메이저리티의 국가폭력을 답습한 구조적 폭력으로서 다른 민족에게 그대로 적용하는 현상을 보여주었다. 그는 이를 코미디 영화로 재현하여 메이저리티가 웃고 소비할 수 있도록 다루었지만 그 이면에는 주류들에게 마이너리티와 어떻게 살아가야 하는가에 대한 새로운 인식을 위한 방안이었다.

〈개, 달리다〉에서는 훨씬 진화된 형태의 다문화 사회가 재현되었다. 첫 번째 작품과 같은 공간인 신주쿠의 가부키초에서 재일코리안과 다른 민족과의 관계를 보여준다. 첫 번째 작품과 다른 점은 재일코리안이 확대된 세력으로 일본 경찰이라는 권력과 손을 잡고 신주쿠를 마약과 폭력으로 장악한다는 것이다. 그러나 최양일은 가부키초라는 공간이 마이너리티의 다양한 삶을 재현하고 폭력과 배신이 난무하는 공간이지만 그 속에서도 동료로서 사랑이 꽃피는 헤테로토피아적 공간으로 생성시키기도 하였다.

〈피와 뼈〉에서는 재일코리안의 1세의 일생을 청년기부터 일대기로 다루었다. 이 작품은 1923년 제주도에서 오사카로 건너오는 배를 타고 있는 주인공 김준평 모습으로 시작된다. 배라는 공간은 제국주의 폭력에 의하여 정든 고향을 떠나야 하는 폭력의 공간이기도 하지만 식민지 시대를 살아가던 재일코리안에게는 꿈과 희망의 헤테로토피아적 공간이기도 하였다. 주인공 김준평은 폭력적인 괴물이라 칭할 정도로 무지막지하게 폭력을 휘두른다. 그 뿐만 아니라 김준평은 빈집에 무작정에 들어가서 어묵공장을 세우고, 부인이 사는 집 바로 옆에 첩을 두고 살아간다. 김준평의 모든 가족은 폭력에 대한 증후로서 죽음이나 상처로 남아있으며, 이러한 김준평의 폭력은 식민지 시대에 경험한 제국의 폭력을 연상케 한다. 김준평의 주관적인 폭력은 제국이라는 구조적 폭력에 기인되었다고도 볼 수 있다. 이와 같이 최양일은 재일코리안을 재현한 공간을 차별과 소외가 아닌 가해자로서 살아가는 공간으로 재현함으로써 영화를 보는 일본인에게 마이너리티들도 동일한 인간의 본질로서의 삶이 존재하고 있음을 인식하게 하였다. 최양일의 이러한 공간의 폭력성은 식민지의 경험을 한 재일코리안이 제국의 폭력을 답습한 폭력 이행으로 인식할 수 있다. 최양일은 이러한 폭력이 이행되는 공간을 헤테로토피아로 생성시켰다. 최양일은 재일코리안의 폭력을 통하여 마이너리티가 미래의 삶에서는 메이저리티와의 공존을 위해 어떻게 살아가야 하는가에 대한 고민을 사람들에게 환기시켰다.

  재일코리안의 영화에 나타난 공간은 폭력이라는 의미와 그 이면으로서 공존이라는 헤테로토피아적인 의미를 가지게 됨을 알 수 있다. 최양일은 재일코리안의 이야기를 일본사회 속의 새로운 변화에 기민하게 대응하여 다루었다. 그는 첫 작품을 다문화 사회라는 틀에서 재일코리안을 새롭게 인식시키다가 2000년대 이후 한류 붐이라는 사회 현상과 함께 재일코리안 1세의 본질적인 삶의 모습을 보여주었다. 이를 통해 재일코리안이 제주도에서 오사카까지의 이주부터 다시 조국으로의 회귀라는 결론은 재일코리안 1세의 궁극적인 지향점이 무엇이었는가를 확인할 수 있었다. 최양일은 일본 공간에서 재일코리안이 구조적 폭력으로 인해 주관적 폭력을 행사하는 모습으로 그렸지만, 공간의 헤테로토피아의 의미로서 재일코리안의 마이너리티가 메이저리티와 함께 공존하기 위해서는 지향점이 무엇인가를 사유하도록 하였다.

  이 책은 최양일이 다양한 마이너리티의 재현을 통하여 그가 궁극적으로 마이너리티가 일본이라는 공간에서 어떻게 살아가야 되는지에 대해 탐구하였음을 살펴보았다. 따라서 최양일 영화의 다양한 마이너리티를 재현된 공간에서 나타난 폭력성을 중심으로 분석 고찰한 결과 다음과 같이 정리할 수 있다.

  첫째, 최양일의 다양한 마이너리티의 재현은 인간의 본질에 대한 탐구였다. 그가 재현한 마이너리티는 공통적으로 주관적 폭력을 행사하지만 궁극적으로는 구조적 폭력에 의한 원인에서 발생하였다. 즉, 그의 영화에서 재현된 마이너리티가 살아가는 공간 속에서 인간소외를 극복하기 위한 주관적 폭력은 주류사회에 대한 저항 담론으로 규명되었다. 또한 그가 재현한 다양한 마이너리티는 보편적인 인간성을 지향하면서 내부적 모순의 제거와 메이저리티와의 공존을 꿈꾸고 있는 인간임을 표상하고자 하였다.

둘째, 최양일은 일본 사회에서 마이너리티가 메이저리티와 소통하기 위하여 어떤 순서로 영화를 제작하였는가를 최양일의 사상적 궤적과의 관계에서 밝혔다. 그는 마이너리티를 구조적 폭력에 의해 소외되고 있는 정도에 따라 단계별로 보여주었다. 그는 소외의 정도를 일본 사회에서 일반적인 관점으로 이해할 수 있는 일본인'약자'부터 시작하였다. 그리고 그는 일본국적을 지니고 있지만 민족이 다른 오키나와인, 다음으로 국적과 민족이 다른 외국인으로 살아가는 재일코리안의 순서로 영화를 제작하였다. 이 책에서 작품들을 세 범주로 나누어 각 범주 속에서 시대별로의 분류는 최양일의 사상적 궤적을 따라 인간의 보편적 삶과 본질에 대한 탐구라는 귀결을 위한 작업이었다.

셋째, 최양일 영화의 마이너리티 연구를 통한 민족적 정체성에 대한 이해는 마이너리티가 일본이라는 공간에서 구조적 폭력에 대한 저항으로 끝내는 것이 아니라 주체로서 정체성을 찾아가고자 하였다. 이를 위해 그는 마이너리티가 지향하는 헤테로토피아를 구축하여 공존을 위한 삶을 모색하였다. 최양일의 마이너리티 영화에서 반복적인 폭력성의 재현은 마이너리티의 민족역사를 환기시키면서 메이저리티와 마이너리티 상호 간의 성찰을 유도하였다고 할 수 있다. 이러한 최양일의 영화는 마이너리티가 마이너리티의 상황을 벗어나 보편적 주체로서 삶을 지향하고 메이저리티와 공존하는 것에 대한 표현이고 인식이라는 점에 의미를 갖는다.

이 책에서는 최양일의 영화에 나타난 일본 사회에 존재하는 마이너리티를 세 범주로 나누어 공간의 폭력성이라는 관점에서 분석하였다. 일본에는 그의 영화 외에도 마이너리티를 주제로 다룬 영화들이 존재한다. 그 뿐만 아니라 마이너리티는 세계적으로 존재하는 보편적인 집단이다. 다양한 민족과 문화가 공존하는 사회에서 마이너리티가 생성되는 공간에는 구조적 폭력이 존재하고 있다. 이러한 구조적 폭력은 어느 사회에나 존재하며 어느 누구에게나 노출되어 있다고 볼 수 있다. 향후 이 책에서 시도한 연구 방법 및 도출한 결론을 바탕으로 하여 세계적으로 마이너리티를 다룬 영화를 대상으로 하여 본 연구를 이어가고자 한다.

참고문헌

1. 텍스트

〈시나리오〉

内田裕也・崔洋一, 「10階のモスキート」, 『'83年鑑代表シナリオ集』, シナリオ作家協会, 1983.

斎藤博, 「Aサインデイズ」, 『'89年鑑代表シナリオ集』, 映人社, 1990.

崔洋一, 「花のあすか組!」, 『月刊 シナリオ』9月号, シナリオ作家協会, 1988.

崔洋一・鄭義信・梁石日, 『映画「血と骨」の世界』, 新潮社, 2004.

崔洋一・鄭義信・中村義洋, 「刑務所の中」, 『月刊 シナリオ』2月号, シナリオ作家協会, 2003.

鄭義信, 『犬, 走る』(シナリオ), 영화 대본, 1997.

鄭義信・崔洋一, 『豚の報い』(シナリオ), 영화 대본, 1999.

鄭義信, 『シナリオ100, 14 TSUKI HA DOTCHI NI DETEIRU / 月はどっちに出ている』, 演劇ぶつく社, 2000.

丸山昇一, 「友よ, 静かに瞑れ」, 『月刊 シナリオ』7月号, シナリオ作家協会, 1985.

〈DVD〉

〈豚の報い〉, サンセントシネマワークス, 2000.

〈刑務所の中〉, ビーワイルド, 2002.

〈血と骨〉, 「血と骨」製作委員会, 2006.

〈犬, 走る. DOG RACE〉, 東映, 2007.

〈花のあすか組!〉, 角川, 2007.
〈月はどっちに出ている〉, シネカノン, 2008.
〈Aサインデイズ〉, 大映, 2008.
〈十階のモスキート〉, ニュー・センチュリー・プロデューサーズ, 2009.
〈友よ, 静かに瞑れ〉, 角川, 2011.

2. 국내 단행본

구견서, 『일본영화와 시대성』, 제이앤씨, 2006.
김영심, 『일본영화 일본문화』, 보고사, 2006.
신명직, 『재일코리안 3색의 경계를 넘어』, 고즈윈, 2007.
오영미, 『문학과 만난 영화』, 월인, 2007.
윤건차, 이애숙·하종문 역, 『일본; 그 국가민족국민』, 일월서각, 1997.
윤인진, 『코리안 디아스포라』, 고려대학교 출판부, 2004.
이영일, 『한국영화전사 개정증보판』, 도서출판 소도, 2004.
이진경, 『역사의 공간』, 휴머니스트, 2010.
이홍균, 『소외의 사회학』, 한울아카데미, 2004.
한인섭, 『형벌과 사회 통제』, 박영사, 2006.

3. 일본 단행본

岩間曉子・ユヒョヂョン, 『マイノリティとは何か』, ミネルヴァ書房, 2007.
小熊英二, 『単一民族神話の起源―「日本人」の自画像の系譜』, 新曜社, 1995.
姜尙中, 『在日』, 講談社, 2004.
姜徹 編著, 『在日朝鮮人史年表』, 雄山閣, 1983.
金贊汀, 『在日, 激動の百年』, 朝日新聞社, 2004.
西嶋憲生, 『日本映画史叢書3』, 森話社, 2005.
佐藤忠男, 『日本映画史3』, 岩波書店, 1995.
佐藤忠男, 『日本映画史4』, 岩波書店, 2007.

斎藤博, 「Aサインデイズ」, 『'89年鑑代表シナリオ集』, 映人社, 1990.
崔洋一 ほか, 『崔洋一の世界』, 日本テレビ, 1994.
崔洋一・鄭義信・梁石日, 『映画「血と骨」の世界』, 新潮社, 2004.
高柳俊男, 「日本映画のなかの在日コリアン像」, 『歴史のなかの「在日」』, 藤原書店, 2005.
武井昭夫, 『戦後史のなかの映画』, 星雲社, 2003.
又吉栄喜, 『豚の報い』, 文春文庫, 1999.
朴鐘鳴 編著, 『在日朝鮮人の歴史と文化』, 明石書店, 2006.
四方田犬彦, 「電影風雲 日本映畵の新鋭たち−崔洋一 エスニシティー顯現」, 『世界』, 岩波書店, 1998.
四方田犬彦, 『日本映画史100年史』, 集英社新書, 2000.
四方田犬彦, 『アジアのなかの日本映画』, 岩波書店, 2001.
四方田犬彦, 『日本映画と戦後の神話』, 岩波書店, 2007.
四方田犬彦, 大峰沙和 編, 『沖縄映画論』, 作品社, 2008.
四方田犬彦, 『日本映画史110年』, 集英社親書, 2014.
利根川裕, 『喜屋武マリーの青春)』, 南思社, 1986.

4. 번역서

가토 슈이치, 박인순 역, 『일본문화의 시간과 공간』, 작은이야기, 2010.
강상중・요시미 슌야, 임성모・김경원 역, 『세계화의 원근법』, 이산, 2004.
더들리 앤드루, 김시무외 역, 『영화이론의 개념들』, 시각과 언어, 1995.
도노무라 마사루, 신유원・김인덕 역, 『재일 조선인 사회의 역사적 연구』, 논형, 2010.
레이 초우, 정재서 역, 『원시적 열정』, 이산, 2004.
로제 다둔, 최윤주 역, 『폭력』, 동문선, 2006.
롤로메이, 신장근 역, 『권력과 거짓순수』, 문예출판사, 2013.
루이스 자네트, 김진해 역, 『영화의 이해』, 현암사, 2000.
마르쿠스 슈뢰르, 정인모・배정희 역, 『공간, 장소, 경계』, 에코리브르, 2010.
마리타 스터르큰・리사 카트라이트, 윤태건・허현주・문경원 역, 『영상문화의 이해』, 커뮤니케이션북스, 2006.

미셸 푸코, 오생근 역, 『감시와 처벌』, 나남, 2003.
미셸 푸코, 이상길 역, 『헤테로토피아』 문학과 지성사, 2015.
발터 벤야민, 반성완 역, 「技術複製時代의 예술작품」, 『발터 벤야민의 문예이론』, 민음사, 1999.
배리 랭포드, 방혜진 역, 『영화의 장르-헐리우드와 그 너머』, 한나래, 2010.
볼프강 조프스키, 이한우 역, 『폭력사회』, 푸른숲, 2010.
사키마 고에이, 김용의 역, 『오키나와 구전설화』, 전남대학교출판부, 2015.
서경식, 김혜신 역, 『디아스포라 기행-추방당한 자의 시선』, 돌베개, 2006.
슬라예보 지젝, 이현우·김희진·정일권 역, 『폭력이란 무엇인가-폭력에 대한 6가지 삐딱한 성찰』, 난장이, 2011.
Steve Neale & Frank krutnik, 강헌두 역, 『영화 속의 코미디, TV 속의 코미디』, 한국방송개발원, 1996.
스티븐 히스, 김소연 역, 『영화에 관한 질문들』, 울력, 2010.
아리시키 모리테루, 김경자 역, 『또 하나의 일본 오끼나와 이야기』, 역사비평사, 1998.
아마르티아 센, 이상환·김지현 역, 『정체성과 폭력』, 바이북스, 2009.
요모타 이누히코, 강태웅 역, 『일본영화의 래디컬한 의지』, 소명출판, 2011.
피터 비케, 남정우 역, 『록음악』, 예솔, 2010.
허버트 마르쿠제, 『일차원적 인간』, 육문사, 1993.

5. 논문

강우원용, 「일본 마이너리티문학의 양상과 가능성-오키나와문학과 재일한국인·조선인문학을 중심으로-」, 『일본연구』 제14집, 고려대학교 일본학연구센터, 2010.
강익모, 「최양일의 〈피와 뼈〉로 본 물신의 기표, '폭력'」, 『문학과영상』 Vol.8 No.3, 문학과영상학회, 2007.
권향숙, 「조선족의 일본 이주에 관한 시론」, 『일본비평』, 8집, 서울대학교 일본연구소, 2013.
김동심, 「'오키나와의 마음' 평화로운 아시아, 세상을 만드는 힘」, 『황해문화』 겨

울호, 새얼문화재단, 2000.
김민철·허문경, 「영화에 나타난 섬 관광의 이미지에 관한 고찰」, 『관광학연구』 제33권 제1호, 한국관광학회, 2009.
김부찬, 「재일한국인의 법적지위에 관한 연구동향과 과제」, 『재일한국인 연구의 동향과 과제』, 제주대학교 재일제주인센터, 2014.
김승구, 「오시마 나기사 영화와 한국의 관련 양상」, 『인문연구』 69호, 영남대학교 인문과학연구소, 2013.
김영심, 「재일 한국인에 대한 접근 혹은 일탈 : 〈달은 어디에 떠 있는가〉와 〈가족 시네마〉를 중심으로」, 『문학과 영상』 Vol.1 No.2, 문학과 영상학회, 2000.
김용의, 「오키나와 다케토미지마(竹富島)지역의 우타키(御嶽)신앙」, 『일본어문학』 제20집, 한국일본어문학회, 2004.
김인덕, 「일본우익과 재일코리안의 역사」, 『일본학』 제36집, 동국대학교 문화학 술원 일본연구소, 2013.
김정환, 「폭력과 저항 : 발리바르와 지젝」, 『사회와 철학』 제21집, 사회와 철학 연구회 논문집, 2011.
김창민, 「오키나와의 문화적 정체성과 세골장」, 『동아시아문화연구』 제60집, 동 아시아문화연구소, 2015.
김태만, 「재일 코리안 디아스포라의 트라우마-영화〈우리에겐 원래 국가가 없었다〉,〈박치기〉,〈우리학교〉를 중심으로-」, 『동북아문화연구』 제25집, 동 북아시아문화학회, 2010.
니가자토 이사오, 「오키나와 영화의 '로컬리티'와 일본화, 미국화 문제」, 『오키나와 영화, 오키나와 아이덴티티』, 한국영상사료원, 2009.
남승석, 「느와르 장르에서 반영웅 캐릭터의 변화 양상」, 『씨네포럼』 제12호, 동국 대학교 영상미디어센터, 2011.
라경수, 「일본의 다문화주의와 재일코리언-'공생(共生)'과 '동포(同胞)'의 사이-」, 『재외한인연구』 제22호, 재외한인학회, 2010.
마사오 미요시, 「개인에도 국가에도 단수의 아이덴티티는 존재하지 않는다. 영화 에서 보이는 오키나와」, 『오키나와 영화, 오키나와 아이덴티티』, 한국영상 자료원, 2009.
박규태, 「『1Q84』의 세계에 떠 오른 두 개의 달」, 『일본비평』 8집, 서울대학교 일 본연구소, 2013.

박명진, 「한일영화에 나타난 인종과 국가의 이미지 연구-〈이조잔영〉, 〈족보〉, 〈GO〉, 〈가족시네마〉를 중심으로-」, 『한국극예술연구』 제22집, 한국극예술학회, 2004.
소명선, 「마이너리티문학 속의 마이너리티 이미지-재일제주인문학과 오키나와인 문학을 중심으로-」, 『일어일문학』 54집, 대한일어일문학회, 2012.
손미경, 「한·일간문화컨텐츠영화교류와재일코리언」, 『재외한인연구제』 20호, 재외한인, 2009.
손지연, 「유동하는 현대 오키나와 사회와 여성의 '내면'」, 『비교문학』 제61집, 한국비교문학회, 2013.
손지연, 「오키나와 공동체 구상과 여성의 섹슈얼리티 : 일본'복귀' 전후 오시로 다쓰히로 텍스트를 중심으로」, 『耽羅文化』 49호, 제주대 탐라문화연구소, 2015.
송인선, 「반역하는 '단카이(団塊)'-전공투(全共鬪)와 일본의 대중사회-」, 『현대문학의 연구』 50집, 한국문학연구학회, 2013.
신기영, 「마이너리티 이론의 탐색」, 『일본비평』 8호, 서울대학교 일본연구소, 2013.
신명직, 「'68'의 임진강을 넘은 달은 어디에 떠 있는가 : 영화 〈우리학교〉〈박치기 1·2〉〈달은 어디에 떠 있는가〉에 대하여」, 『역사비평』 Vol-No. 81, 역사문제연구소, 2007.
신명직, 「재일 코리안과 다국가 시민권-영화 '피와 뼈', '디어 평양', '달은 어디에 떠 있는가'를 중심으로」, 『石堂論叢』 56집, 東亞大學校附設 石堂傳統文化硏究院, 2013.
신소정, 「영화〈달은 어디에 떠 있는가〉(月はどっちに出ている)연구 : 뉴커머와 재일조선인의 관계를 중심으로」, 고려대학교 일반대학원 일어일문학과 석사학위논문, 2009.
신수아, 「인물을 통해 살펴 본 한국 슬랩스틱 코미디의 특성 연구 : 코미디언 '김병만'을 중심으로」, 한양대학교 대학원 방송영상전공 석사학위논문, 2010.
신하경, 「1960년대 오시마 나기사(大島渚)영화 속의 재일조선인 표상」, 『일본 문화 학보』 제45집, 한국일본문화학회, 2010.
신하경, 「억압적 '보편'에 대한 저항 : 1960년대 오시마 나기사(大島渚)영화의 현재성」, 『한국학연구』 28집, 인하대학교 한국학연구소, 2013.
이은영, 「이름과 언어를 통해 본 재일한국인의 아이덴티티」, 중앙대학교 대학원 석사학위논문, 2005.

양인실, 「日本 미디어가 表象(representation)하는 「在日」像」, 『韓日民族問題研究』 한일민족문제학회, 2003.
양인실, 「해방 후 일본의 재일조선인 영화에 대한 고찰」, 『사회와 역사』 vol. 66, 한국사회사학회, 2005.
양인실, 「포스트〈GO〉의 불/가능성」, 『영화』 5권 1호, 부산대학교 영화연구소, 2012.
양인실, 「일본 TV영상물의 재일제주인 표상」, 『일본비평』 8집, 서울대학교 일본연구소, 2013.
이지연, 「다큐 영화 〈우리학교〉를 통해 본 재일조선인 연구-재일 조선인의 정체성과 민족의 의미를 중심으로-」, 『인문사회과학연구』 제14권 제2호, 부경대학교 인문사회과학연구소, 2013.
이지형, 「일본 마이너리티문학 연구의 현재와 과제-내셔널리즘, 우생사상 그리고 궁극의 문학」, 『日本學報』 100집, 한국일본학회, 2014.
유양근, 「영화 〈GO〉, 〈뼈와피〉, 〈박치기〉의 변주와 수렴」, 『일본학연구』 제36집, 단국대학교 일본연구소, 2012.
유양근, 「일본영화에 나타난 재일코리안의 이중적 로컬리티」, 『영화』 6권 1호, 부산대학교 영화연구소, 2013.
윤송아, 「재일조선인의 평양 체험-유미리, 『평양의 여름휴가-내가 본 북조선』과 양영희, 『가족의 나라』를 중심으로」, 『우리어문연구』, 우리어문학회, 2013.
장윤정, 「모더니즘의 알레고리와 비전으로서의 필름 느와르-팜프파탈, 검열, 하드보일드의 중층 결정으로서의 장르적 재구성에 관한 연구-」, 중앙대학교 첨단영상대학 박사학위논문, 2004.
전경수, 「오키나와 기지촌의 형성과 미군-주민관계」, 『기지의 섬, 오키나와 : 현실과 운동』, 논형, 2008.
정수완, 「일본 영화 속에 나타난 한국인상 연구」, 동국대학교대학원 석사학위논문, 1994.
정영신, 「오키나와(沖縄)의 기지화·군사화에 관한 연구-기지 건설·확장과 반환의 역사적 과정을 중심으로」, 『사회와 역사』 제37집, 한국사회사학회, 2007.
정아영, 「일본의 1968년 학생운동에 대한 사회적 기억과 평가」, 『경제와 사회』 제76호, 한국산업사회연구회, 2007.
조경화, 「문학과 영상에 나타난 『피와 뼈』의 변주」, 건국대학교 교육대학원 일어교육전공 석사학위논문, 2006.

조수미, 「오키나와의 문츄화(門中化) 현상」, 『비교문화연구』 제7집 2호, 서울대학교 비교문화연구소, 2001.
조정민, 「로컬리티 기호로서 혼혈아-오키나와 아메라시안(Ameraian)의 경우-」, 『동북아문화연구』 제34집, 동북아시아문화학회, 2013.
주은우, 「섬의 이미지와 국민국가 응시」, 『사회와 역사』 제78집, 한국사회사학회, 2008.
주은우, 「다민족·다문화 일본이 타자와 섬에 대한 상상력」, 『사회와 역사』 제84집, 한국사회사학회, 2009.
주혜정, 「최양일 영화에 나타난 재일코리안 표상-〈달은 어디에 떠 있는가〉와 〈피와 뼈〉를 중심으로-」, 『일어일문학연구』 제91집 2권, 한국일어일문학회, 2014.
주혜정, 「최양일의 〈A사인 데이즈〉에 나타난 마이너리티의 표상」, 『일본문화학보』 제64집, 한국일본문화학회, 2015.
주혜정, 「최양일 영화의 마이너리티 양상-인간소외와 폭력에 대하여-」, 『일본문화학보』 제66집, 한국일본문화학회, 2015.
주혜정, 「최양일의 〈돼지의 보은〉에 나타난 마이너리티 표상」, 『일본어문학』 제68집, 한국일본어문학회, 2016.
최범순, 「일본 영화와 일본인의 전후 인식-재일조선인 형상의 정형성과 대면관계를 통해서-」, 『일본문화연구』 제21집, 동아시아일본학회, 2007.
최인택, 「오키나와의 민속공간과 女性原理」, 『日本文化硏究』 제24집, 동아시아일본학회, 2007.
최인택, 「일본의 오키나와 그리고 오키나와의 일본」, 『민족연구』 49호, 한국민족연구소, 2012.
최정기, 「감옥 : 규율권력의 길들이기와 욕망의 탈주」, 『진보평론』, 진보평론, 2000.
한영혜, 「다민족·다문화 일본과 정체성의 재구축」, 『다문화 사회 일본과 정체성 정치』, 서울대학교 출판문화원, 2010.
허경, 「미셸 푸코의 '헤테로토피아'-초기 공간 개념에 대한 비판적 검토」, 『도시인문학 연구소』 제3권 2호, 도시인문학연구소, 2011.
현무암, 「'중국잔류 일본인'을 둘러싼 포섭과 저항」, 『일본비평』 8집, 서울대학교 일본연구소, 2013.
황인성·남승석·조혜랑, 「영화 〈공동경비구역 JSA〉의 공간재현 방식과 그 상징적 의미에 대한 일 고찰」, 『언론과 사회』, 성곡언론문화재단, 2012.
追立祐嗣,「ラルフ・エリソン "Flying Home"と又吉栄喜『豚の報い』に見られる土着性のシンボルに関する比較考察」, 『沖縄国際大学外国語研究』6(2), 沖縄国際大学, 2003.
加藤健次,「崔洋一論－物語の磊落性と笑いによる高度なエエカゲンについて」, 『現代詩手帳』37輯 7号, 新潮社, 1994.
塩月亮子,「表象としてシャーマニズムー沖縄の映畵と文學にみるアイデンティティ・ポリティックスー」, 『哲學』第107集, 慶應義塾大學, 2002.
波平勇夫,「戦後沖縄都市の形成と展開」, 『沖縄国際大学総合学術研究紀要』9(2), 2006.
紅野謙助,「マイノリティー崔洋一『月はどっちに出ている』(映畵)」, 『國文學』46輯 3号, 學燈社, 1994.
外村大,「日本人は「在日朝鮮人問題」をどう考えてきたか」, 『일본학』제38집, 동국대학교 문화학술원 일본학연구소, 2014.
中村廣司,「日本の'多文化共生'概念の非判的考察」, 『日語日文學研究』第91集, 韓國日語日文學学会, 2014.
与那覇恵子,「〈マブイ小說〉にみる琉球弧の世界」,「研究ノート沖縄文學いみる死者の存在」『現代史研究』第5号, 東洋英和女学院大学現代史研究所, 2009.
山本讓司,「刑務所内の現実に見る日本社会－福祉の代替施設と化す矯正施設－」, 『甲南法学』, 甲南大学, 2010.
梁仁實,「やくざ映画」における「在日」観」, 『立命館産業社会論集』第38巻 第2号, 立命館大学産業社会学会, 2002.
＿＿＿,「戰後日本映畵における『在日』女性像」, 『立命館産業社会論集』第39巻 第2号, 立命館大学産業社会学会, 2003.

6. 잡지 및 신문

김은형, 「재일한국인 1세 담은 '피와 뼈' 들고 온 최양일」, 『씨네21』, 2005. 2. 18.
배장수, 「그는 괴물이었다」, 『경향신문』, 2005. 2. 24.
백승찬, 「삶의 변두리를 껴안는 남자 최양일」, 『경향신문』, 2004. 2. 11.
정승욱, 「재일한국인 삶을 통해 화해·평화를 모색」, 『세계일보』, 2008. 5. 9.

佐藤敬一,「オキナワロック: 音楽武器に支配や差別と闘い…50年史」,『毎日新聞』, 2014. 7. 5.

崔洋一・インタビュー編集部,「〈プロフイル〉崔洋一, 自分のアイデンテイテイーがいかに時代と切り結ぶか…」,『シナリオ』7月号, シナリオ作家協會, 1983.

崔洋一・山根貞男,「檄論「花のあすか組!」から"荒井晴彦の映畵評"批判」,『シナリオ』44호, シナリオ作家協會, 1988.

崔洋一,「在日コリアンの目をとおして見た日本と韓国の子ども・若者たち」,『日本教育学会大會研究発表要項』61輯, Japanese Educational Research Association, 2002.

TOMAYO・崔洋一,「差別と笑いとばせ―被害者意識にとらわれていたら, しょーもない―」,『文芸春秋』, 文芸春秋社, 1995.

榎望,「『刑務所の中』にて」,『シナリオ』2月号, シナリオ作家協會, 2003.

増沢一彦,『沖縄ロックの女王, 喜屋武 マリー』,『読売新聞』, 1989. 8. 6.

丸山昇一,「タイトルこそすべて」,『月刊 シナリオ』7月号, シナリオ作家協會, 1985.

「オキナワロック'誕生50年 県協會が初の記念史」,『琉球新報』, 2014. 5. 18.

宮崎学,「「在日」も文化も混在すればもっと面白くなる」,『論座』8月(No. 40), 朝日新聞社, 1998.

梁石日,「共に生きる」,『ONE KOREA―ワンコリアンフェスティバル10周年記念出版―』, 東方出版, 1994.

山根貞男,「十階のモスキートの崔洋一監督, 期待の第二作 性的犯罪」,『キネマ旬報』866号, キネマ旬報社, 1983.

原田雅昭,「既存の価値感を否定する側に立たなければ!」,『キネマ旬報』5月下旬号, 1989.

7. 인터넷 사이트

야마카타 국제다큐멘터리 영화제 홈페이지 : http://yidff.jp
영화진흥위원회 : http://www.kofic.or.kr
위키백과 : http://ko.wikipedia.org/wiki/스트리트_파이터
씨네21 홈페이지 : http://www.cine21.com

// 저자소개 //

주혜정

| 전남대학교 인문대학 일어일문학과 박사. 현재 순천 청암대학교 학술연구교수. 전남대학교 강사. 재일코리안의 영상에 대한 연구를 하고 있으며 현재는 다큐멘터리를 중심으로 연구하고 있다.

주요 논저로는 「최양일 영화의 마이너리티 연구: 공간의 폭력성을 중심으로」, 「재일코리안이 바라보는 광주민주화 운동」, 「한·일 영화의 감성비교:『용의자X의 헌신』의 영화적 재현을 중심으로」, 「다큐멘터리 〈재일〉의 스토리텔링과 그 의미」, 「다큐멘터리 영화와 트라우마 치유: 오충공 감동의 관동대지진 조선인학살 다큐멘터리를 중심으로」 등이 있다.

저서로는『재일코리안의 생활 문화와 변용』(공저),『일본 문화의 현장과 현재』(공저), 역서로는『1948년 한신(阪神)교육 투쟁』(공역),『저주하는 일본인 저주받는 일본인』(공역) 등이 있다.